UML
pour l'analyse d'un système d'information

Série Systèmes d'information

ERP et progiciels de gestion intégrés, sélection, déploiement et utilisation opérationnelle, J.-L. TOMAS, 3e édition, 2002

Méthodes et outils pour la gestion des connaissances, R. DIENG, O. CORBY, A. GIBOIN, J. GOLEBIOWSKA, N. MATTA et M. RIBIÈRE, 2e édition, 2001

Infogérance, externalisation des systèmes d'information, A. CHAMPENOIS, 2e édition, 1999

Comment établir un appel d'offres en informatique, F. PETIT, nouvelle présentation, 1999 + disquette

La conduite des projets d'évolution des systèmes d'information, J. GABAY et B. GÉBRÉ, 1999

Compétitivité et systèmes d'information, de l'outil d'analyse au management stratégique, P. BAUMARD et J.-A. BENVENUTI, 1998 + CD-Rom

Les agents, applications bureautiques, Internet et intranet, A. CAGLAYAN et C. HARRISON, 1998

Des mêmes auteurs

Gestion d'un projet système d'information, principes, techniques, mise en œuvre et outils, C. MORLEY, 3e édition, 2001

RAD, une méthode pour développer plus vite, J. HUGUES, B. LEBLANC, 1996

Merise vers la conduite de projet, J. HUGUES, M. GRIMAL, B. LEBLANC, 1990

Merise - méthodes de conception, A. COLLONGUES, J. HUGUES et B. LAROCHE, 1986

Sous la direction de Jean-Alain Hernandez et René Joly

UML pour l'analyse d'un système d'information

Le cahier des charges du maître d'ouvrage

Chantal Morley

Professeur à l'Institut national des télécommunications d'Évry

Jean Hugues

Bernard Leblanc

Directeurs associés de la société de conseil DELF

Préface

Georges Gardarin

2e édition

Cet ouvrage a obtenu le prix AFISI en 2000 pour sa 1re édition.

01 INFORMATIQUE

DUNOD

Marques déposées

Rational Rose : Rational Software Corporation
Objecteering : Softeam
Visio : Microsoft Corporation

ISBN 2 10 006567 X

Préface

J'ai découvert les méthodes d'analyse de système d'information en 1975, dans le cadre du club Bases de données de l'INRIA. Ce club fut au départ de la méthode Merise, qui a fait beaucoup d'adeptes en France. Du point de vue des données, Merise était basée sur le modèle entité-association, développé en partie dans le club Bases de données et immortalisé par P. Chen, un modèle simple aux graphismes élégants. Du point de vue des traitements, elle était basée sur les réseaux de Petri, et ce ne fut jamais simple ni même standard. Merise a intégré beaucoup d'autres aspects, comme le schéma directeur. C'était sans doute une bonne méthode, puisque beaucoup ont fait du Merise — « Maintenant, je sais ce que font mes analystes, disaient les responsables, ils font du Merise ! » Aujourd'hui, Merise a fait son temps et il est nécessaire de passer à des méthodes plus riches et plus à la mode, notamment les méthodes objet.

Qu'apportent les modèles objets par rapport au modèle entité-association ? Comme nous l'expliquent les auteurs, quelques concepts supplémentaires comme l'encapsulation, l'héritage et le polymorphisme et aussi l'agrégation, mais surtout un mariage plus harmonieux des données avec les traitements. Et puis un passage beaucoup plus direct vers les langages de programmation comme C++ et Java (il n'y a pas de langage de programmation basé sur le modèle entité-association). Pour modéliser les traitements, les méthodes proposent de multiples diagrammes d'états ou de transitions : l'objectif est de pouvoir générer une grande partie du code à partir d'un modèle visuel. Les référentiels objets générés par des outils visuels permettent d'intégrer conception, rétroconception, évolution et travail en groupe. Bref, il est temps de passer à l'objet en matière de conception (et sans doute de programmation).

Avec leur pragmatisme, nos amis américains nous proposent UML, un langage « universel » de modélisation. UML n'est qu'un ensemble de graphismes très complet, parfois vaguement définis, pour représenter les objets, leurs types, leurs interactions, leurs évolutions et leurs assemblages. Oui, mais UML apporte un standard poussé par l'OMG qui était bien nécessaire pour les diagrammes très variés issus des méthodes. Oui, mais UML est bâti sur l'approche objet qui intègre données et traitements beaucoup mieux que des méthodes de deuxième génération comme Merise, qui considérait les deux, mais de manière plutôt séparée.

UML, c'est aussi une grande diversité, une grande richesse, une unification et parfois de l'imprécis. UML, ce n'est pas une méthode mais un langage graphique universel pour représenter les systèmes d'information. Enfin bref, il faut passer à UML.

Oui, mais comment ? C. Morley, J. Hugues et B. Leblanc proposent aux maîtres d'ouvrage d'adopter UML pour élaborer un cahier des charges de façon rigoureuse. Voilà une démarche intéressante qui intègre UML comme support dans la méthode d'analyse. Le livre est structuré en trois parties. La première traite des fondements des méthodes en insistant sur le rôle du maître d'ouvrage par rapport au maître d'œuvre dans un projet. Elle définit aussi de manière intuitive les principaux concepts à la base de la modélisation des systèmes d'information. La deuxième partie décrit en détail UML et son application à l'analyse. Les étapes sont clairement définies pour aboutir au cahier des charges. Dans la deuxième et la troisième partie, deux cas d'études sont analysés et traités avec deux des plus fameux ateliers de génie logiciel supportant UML : Objecteering et Rational Rose.

Au-delà, comme la plupart des livres sur UML, ce livre présente les concepts essentiels à la base des méthodes objet et les diagrammes essentiels d'UML. Mais ce qui fait la force de cet ouvrage, c'est la démarche proposée pour rédiger un cahier des charges et les adaptations nécessaires qui ressortent notamment des études de cas. Cette approche, fruit d'une très grande expérience en matière de conception de systèmes d'information et d'outils de génie logiciel (les auteurs ont réalisé le Système Delf dans les années 80), devrait faire progresser l'utilisation d'UML dans les entreprises, qui ont sans doute beaucoup à y gagner.

Georges Gardarin
Professeur
Laboratoire PriSM, Versailles

Préface à la première édition

Table des matières

Deuxième partie – Description d'UML pour l'analyse d'un système d'information

Troisième partie – Mise en œuvre d'UML pour l'analyse d'un système d'information

Annexes

Avant-propos

La majorité des ouvrages de méthodologie s'adressent aux informaticiens.

Nous avons choisi d'écrire ce livre en pensant aux maîtres d'ouvrage et à ceux qui les assistent dans l'expression des besoins.

Le langage de modélisation UML (*Unified Modeling Language*) rencontre un intérêt croissant auprès des maîtres d'œuvre. Il apparaît donc intéressant pour les maîtres d'ouvrage de l'utiliser également pour élaborer un cahier des charges de façon rigoureuse.

Nous avons donc proposé une interprétation des modèles d'UML pour la représentation d'un système d'information, entendu comme un ensemble organisé d'informations, d'informatique et de règles qui accompagnent les activités d'acteurs de l'entreprise dans la poursuite d'une finalité de gestion.

Dans une première partie, nous avons choisi de reformuler les bases méthodologiques qui fondent une démarche d'analyse. Nous avons notamment présenté les concepts du courant orienté objet dans une perspective système d'information.

La deuxième partie comporte l'exposé des différents diagrammes d'UML, puis présente leur emploi dans une démarche d'analyse. Le cas *Gruyère SA* illustre la démarche pas à pas, en s'appuyant sur les fonctionnalités de modélisation offertes par l'outil *Objecteering* de la société Softeam. Les particularités d'adaptation à une approche RAD ou à un projet ERP sont développées.

La troisième partie est centrée sur la mise en œuvre d'UML pour la rédaction du cahier des charges du maître d'ouvrage. Le cas *CARTEL* reprend le déroulement des phases d'une analyse. Les diagrammes ont été réalisés à l'aide de l'outil *Visio* de la société Microsoft. Le cas TOTEM est un cas réel, qui montre comment on peut organiser la documentation UML résultant d'une analyse, avec l'atelier de génie logiciel *ROSE* de la société Rational, ainsi qu'avec l'outil *Power* AMC de Sybase.

Un guide pratique est fourni en annexe B. Sa version électronique, à des fins de mise en œuvre dans l'entreprise, peut être obtenue auprès des auteurs, aux adresses suivantes :

chantal.morley@int-evry.fr
jean.hugues@delf.fr
bernard.leblanc@delf.fr

Par ailleurs, les commentaires sur le contenu de cet ouvrage seront les bienvenus.

Travaillez, prenez de la peine :
C'est le fonds qui manque le moins.
Un riche laboureur, sentant sa mort prochaine,
Fit venir ses enfants, leur parla sans témoins.
« Gardez-vous, leur dit-il, de vendre l'héritage
Que nous ont laissé nos parents :
Un trésor est caché dedans. »

La Fontaine, *Fables*, V, 9, *Le Laboureur et ses enfants*

PREMIÈRE PARTIE

FONDEMENTS MÉTHODOLOGIQUES

Cette première partie a pour objectif de positionner UML dans le champ des systèmes d'information et d'énoncer quelques préalables terminologiques.

Le premier chapitre rappelle comment se pose aujourd'hui le problème de la construction d'un système d'information. Il précise ensuite le rôle du maître d'ouvrage, notamment dans la perspective qualité proposée par Eurométhode. Il s'achève sur une synthèse de l'évolution des méthodes d'analyse, qui montre l'intérêt d'UML pour l'élaboration d'un cahier des charges.

Le second chapitre introduit, en dehors de toute référence à une méthode précise, mais dans la perspective du courant objet, les cinq concepts de base pour modéliser un système d'information : objet, classe, entité, acteur et processus. Il se termine par l'expression de trois principes généraux : découper un système d'information en domaines, approcher la modélisation par niveaux et assurer une diversité de points de vue.

1

UML pour les systèmes d'information

1.1 UNE NOUVELLE APPROCHE DU SYSTÈME D'INFORMATION

1.1.1 L'évolution de la place de l'information dans l'entreprise

L'information est un symbole qui véhicule pour les acteurs de l'entreprise une connaissance utile à l'accomplissement de leur travail. Cette fonction est particulièrement importante quand les tâches sont divisées entre plusieurs personnes ou étalées dans le temps. Traditionnellement, on observe trois rôles joués par l'information.

1. *L'information est un support pour l'action.*

Elle fournit des éléments pour effectuer les missions assignées. Par exemple, les informations tarifaires permettent d'établir la facturation. De même, les informations du catalogue facilitent la vente.

2. *L'information conserve une trace des activités.*

Elle renseigne sur les actions accomplies par soi-même ou par d'autres. La tenue d'une comptabilité en est le meilleur exemple.

3. *L'information apporte une aide à la prise de décision.*

Elle réduit l'incertitude quand il faut décider. Par exemple, les ventes récentes par catégorie de produit apportent un élément pour ajuster les tarifs.

Depuis une vingtaine d'années, les technologies de l'information et de la communication sont venues amplifier et étendre le rôle de l'information dans l'entreprise. Elles offrent, en effet, des possibilités de mémorisation, de traitement automatique et de diffusion qui ouvrent de nouveaux horizons. Ce phénomène est particulièrement perceptible dans trois courants qui influent sur la gestion des entreprises : la dématérialisation des objets de gestion, l'exigence de qualité et la recherche continue d'innovation.

La dématérialisation des objets de gestion

De nombreux objets de gestion ne sont plus aujourd'hui concrétisés par des objets physiques : leur existence est liée à la naissance et au cycle de vie d'informations qui les caractérisent.

Par exemple, les valeurs mobilières, même les plus classiques telles les actions et les obligations, n'ont plus d'existence matérielle. Leur propriété n'est plus assurée par la détention d'un certificat, mais par une inscription par la banque dépositaire d'une ligne au compte du client. Ce sont les écritures qui font foi et non un papier détenu par le propriétaire.

Ici, l'information n'est plus simplement un reflet ou une trace : elle est elle-même un objet de gestion. Les technologies de l'information assurent sa mémorisation et sa transformation.

L'exigence de qualité

Sous la pression concurrentielle, un nombre croissant d'entreprises se préoccupent non seulement de la qualité de leurs produits, mais aussi de celle de leurs processus. Le courant de la certification basé sur la norme ISO 9000 et celui de l'évaluation de la maturité des entreprises[1] ont renforcé ce mouvement. Pour améliorer la qualité des processus, les entreprises doivent notamment identifier et maîtriser les informations qui rendent compte de leur déroulement.

Par exemple, la norme ISO 9000 impose d'avoir un dispositif garantissant la maîtrise des documents utilisés dans l'entreprise : documents de travail, documents techniques, documents de gestion, etc. Les acteurs doivent pouvoir disposer en temps voulu des documents qui leur sont nécessaires. Il faut pour cela mettre en place des procédures d'approbation, de diffusion et de remplacement des documents, ce qui entraîne une gestion d'informations pour chaque document.

L'entreprise est donc conduite à gérer des informations supplémentaires pour améliorer la qualité de sa gestion. Les technologies de l'information, notamment celles du groupware et de l'intranet[2], facilitent la mémorisation, l'actualisation et la diffusion de ce type d'information.

La recherche continue d'innovation

Pour se développer ou parfois pour survivre, les entreprises sont condamnées à entrer dans un cycle continu d'amélioration et d'innovation. Les technologies de l'information sont aujourd'hui un des moyens de développer de nouveaux produits/services pour le client.

Les services en ligne offerts par la plupart des établissements bancaires en sont un bon exemple. Le développement d'Internet et du commerce électronique conduisent certaines entreprises à développer des offres particulières pour ce nouveau circuit de distribution.

---

1. Ce courant a été lancé par le SEI (Software Engineering Institute). Pour plus d'informations, voir sur Internet *www.sei.cmu.edu*.

2. Pour une présentation détaillée, voir l'ouvrage de J.-C. Courbon et S. Tajan, *Groupware et intranet*, Dunod, 2e édition, 1999.

Ces innovations placent l'information au cœur de l'activité.

L'extension de la place de l'information et de l'usage des technologies de l'information dans l'entreprise conduit à faire évoluer la notion de système d'information.

1.1.2 Le système d'information dans l'entreprise : vers une nouvelle définition

L'approche classique considère que toute organisation peut être vue comme un système, lui-même décomposé en trois sous-systèmes en interaction : le système opérant, le système d'information et le système de pilotage (Fig. 1.1). D'après les principes de la systémique, les interactions entre sous-systèmes sont aussi importantes que leur contenu.

Cette vue abstraite s'explique de la façon suivante. Le système opérant peut être assimilé au monde réel : il représente l'activité productive. Le système de pilotage correspond à l'activité de l'équipe dirigeante. Le système d'information est une mémoire, un réservoir d'informations entre le système de pilotage et le système opérant.

Quand l'organisation fonctionne, le système opérant alimente le système d'information avec les informations concernant les activités effectuées. Par exemple, les détails d'une vente réalisée.

Inversement, le système opérant a parfois besoin d'informations qu'il va puiser dans le sous-système d'information. Par exemple, un taux de remise autorisé.

De leur côté, les dirigeants s'appuient sur des informations mémorisées. Par exemple, l'évolution des ventes, par produit et par secteur, sur les trois derniers mois. Certaines de leurs décisions peuvent modifier des éléments du sous-système d'information. Par exemple, la modification des prix de vente pour certains produits. Elles peuvent également avoir des conséquences sur le système opérant. Par exemple, la modification du réseau de vente.

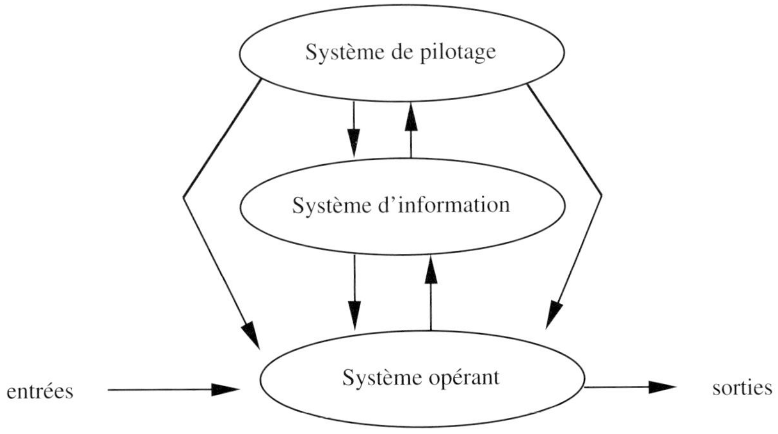

Figure 1.1 — Approche classique d'un système d'information.

Selon cette approche, le système d'information est considéré comme une image ou une représentation du monde réel.

Cette vue classique du système d'information est principalement orientée vers la construction d'une base de données centrale, gérant des informations de référence. Aujourd'hui, compte tenu de l'évolution de la place de l'information dans l'entreprise, on a besoin d'une autre vue.

Ainsi, certaines activités de l'entreprise se confondent avec leur représentation sous forme d'information. Soit, par exemple, l'émission d'un ordre de prélèvement selon ce qui a été défini dans le contrat de crédit : la création de l'information n'est pas l'image de l'activité, mais l'activité elle-même. De même, le passage d'un ordre par un opérateur boursier est réalisé par la création et l'envoi d'une information. La saisie d'une commande électronique — par Minitel, EDI ou Internet — est l'acte de commander. La saisie d'un numéro de carte bancaire et de sa date d'expiration est l'acte de paiement.

Parfois, l'information déclenche d'autres activités. Par exemple, l'information selon laquelle un client a dépassé le délai de paiement de sa facture entraînera sa mise en pré-contentieux et conduira le gestionnaire à agir. À l'inverse, l'analyse des informations sur la consommation d'un client peut conduire à lui proposer des produits particuliers susceptibles de l'intéresser.

On peut donc considérer le système d'information comme une des facettes de l'entreprise. Décrire un système d'information revient à proposer une façon de regarder ce qu'est l'entreprise et comment elle fonctionne. Les autres vues sont notamment la structure — l'entreprise vue à travers son organigramme et la répartition des responsabilités et du pouvoir — et la stratégie — l'entreprise vue sous l'angle de ses décideurs, de ses relations avec l'environnement, de ses avantages clés (Fig. 1.2).

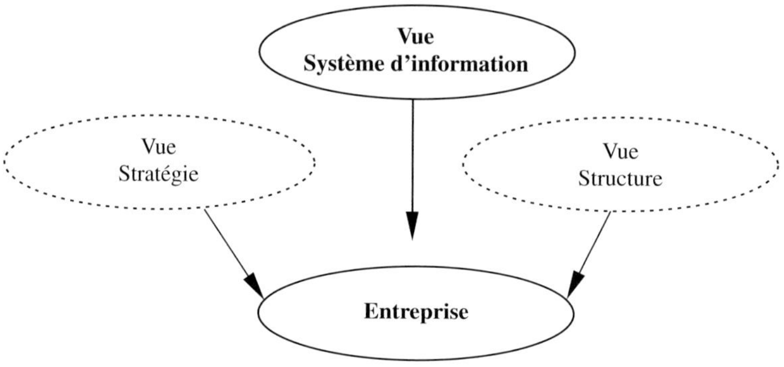

Figure 1.2 — Les vues de l'entreprise.

Le système d'information peut être défini de la façon suivante.

Le *système d'information* est la partie du réel constituée d'informations organisées, d'événements ayant un effet sur ces informations, et d'acteurs qui agissent sur ces informations ou à partir de ces informations, selon des processus visant une finalité de gestion et utilisant les technologies de l'information.

Nous allons préciser les termes de cette définition.

- *Partie du réel* : le système d'information n'est plus considéré comme une image du monde réel, mais comme une partie de l'entreprise. On s'intéresse particulièrement aux informations et à leur organisation, aux événements, aux acteurs et aux processus.
- *Informations organisées* : les informations que l'entreprise a choisi de gérer, prédéfinies et structurées.
- *Événement* : quelque chose qui se produit, que l'entreprise veut prendre en compte et qui aura des conséquences sur les informations gérées.
- *Acteur* : un être humain ou une machine qui crée, manipule, transforme les informations ou qui est sollicité par la présence ou la valeur de certaines informations.
- *Processus* : plan d'ensemble indiquant comment les acteurs collaborent au moyen des informations gérées pour traiter une catégorie d'événements.
- *Finalité de gestion* : ce qui oriente la définition du système d'information ; son objectif de gestion. La finalité de gestion se décline en différents buts, matérialisés par la reconnaissance des différentes catégories d'événements et par leur traitement au travers des processus.
- *Technologies de l'information* : la construction des processus s'appuie sur les fonctionnalités offertes par les technologies permettant de mémoriser, de traiter, d'analyser et de diffuser l'information.

Les gestionnaires sont donc directement concernés par la définition d'un système d'information. Pour situer clairement leur rôle par rapport à celui des informaticiens, il est utile de distinguer le système d'information et le système informatique (Fig. 1.3).

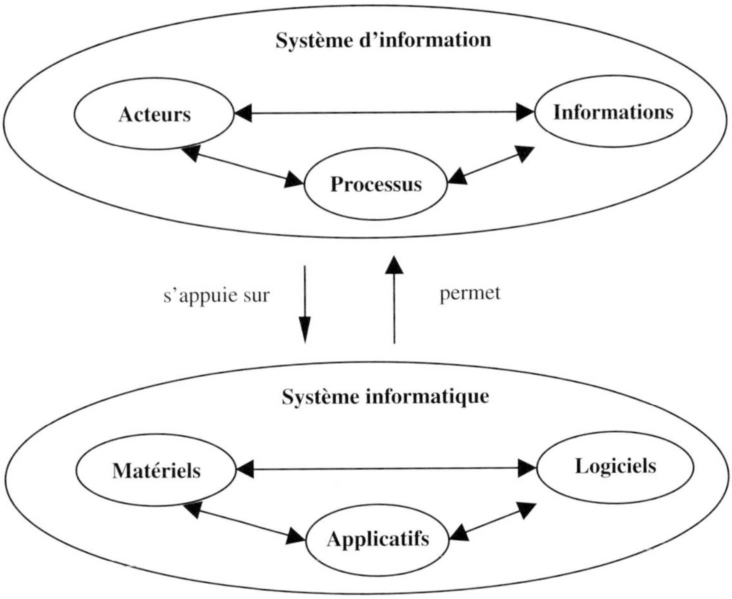

Figure 1.3 — Le système d'information et le système informatique.

Un *système informatique* est un ensemble organisé d'objets techniques — matériels, logiciels, applicatifs — dont la mise en œuvre réalise l'infrastructure d'un système d'information et lui permet de fonctionner.

Dans cet ouvrage, nous nous intéressons au système d'information tel que défini ci-dessus, avec l'objectif de produire une expression des besoins pour les informaticiens qui travaillent à la construction du système informatique.

1.1.3 La construction d'un système d'information

La nouvelle façon d'envisager le système d'information a des conséquences sur la manière dont il est souhaitable de le construire.

On peut d'abord souligner que le système d'information est *complexe*, car il constitue une partie de la réalité de l'entreprise — qui est elle-même complexe — mais aussi en raison de ses liens avec le système informatique. Cette complexité doit être prise en compte.

Le mot « complexe » vient du latin *cumplexus*, qui signifie « tissé ensemble ». Il évoque l'image d'une tapisserie, dans laquelle des fils de couleurs différentes se mêlent pour former une image : on ne peut voir la tapisserie qu'en appréhendant ces fils simultanément.

De façon analogue, un système d'information rassemble des éléments hétérogènes — les informations, les rôles des acteurs, les processus — avec à l'arrière-plan les technologies de l'information. Aucun de ces éléments n'existe de façon indépendante des autres.

Pour concevoir un système d'information, on a donc besoin de moyens pour représenter les différentes facettes de ce qui existe déjà et de ce vers quoi l'on tend : c'est la raison pour laquelle il est utile d'utiliser des *modèles*, c'est-à-dire des représentations simplifiées mettant l'accent sur les aspects essentiels. De plus, la représentation de la réalité, actuelle ou projetée, ne peut être réduite à un seul modèle ; plusieurs modèles, cohérents entre eux, mais présentant chacun une perspective différente, sont nécessaires.

On peut ensuite observer que le système d'information est fortement lié au système de gestion, par le choix des informations gérées.

Il a également des impacts sur l'organisation, notamment quand on définit les rôles pour la gestion des informations ainsi que les collaborations et coordinations assurées par le partage d'informations.

Il a un rôle croissant dans les décisions, car les informations accumulées au fil des mois ou des années[1] constituent de véritables mines, se prêtant à de multiples analyses.

Pour toutes ces raisons, *les gestionnaires, organisateurs et décideurs, doivent être impliqués* dans la définition de tout nouveau système d'information, ainsi que dans son évaluation et son évolution.

---

1. Dans ce que les Anglo-Saxons appellent des *datawarehouses*, des entrepôts de données.

Cependant, quand on conçoit un système d'information, deux obstacles apparaissent fréquemment : le poids de l'existant et l'incertitude des besoins. Tout système existant est le résultat d'un projet, il a fait l'objet d'une définition et a donné lieu à la construction d'un système informatique. Après sa mise en œuvre, il a fini par s'ancrer dans le vécu quotidien. Il devient parfois difficile d'imaginer un fonctionnement différent. Cette pesanteur empêche souvent de tirer le meilleur parti des technologies existantes. De plus, les besoins en information ne sont jamais donnés, ils doivent être construits. Leur expression est le résultat d'un travail d'analyse, de critique, de réflexion et de créativité. Enfin, ces besoins évoluent au cours du temps, sans que l'on puisse généralement prévoir comment.

Pour toutes ces raisons, il est utile de disposer de modèles qui favorisent un travail de conception tourné vers l'innovation, tout en préservant une souplesse d'évolution.

En dernier lieu, la distinction entre système d'information et système informatique, ainsi que les relations qui les unissent, conduit à une *définition claire des rôles* entre ceux qui conçoivent les besoins et la solution fonctionnelle à apporter et ceux qui construisent le système informatique. Les notions de maître d'ouvrage et de maître d'œuvre, issues notamment du monde du bâtiment et reprises par l'assurance qualité, sont utiles pour répartir les grandes responsabilités.

Dans les paragraphes suivants, nous allons préciser le contenu des rôles dans nos projets, en insistant particulièrement sur le rôle du maître d'ouvrage (§ 1.2). Nous montrerons l'évolution de son rôle dans la définition d'un système d'information. Ensuite, nous allons présenter UML de façon générale — terminologie, genèse, historique — afin de montrer l'intérêt de ce langage de modélisation pour la maîtrise d'ouvrage (§ 1.3).

1.2 LE RÔLE DU MAÎTRE D'OUVRAGE

1.2.1 Maîtrise d'ouvrage/maîtrise d'œuvre : responsabilités et collaboration

Les fonctions de maître d'ouvrage et de maître d'œuvre sont liées à la volonté de contractualiser les relations dans le développement des projets système d'information. Ces fonctions ne représentent pas des entités organisationnelles (services, directions, etc.), mais les rôles de ces entités dans le développement d'un projet. Ainsi, le service informatique d'une entreprise pourra être tour à tour maître d'œuvre vis-à-vis d'un autre service à qui il doit fournir un produit logiciel, et maître d'ouvrage vis-à-vis d'une autre société à qui il sous-traite tout ou partie du projet.

La fonction de maître d'ouvrage peut être remplie directement par les directions fonctionnelles — les utilisateurs — qui commandent l'ouvrage, ou bien par une maîtrise d'ouvrage dite « déléguée » qui assure l'interface entre l'utilisateur et le maître d'œuvre. Fréquemment, et notamment dans le cas où l'utilisateur assure lui-même la maîtrise d'ouvrage, une assistance à maîtrise d'ouvrage est sollicitée auprès d'un prestataire interne ou externe à l'entreprise.

Le maître d'ouvrage est le client pour lequel l'ouvrage est réalisé, le maître d'œuvre est le fournisseur qui réalise l'ouvrage.

La responsabilité du maître d'ouvrage est totale du début du projet jusqu'à son déploiement. Traditionnellement, il doit :

- définir et exprimer le besoin en réalisant ce que l'on a souvent appelé, dans les projets système d'information, le *cahier des charges d'expression des besoins* ;
- valider l'adéquation des solutions détaillées, proposées en général par le maître d'œuvre, aux besoins exprimés ;
- effectuer la recette fonctionnelle du produit livré ;
- conduire le changement et mettre en œuvre le produit sur les différents sites ;
- suivre le déroulement des travaux ;
- payer les travaux commandés et réalisés.

Le maître d'œuvre, quant à lui, doit concevoir et réaliser l'ouvrage, conseiller techniquement la maîtrise d'ouvrage, l'assister lors de la mise en œuvre du produit et l'informer de l'avancement des travaux.

En terme de collaboration, si le maître d'œuvre est totalement autonome pour les étapes purement techniques du cycle de vie du projet (étude technique, réalisation, tests d'intégration, etc.), le maître d'ouvrage doit avoir l'assistance du maître d'œuvre pour tout ce qui touche à l'aspect informatique (existant automatisé, solutions d'architecture technique, mais aussi mise en place d'environnement de recette, assistance sur site pilote, etc.).

Nous allons d'abord faire une présentation élargie des engagements respectifs entre le maître d'œuvre et le maître d'ouvrage. Puis nous nous focaliserons sur l'expression des besoins et le cahier des charges.

1.2.2 La vision contractuelle

La contractualisation des relations entre la maîtrise d'œuvre et la maîtrise d'ouvrage passe par l'établissement de règles concernant les fournitures, les validations et le suivi des travaux.

Les *fournitures* peuvent être regroupées en trois catégories[1] :

- le plan des livraisons, qui est élaboré lors de la passation du marché et affiné par la suite. Il décrit les engagements réciproques entre le client et le fournisseur en termes de produit à livrer ou d'informations à fournir ;
- les fournitures relatives au domaine cible, qui sont celles pour lesquelles le client paie réellement (tout ou partie d'un applicatif, études, documentation, plan de formation, etc.) ;
- les fournitures relatives au domaine projet, qui permettent au client d'avoir une visibilité sur l'avancement des travaux.

1. La description qui suit s'appuie sur le cadre contractuel proposé par Eurométhode. Pour plus de détails, voir *Eurométhode : un projet pour de meilleurs systèmes d'information*, Commission centrale des marchés, ministère des Finances, 1995 ; ou bien sur Internet : *www.fast.de/Euromethod.*

Le plan des livraisons est à rapprocher du plan d'assurance qualité ou du plan de développement. Il comprend :

- la démarche de construction du système avec un découpage en étapes et en phases ;
- la description du contenu de chaque phase par un découpage en tâches. Ici, on peut noter l'apport d'une méthode qui permet de préciser les modèles attachés à la tâche concernée, et de limiter ainsi les ambiguïtés qui risquent de déboucher sur des litiges entre maître d'œuvre et maître d'ouvrage ;
- la description des livraisons sous forme de plans ou de formulaires pour les documents, ou sous forme de structures standard pour les programmes ;
- les techniques utilisées ;
- les normes à appliquer ;
- les processus de validation des livrables intermédiaires et définitifs, avec les délais, les rôles de chacun, les acteurs concernés, les méthodes, les entrées, etc. ;
- les exigences concernant le suivi du projet ;
- les dispositions d'assurance qualité.

Les fournitures relatives au domaine cible résultent de l'activité productive du projet et doivent correspondre à la description des livraisons détaillées dans le plan des livraisons. Ces fournitures font l'objet de validation et/ou de recettes par le maître d'ouvrage.

Les fournitures relatives au domaine projet comprennent notamment :

- l'échéancier des livraisons ;
- les ressources de la maîtrise d'ouvrage à impliquer ;
- les ressources du maître d'œuvre à impliquer ;
- l'infrastructure logistique ;
- les indicateurs d'avancement du projet fournis au maître d'ouvrage ;
- la fréquence des réunions de suivi par type de réunion ;
- les comptes rendus d'avancement, comprenant le prévu, les écarts entre le prévu et le réalisé, la raison de ces écarts ;
- les propositions d'actions correctives et les propositions de modifications du plan de développement ;
- les comptes rendus concernant le suivi, les décisions, la qualité, etc.

Les *validations* (et recettes) des fournitures relatives au domaine cible par le maître d'ouvrage ne sont pas simples à effectuer. Les enjeux en sont particulièrement importants dans la mesure où elles permettent de passer à une étape suivante, et où elles donnent quitus au maître d'œuvre. Les principaux problèmes rencontrés par le maître d'ouvrage se situent au niveau de la compréhension du langage utilisé et de la maîtrise des techniques utilisées par le maître d'œuvre. L'utilisation de méthodes et de formalismes communs aux deux acteurs permettent d'établir une communication fondée sur un langage compris par les deux parties. Les problèmes relatifs aux compétences sur les techniques utilisées sont minimisés dans le cas de maîtrise d'ouvrage déléguée ou par l'utilisation d'assistance.

En ce qui concerne le *suivi des travaux*, il s'agit de mettre en place des indicateurs qui permettent de s'assurer que la cible sera atteinte dans les délais prévus. Dans le cadre de ses relations avec le maître d'œuvre, le maître d'ouvrage cherchera à éviter l'effet « tunnel » — c'est-à-dire que, si le départ des travaux est connu, leur avancement n'est pas communiqué — par la mise en place d'un système de *reporting*[1] et de réunions de suivi.

1.2.3 L'expression des besoins

Depuis plusieurs années, les méthodes incitent à dissocier les choix de gestion et d'organisation des choix techniques. L'expression des besoins est de ce fait du ressort du maître d'ouvrage. Elle passe par plusieurs étapes.

- Le recueil des besoins auprès des utilisateurs.
- L'établissement et le choix d'une solution globale.
- La mise en forme des besoins, afin qu'ils soient suffisamment précis et compréhensibles par le maître d'œuvre.

Ces besoins sont consignés dans un document fréquemment appelé *cahier des charges fonctionnel* et transmis au maître d'œuvre. À partir de ces besoins, le maître d'œuvre établit une solution détaillée permettant de satisfaire le besoin exprimé, cette solution devant être acceptée et validée par le maître d'ouvrage. La solution validée, décrite dans un *cahier des charges de réalisation*, sert souvent de référence lors de la recette fonctionnelle du produit final.

Dans cette organisation, le maître d'ouvrage commence la description du futur système d'information et le maître d'œuvre la termine avant de développer l'application adéquate. Cette procédure met très largement en évidence des problèmes qui peuvent être sources de litiges entre le client et le fournisseur.

- Le besoin formalisé par le client est-il exhaustif ?
- Le besoin exprimé est-il compréhensible par le fournisseur ?
- Le client a-t-il les moyens de valider la solution ?

Quelques réponses à ces problèmes ont été apportées.

L'exhaustivité de l'expression du besoin peut être améliorée, en utilisant des méthodes d'analyse et en adaptant le cycle de développement du projet aux caractéristiques du domaine.

La compréhension du besoin par le fournisseur peut être facilitée par l'utilisation d'un langage commun fondé sur des modèles.

La validation des solutions peut être aussi facilitée par l'adoption d'un langage commun et par une participation accrue des deux parties.

Nous allons préciser les formes que peut prendre cette participation.

1. C'est-à-dire la remise périodique de tableaux de bord.

1.2.4 La vision participative

On peut considérer la participation sous deux aspects.

- La participation des utilisateurs au projet.
- La participation de la maîtrise d'œuvre et de la maîtrise d'ouvrage aux différentes étapes du cycle de vie du projet.

La participation des utilisateurs à un projet peut correspondre à plusieurs objectifs.

- Transférer à l'équipe maîtrise d'ouvrage la connaissance du système existant (domaine, organisation, système de gestion).
- Valider la bonne perception de la situation existante et des problèmes qu'elle engendre.
- Valider le réalisme des solutions globales proposées.
- Faire évoluer le produit.

Les modalités de participation des utilisateurs peuvent être très différentes en fonction du but recherché ou du domaine considéré.

Si le domaine est stable, le besoin très maîtrisé, et que l'on ne souhaite pas déstabiliser ou créer le besoin, un cycle de développement classique[1] (en V ou en W) est applicable avec un nombre d'informateurs limités. Dans ce cas, on fixe une fois pour toutes le besoin, on construit le produit et l'évolution se fait par versions successives du produit.

Si, au contraire, le projet concerne un domaine moins stable ou que l'on veuille provoquer de nouveaux besoins, on choisira un cycle de développement incrémental (en spirale ou de type RAD), en favorisant l'expression du besoin et la recherche de solutions au cours de sessions participatives (de type JRP ou JAD[2]). Le développement incrémental, bien que très séduisant dans son principe, n'est pas si simple à réaliser. Les logiciels se révèlent souvent fragiles face aux diverses modifications, en raison du couplage qui existe entre les différents éléments les constituant. Une approche objet favorise ce développement itératif.

La participation maîtrise d'œuvre/maîtrise d'ouvrage est indispensable au cours des étapes d'expression des besoins, de spécification et de validation. Cette participation permet de mieux comprendre les attentes et les contraintes de chacun et, dans la mesure où une modélisation commune est utilisée, la compréhension mutuelle en est facilitée.

1.2.5 L'évolution du cahier des charges fourni par le maître d'ouvrage

Le cahier des charges est utilisé depuis longtemps dans les secteurs où la sous-traitance à différents corps de métier est importante (industrie, bâtiment, etc.).

1. Pour une description des différents modèles de développement, voir C. Morley, *Gestion d'un projet système d'information*, chapitre 2.
2. Pour une description des techniques RAD, voir J. Hugues *et al.*, *RAD, une méthode pour développer plus vite*, chapitre 4.

En informatique, il a souvent été accompagné d'un qualificatif : cahier des charges d'expression des besoins, cahier des charges fonctionnel, cahier des charges de réalisation, comme nous l'avons évoqué ci-dessus (§ 1.2.1 et § 1.2.3).

De façon générale, il a deux fonctions. C'est d'une part un document qui fixe les obligations réciproques du client et de son fournisseur, et d'autre part un recueil des caractéristiques que doit présenter un produit en cours d'étude ou de réalisation.

À partir d'un cahier des charges, un fournisseur doit pouvoir s'engager sur un budget ou une charge de travail et sur un délai ; à ce titre, le cahier des charges doit être exhaustif et précis.

Dans le cas des projets systèmes d'information, la description la plus précise, donnant les éléments qui permettent de faire un calcul de charges fiable pour réaliser une application, correspond à des spécifications détaillées[1].

Dans la pratique, le cahier des charges de la maîtrise d'ouvrage se situe souvent en fin d'étude préalable, c'est-à-dire qu'il comporte des spécifications générales. À ce stade, le besoin est correctement défini, mais la manière de le satisfaire n'est pas abordée et le maître d'œuvre est obligé de simuler des solutions pour estimer la charge de travail nécessaire à la réalisation du produit. Il peut en résulter un écart important, source de conflits. Les moyens pour limiter ces conflits sont multiples. Les plus courants sont de « tailler » les solutions afin qu'elles correspondent à l'enveloppe calculée avec les informations disponibles ou bien de conclure un avenant qui actualise charges et délai en fin de spécifications détaillées validées.

Les réponses apportées à ce problème, comme à celui qui résulte de l'ambiguïté de l'expression des besoins, ne sont pas toujours satisfaisantes. C'est pourquoi la répartition des rôles entre le maître d'ouvrage et le maître d'œuvre tend à évoluer.

La responsabilité du premier s'accroît et l'on commence à lui demander de fournir une spécification détaillée du système d'information attendu. C'est le nouveau contenu du cahier des charges demandé au maître d'ouvrage.

Dans cette organisation, le maître d'ouvrage définit le système d'information qui doit être réalisé et le maître d'œuvre construit un système informatique adéquat.

Dans cette perspective, l'utilisation d'une méthode et de modèles connus à la fois du maître d'œuvre et du maître d'ouvrage s'avère indispensable.

Outre leur avantage en terme de précision de description, il est important que leur contenu puisse fournir des « unités d'œuvre » permettant de calculer des charges avec les méthodes d'estimation de charges les plus utilisées du marché[2].

UML représente une réponse intéressante : nous allons en exposer les raisons dans une présentation générale.

1. Parfois appelées spécifications externes, car elles traduisent une vision du système extérieure à sa partie informatique.

2. Pour une description des différentes méthodes d'estimation, voir C. Morley, *Gestion d'un projet système d'information*, chapitre 3.

1.3 PRÉSENTATION GÉNÉRALE D'UML

1.3.1 Convention terminologique : analyse et conception

UML (*Unified Modeling Language*) est un ensemble de modèles permettant de représenter un système informatique et son utilisation prévue dans l'entreprise. L'usage de ces modèles par les informaticiens vise à améliorer la qualité des applications informatiques qu'ils développent.

Pour modéliser, les informaticiens s'appuient sur une expression des besoins que devra satisfaire la future application. Ces besoins sont malheureusement souvent ambigus, incomplets ou mal exprimés. Les futurs utilisateurs sont donc invités, avec l'assistance d'experts, à travailler rigoureusement sur la définition des services attendus pour élaborer un cahier des charges du système d'information. C'est pour ce travail que nous proposons d'utiliser également les modèles UML.

Avant de situer le positionnement d'UML par rapport aux autres méthodes et de montrer l'intérêt de se servir des modèles UML, il est nécessaire de poser quelques définitions car la terminologie autour des questions méthodologiques est souvent imprécise.

Analyse : signification initiale

L'emploi du terme « analyse » dans un sens spécifique à l'informatique remonte à la fin des années 60. Il sert à désigner l'étude du fonctionnement d'une entreprise ou de certains de ses départements, conduisant à en rationaliser l'organisation et à automatiser les tâches pouvant l'être. Analyser signifie donc observer, décrire et proposer un schéma d'organisation montrant le remplacement d'activités manuelles de traitement d'information par des tâches informatisées.

On a souvent distingué « analyse fonctionnelle » et « analyse organique ». La première vise la description des fonctions devant être remplies par le futur système, notamment les entrées, les sorties et les règles de traitement automatique des informations. La seconde a pour but la définition de la solution logicielle à construire pour accomplir les fonctions précédemment décrites et comprend le découpage en programmes, la structure des fichiers ou des bases de données et la description des algorithmes.

En général, les activités d'analyse et celles de programmation sont bien distinctes et conduisent à la définition de fonctions différentes dans les services informatiques.

Conception : apparition du terme

Au début des années 80, le mot analyse tombe en désuétude au profit du terme « conception ». Ce dernier a une signification plus large et accompagne la diffusion du concept de « système d'information ». Celui-ci situe l'informatique dans une vision stratégique de l'entreprise, comme une de ses composantes structurantes. On ne peut plus se contenter d'étudier le fonctionnement pour automatiser, il faut un regard plus ambitieux et plus créatif. Concevoir un système d'information consiste à décrire les flux d'information concourant à une même finalité, à en repérer les acteurs, à expliciter la signification des informations utilisées ainsi que les règles de gestion, afin de porter un diagnostic et de construire des scénarios alternatifs d'informatisation et d'organisation.

La conception d'un système d'information est suivie de son développement, c'est-à-dire de la construction de l'application informatique.

Conception : usage actuel

Lorsque le besoin est décrit de façon complète et précise, les informaticiens, sous la responsabilité du maître d'œuvre, doivent bâtir l'architecture de la future application et décrire ses composants, qui seront ensuite programmés ou générés par un atelier de génie logiciel. C'est cette activité que l'on appelle maintenant « conception ». Il faut donc entendre « conception de la solution informatique ».

Analyse : usage actuel

L'activité d'analyse s'entend maintenant comme la spécification de ce que devra faire le système. Elle précède l'activité de conception, qui décrit comment le système informatique fonctionnera. Dans un contexte de partage des responsabilités entre maître d'ouvrage et maître d'œuvre, tel que nous l'avons décrit au paragraphe 1.2, l'analyse relève du premier et se concrétise par un cahier des charges.

Dans cet ouvrage, le terme « méthode d'analyse » désigne l'ensemble des principes, concepts, règles et modèles pour mener à bien une analyse, dans son sens actuel. De ce fait, la méthode d'analyse sert aussi de guide dans l'élaboration d'un cahier des charges.

1.3.2 L'évolution des méthodes d'analyse

Le premier ouvrage méthodologique français a paru en 1971 sous le titre *La méthode informatique*[1]. Les grandes méthodes américaines datent de la même époque[2]. Au même moment, on commence à s'intéresser aux concepts systémiques pour l'étude des organisations[3]. Outre-Atlantique, les fournisseurs et utilisateurs de systèmes de gestion de base de données (SGBD) s'interrogent sur la façon de représenter un ensemble de données de façon indépendante de son implémentation avec l'un ou l'autre SGBD : le rapport qui en résulte[4] est, même resté provisoire, le symbole d'une étape décisive dans la découverte de la modélisation en informatique.

1. L'auteur en était R. Mallet, président-fondateur de la CGI (Compagnie générale d'informatique) actuellement IBM Global Services.

2. Par exemple, la méthode de T. DeMarco [*Structured Analysis and System Specification*, Prentice Hall, 1972] ou celle de E. Yourdon [*Structured Analysis*, Yourdon Press, Prentice Hall, 1973].

3. J. Mélèse en a été le pionnier et le chantre en France, par ses interventions en entreprise et par ses ouvrages [Mélèse, 1968] et [Mélèse, 1972].

4. Rapport ANSI/X3/SPARC, *American National Standard Institute Study Group on DBMS : Interim Report*, FDT 7:2 bulletin of ACM SIGMOD, 1975.

Ces différents courants traduisent deux caractéristiques majeures de l'informatique de gestion de l'époque. D'une part, une meilleure maîtrise des techniques, laissant le loisir de se préoccuper davantage de l'usage que l'on voulait en faire ; d'autre part, une complexité accrue des choix d'informatisation, au fur et à mesure de l'extension des applications informatiques, avec l'apparition de problèmes de cohérence, de communication et de frontières.

En France, dans les années 70, on a vu apparaître une quinzaine de méthodes d'analyse, parfois assez proches. En fait, il y avait deux positions principales, s'opposant sur la façon d'aborder l'étude d'un domaine à informatiser.

1. Les tenants de l'*approche par les données* considéraient qu'il fallait d'abord analyser les résultats à obtenir (états, documents, etc.) et ensuite s'interroger sur les traitements nécessaires pour produire ces sorties[1].
2. Les tenants de l'*approche par les traitements* estimaient que le point de départ étaient les événements donnant lieu à des traitements et que le détail des informations à gérer devait être étudié ultérieurement[2].

La profusion des méthodes, offertes le plus souvent par des SSII, a engendré une réaction attentiste du marché. Changer de vocabulaire, de concepts ou de formalisme pour travailler avec un fournisseur est une charge stérile pour l'entreprise, posant un problème de documentation des applications, de compréhension entre les équipes de projet et de coût de formation.

C'est pourquoi le projet français Merise, lancé et soutenu par le ministère de l'Industrie en 1979, a rencontré un vif succès : l'objectif était de bâtir une méthode utilisant à la fois l'état de l'art méthodologique, les nouvelles approches de modélisation et le savoir-faire acquis par les SSII.

Les avancées marquantes furent de réconcilier l'approche par les données et l'approche par les traitements — les deux points de vue devant être pris en compte simultanément — et de mettre la modélisation au cœur du processus d'étude, les modèles étant des représentations simplifiées que l'on construit pour comprendre, diagnostiquer et proposer des solutions.

Imposée pour l'informatisation des administrations, adoptée par les grandes entreprises, diffusée par les SSII, soutenue par des AGL[3], la méthode Merise est devenue en quelques années un standard de fait en France. Mise immédiatement dans le domaine public, elle a été et reste enseignée dans les organismes de formation continue et dans l'enseignement supérieur.

En Europe, elle a inspiré la méthode OSSAD[4], résultat d'un projet Esprit et destinée à l'analyse des systèmes de bureautique, y compris le groupware et le workflow.

---

1. La méthode Minos en était un des représentants les plus connus.
2. La méthode Corig était la plus diffusée. Les méthodes américaines de cette époque, souvent appelées *méthodes structurées*, relevaient de cette approche.
3. Ces ateliers de génie logiciel sont français (Mega, PacDesign, Système Delf, etc.) ou étrangers (IEW, AMC Designor, etc.).
4. *Office Support Systems Analysis and Design*.

Les Britanniques ont eu une initiative analogue quelques années plus tard et ont élaboré SSADM, méthode destinée à décrire les composants d'un système informatique.

À la fin des années 80, les grands acteurs méthodologiques, représentant notamment Merise et SSADM, soumettent à la Commission européenne un projet de méthode, afin d'harmoniser les réponses et les pratiques dans le cas d'appels d'offres européens. Le projet Eurométhode est lancé en 1989, financé par le Groupe des achats publics[1]. L'idée sous-jacente de certains était de fusionner Merise et SSADM et d'en faire une norme européenne. Cet objectif s'est heurté à l'opposition de plusieurs des partenaires impliqués dans le projet. D'où une orientation des travaux vers la construction d'un cadre régissant les relations contractuelles entre clients et fournisseurs et spécifiant les informations à fournir et les documents à remettre, de part et d'autre, à chaque étape du projet.

Merise a donné lieu à des variantes, avec parfois des simplifications, voire des amputations. Cependant, elle a alimenté un fonds de culture méthodologique, commun à une majorité d'informaticiens ayant une activité d'analyse.

Dans la pratique, son utilisation a été couronnée de succès, fournissant des instruments intellectuels précieux, quand elle a été accompagnée d'un pilotage de projet rigoureux. À l'inverse, elle n'a pas suffi à éviter des échecs quand le projet n'était pas géré et suivi convenablement.

Le principal reproche que l'on peut faire à Merise est d'avoir sous-estimé la question de la modularité des systèmes d'information, ce qui a souvent conduit à construire de grandes applications fortement intégrées, donc difficiles à faire évoluer.

Telle est la situation en informatique de gestion au début des années 90, alors que l'on commence à s'intéresser aux méthodes orientées objet.

1.3.3 Le courant de l'orienté objet

Le courant de l'orienté objet est né dans les années 60, dans le milieu de la recherche en programmation. Il est étranger à l'émergence et à l'évolution des méthodes d'analyse. Il a comme origine la construction de nouveaux langages répondant à des objectifs précis.

Le premier, Simula, a été développé en Norvège[2]. L'objectif initial était de simuler le comportement d'un système, ayant des parties pouvant fonctionner parallèlement, en l'occurrence de systèmes utilisés en recherche nucléaire. La structure des langages existants, où un programme est composé d'une suite d'instructions devant être exécutées successivement, ne pouvait convenir.

1. PPG, *Public Procurement Group*, de la DGXIII.

2. La première publication date de 1966 : Dahl O. J. et Nygaard K. (1966), « SIMULA - An Algol Based Simulation Language », *Communication of the* ACM, vol. 9, n° 9, pp. 671-678. Pour un historique détaillé, voir [Masini *et al.*, 1991].

En poussant jusqu'au bout la logique d'une programmation modulaire, les chercheurs ont élaboré un langage permettant de décrire une organisation entre modules ayant des caractéristiques stables et des comportements possibles. La séparation classique entre données et programmes fut ainsi remise en question. L'exécution de processus parallèles devenait possible.

On réunit dans le même *objet* des informations et des actions de transformation de ces informations : ainsi naquit le concept d'*encapsulation*. Ensuite fut introduite la notion de *classe*, définie comme une entité chapeau, permettant de décrire les comportements communs à un ensemble d'objets. Enfin apparut le principe de l'*héritage* : une classe peut être constituée de sous-classes, chacune de ces dernières « héritant » des caractéristiques et des comportements de la classe à laquelle elle est rattachée, et pouvant en plus posséder des informations et des actions qui lui sont propres.

Le second langage initiateur de l'objet, Smalltalk[1], résulte de travaux commencés au début des années 70, dans un laboratoire de recherche de Xerox. L'objectif était de développer le logiciel d'un outil bureautique personnel, avec une interface à base d'icônes et de multifenêtrage, pionnier des écrans qui allaient devenir familiers quelques années plus tard.

En plus des concepts d'objet, de classe et d'héritage empruntés à Simula, les chercheurs introduisent la notion de *message*, information envoyée à un objet et provoquant en réponse le déclenchement d'actions associées à cet objet. Un objet peut être vu comme une boîte noire, sur laquelle on peut agir par envoi de messages. Inversement, il réagit à la réception de messages.

Le grand intérêt d'un objet est la possibilité de le réutiliser dans des contextes différents, puisqu'il est décrit indépendamment de son environnement. Cette approche est devenue familière dans la constitution d'interfaces, où les objets graphiques (boutons, boîtes de choix, boîtes de dialogue, etc.) constituent la base d'une bibliothèque de composants.

Ces deux langages ont donc apporté quatre concepts fondamentaux du courant objet :

- classe ;
- encapsulation ;
- héritage ;
- message ;

qui ont retenu l'attention des méthodologues. En effet, les préoccupations de *modularité*, permettant des évolutions progressives et la réutilisation, sont devenues majeures au début des années 90.

1. Kay A. et Goldberg A. (1976), « Smalltalk-72 Instruction Manual », *Technical Report SSL-76-6*, Xerox-PARC, Palo Alto, Californie.

1.3.4 Des méthodes orientées objet à UML

Les méthodes d'analyse orientées objet sont initialement issues des milieux industriels. La préoccupation dominante de leurs auteurs est le génie logiciel, c'est-à-dire les principes et les techniques permettant d'augmenter la rigueur et la qualité des travaux quand on construit une application informatique.

UML est le résultat en 1997 de la fusion de trois de ces méthodes[1], dont nous allons indiquer le positionnement.

La méthode OOD (*Object Oriented Design*) de G. Booch [Booch, 1991] a été conçue à la demande du DOD[2]. L'objectif était de préparer de façon rigoureuse la structuration des programmes écrits en langage ADA ou C++. Proche de la programmation, cette méthode est en fait une méthode de conception. Son auteur recommande d'utiliser la méthode structurée SADT[3] comme méthode d'analyse.

La méthode OMT (*Object Modeling Technique*) [Rumbaugh, 1991] a été mise au point à General Electric. Ses auteurs ont été largement influencés par les applications d'informatique industrielle (automates, contrôle de processus, etc.). En plus des principes des langages à objets, ils ont été inspirés par la technique de modélisation conceptuelle des méthodes d'analyse des années 80. La méthode vise à représenter un système (ascenseur, guichet automatique de banque, etc.) comme un assemblage d'éléments auxquels on attache des comportements, c'est-à-dire des opérations pouvant être déclenchées à la réception d'un stimulus. Chaque élément est donc un composant, porteur d'informations et encapsulant les actions qui peuvent être exécutées à la réception d'un message ; certaines de ces actions sont des envois de messages à d'autres composants.

La méthode OOSE (*Object Oriented Software Engineering*) [Jacobson, 1991] est d'origine universitaire (informatique temps réel) et industrielle (Ericsson). Comme OMT, la méthode a emprunté aux méthodes d'analyse antérieures la technique de modélisation conceptuelle, enrichie des aspects comportementaux. Son originalité consiste à faire reposer l'analyse sur l'expression, par l'utilisateur, de la façon dont il pense utiliser le futur système.

À l'initiative de la société Rational Software, dont ils font maintenant partie, les auteurs principaux de ces trois méthodes se sont mis d'accord sur un langage de modélisation visant à devenir une référence (Tableau 1.1).

Sa première réussite fut d'être retenu comme norme de modélisation par l'OMG[4], après avoir reçu le soutien de plusieurs grands constructeurs informatiques et éditeurs de logiciels[5]. L'emploi du terme « langage de modélisation » et

1. Pour une description commentée, voir [Bouzeghoub, 1997].
2. *Department of Defense*, ministère de la Défense des États-Unis. Le DOD est le plus grand propriétaire-utilisateur mondial d'applications informatiques.
3. Pour une présentation de SADT, voir l'ouvrage d'IGL Technology, *SADT : un langage pour communiquer*, IGL Technology Éd., 1989.
4. Object Management Group, organisme de normalisation qui a pour but de promouvoir les technologies objet.
5. Notamment DEC, HP, i-Logix, Intellicorp, IBM, ICON Computing, MCI Systemhouse, Microsoft, Oracle, TI et Unisys. Aucun d'eux n'était jusque-là un acteur public dans le domaine méthodologique.

Tableau 1.1 — Les stades de constitution d'UML.

Date	Stade d'UML	Acteurs	Action
Avant 1994		G. Booch J. Rumbaugh I. Jacobson autres...	Élaboration de méthodes orientées objet
1994		Rational Software	Rapprochement de G. Booch et J. Rumbaugh
1995	Méthode unifiée 0.8	G. Booch J. Rumbaugh *rassemblés par Rational Software*	
1996	UML 0.9	G. Booch J. Rumbaugh I. Jacobson *rassemblés par Rational Software*	
Fin 1996		OMG	Appel d'offres pour une méthodologie
Début 1997	UML 1.0	G. Booch J. Rumbaugh I. Jacobson *rassemblés par Rational Software* ainsi que d'autres partenaires (Digital, HP, Microsoft, etc.)	*Soumission à l'OMG* *Remarque : l'OMG a reçu une offre concurrente d'UML*
Fin 1997	UML 1.1	Les auteurs d'UML 1.0 et ceux de l'offre concurrente (dont Softeam)	Rapprochement et standardisation de la nouvelle version par l'OMG
Mars 1999	UML 1.3	Task force constituée par l'OMG	Amélioration de la version 1.1
2001	UML 1.4	Task force constituée par l'OMG	Amélioration de la version 1.3
2002 ?	UML 2.0	Task force constituée par l'OMG	Nouvelle version d'UML

non de celui de « méthode » signifie que l'accord a porté sur les modèles pouvant être utilisés, ainsi que sur leur représentation sous forme de diagrammes. Cependant, UML n'impose ni façon d'utiliser ces modèles, ni processus de développement.

UML rencontre un intérêt croissant auprès des développeurs, ce qui est une deuxième réussite.

Depuis 1997, UML est placé sous la responsabilité de l'OMG, qui constitue des groupes de travail, ouvre des forums de discussion et lance des appels d'offres pour l'amélioration et l'évolution d'UML[1]. La version 1.4 (Tableau 1.1) a apporté

1. Voir http://www.omg.org.

quelques modifications mineures à la version 1.3. La version 2.0, attendue courant 2002, devrait introduire des changements plus importants, concernant notamment les modèles utiles pour l'analyse d'un système d'information.

1.3.5 Intérêt d'UML pour l'élaboration d'un cahier des charges

Plusieurs raisons conduisent à préconiser l'utilisation d'UML pour définir un système d'information et élaborer le cahier des charges correspondant.

La première raison est sa normalisation par l'OMG. L'historique des méthodes a montré que la profusion des notations est, à moyen terme, préjudiciable aux entreprises clientes comme à leurs fournisseurs. Toute norme doit donc être considérée avec le plus grand sérieux, en particulier les normes du domaine public comme l'est UML. Les spécifications d'UML sont accessibles gratuitement[1].

La deuxième raison est l'intérêt montré par les informaticiens pour ce langage de modélisation[2]. Même si l'utilisation qu'ils en font est tournée vers la description d'une application informatique, il est intéressant, pour faciliter le dialogue entre maître d'ouvrage et maître d'œuvre, de disposer d'un ensemble de modèles communs.

La troisième raison est la possibilité d'utiliser le même atelier de génie logiciel, depuis l'expression des besoins jusqu'à la génération de tout ou partie de l'application.

La dernière raison, mais non la moindre, est d'utiliser les principes et concepts objet pour enrichir la démarche de conception de systèmes d'information. On en attend des améliorations dans le sens tout à la fois d'une richesse, d'une modularité, d'une cohérence et d'une rigueur accrues.

On peut d'ailleurs noter qu'au début 2001, l'OMG a adopté le principe d'une modélisation dès le début du cycle de vie d'un système d'information, au niveau le plus haut. C'est ce qu'on appelle la MDA, *Model Driven Architecture*, architecture guidée par la modélisation. Cette approche favorise une conception plus rigoureuse, aussi bien en développement sur mesure qu'en adaptation d'application ou en intégration de composants.

Cependant, UML est encore difficile d'accès, pour deux raisons. D'une part, le langage est riche et offre souvent plusieurs façons de modéliser une même situation[3]. D'autre part, l'OMG a choisi de limiter UML à un formalisme de modélisation, sans indiquer comment et quand peuvent être utilisés les diagrammes dans le déroulement d'un projet. L'objet de ce livre est précisément de faciliter l'usage d'UML, en particulier pour analyser un système d'information et élaborer un cahier des charges. Pour cela :

---

1. On peut en trouver la description sur Internet, notamment sur le site de l'OMG (*www.omg.org*) et sur celui de Rational Software Corporation (*www.rational.com/uml*).

2. Notamment lorsqu'ils disposent d'un outil permettant de générer du code Java, C++ ou Visual Basic, à partir de diagrammes UML.

3. Les auteurs d'UML considèrent que 20 % du langage permet de représenter 80 % des cas rencontrés [Bloch *et al.*, 1999, p. 431].

- nous avons d'abord défini les concepts et principes nécessaires à la modélisation des systèmes d'information. Ils font l'objet du chapitre 2 ;
- dans le chapitre 3, nous décrivons les diagrammes d'UML utiles pour la modélisation d'un système d'information, laissant de côté ceux qui sont spécifiques au développement. Chaque diagramme est accompagné d'une interprétation pertinente pour la représentation d'un système d'information ;
- ensuite, dans le chapitre 4, nous avons proposé une démarche, accompagnant l'utilisation des diagrammes d'UML, pour élaborer un cahier des charges ;
- les préoccupations de conduite de projet dans le cas d'un projet RAD[1] ou d'un projet ERP[2] figurent au chapitre 5 ;
- une illustration de la mise en œuvre d'UML est développée au chapitre 6 ;
- le chapitre final décrit, à partir d'un cas réel, l'organisation de la documentation d'un système d'information modélisé avec UML.

1. *Rapid Application Development*, méthode de développement rapide d'application [Hugues *et al.*, 1997].

2. *Enterprise Resource Planning*, progiciel intégré de gestion.

2
Les concepts et les principes de base pour modéliser un système d'information

2.1 LES CONCEPTS DE BASE

Avant de décrire les diagrammes d'UML et la démarche d'utilisation de ces diagrammes, il est nécessaire de rappeler les concepts de base sur lesquels on s'appuie pour modéliser un système d'information, quel que soit le langage. Leur définition s'est affermie au fil du temps et a bénéficié des apports du courant de l'orienté objet.

Précisons toutefois que les définitions que nous donnons n'ont pas une valeur universelle, mais qu'elles sont adaptées à la nature d'un système d'information, tel que nous l'avons défini au chapitre 1 (§ 1.1.2). Elles sont tout à fait compatibles avec le langage UML. L'information est l'élément central à représenter : sa structure, son utilisation, sa transformation.

Les concepts utiles sont les suivants :

- le concept d'objet ;
- le concept de classe ;
- le concept d'entité ;
- le concept d'acteur ;
- le concept de processus.

Nous allons donner une définition de ces concepts pour la modélisation et nous terminerons par des principes généraux d'approche de la construction des systèmes d'information.

2.2 LE CONCEPT D'OBJET

2.2.1 Une approche intuitive de l'objet

Quand on regarde le fonctionnement concret de tout ou partie de l'entreprise sous l'angle de son système d'information, on peut observer différents éléments.

Par exemple, dans l'entreprise Cie, on voit l'employé Pol en train de recevoir une livraison de 100 mètres de câble K2000 du fournisseur Alcazar. Il signe le bon de livraison numéro 007 donné par Anna. Il fait transporter le matériel dans le magasin par l'employé Jak, qui le place dans un espace de rangement vide.

Les éléments repérés sont de diverses natures. Pol, Anna et Jak sont des êtres humains qui effectuent des activités. Les câbles sont des éléments matériels. Alcazar est une entreprise fournisseur de Cie. Anna est employée d'Alcazar. Pol et Jak sont des employés de Cie. Le bon de livraison 007 est un document papier portant les informations relatives à la livraison. Le magasin est une partie géographiquement localisée et distincte de l'entreprise.

Chaque élément est identifiable. Certains éléments sont concrets, comme les 100 mètres de câble K2000 ; d'autres sont plus abstraits, comme l'entreprise Alcazar, qui est une entité juridique.

La plupart des éléments évoluent dans le temps. Certains changements sont notables : par exemple, le bon de livraison 007 est d'abord émis, puis signé ; peut-être sera-t-il annoté. Les employés sont en activité ; plus tard, on suppose qu'ils seront au repos. Les 100 mètres de câble passent du camion de livraison au stock en magasin.

Certains éléments sont actifs : les employés, notamment. D'autres sont passifs, mais on peut agir sur eux : par exemple, signer le bon de commande. Les actions, attendues ou possibles, sont souvent liées à la nature de l'élément. Jak transporte le câble parce que cela rentre dans ses attributions. Le bon de commande reçoit une signature car cela est prévu dans la procédure de réception de Cie.

Cette approche intuitive ne doit pas laisser croire que les objets s'offrent à nous de façon naturelle et qu'il n'y a qu'une seule façon de décrire le monde en objets. Beaucoup de descriptions sont possibles, toutes ne sont pas utiles. Ainsi, les espaces de rangement du magasin méritent-ils d'être repérés ?

Pour y répondre, nous allons définir un objet de façon plus précise.

2.2.2 Définition du concept d'objet

Pour pouvoir qualifier d'« objet » un élément perçu, il faut qu'il satisfasse trois principes.

Le principe de distinction

L'élément peut être repéré et distingué d'autres objets environnants. On peut lui trouver un nom permettant de le désigner et d'en parler. On dit, de façon générale, qu'un objet a une *identité*.

Le principe de permanence

L'élément a une certaine durée de vie. Au cours de sa vie, certaines de ses caractéristiques peuvent changer. Cependant, même s'il évolue, son caractère unique demeure et il peut toujours être repéré de la même façon. Son évolution ne remet pas en cause son identité. On dit, de façon générale, qu'un objet peut se trouver, au cours du temps, dans différents *états*. À un moment donné, il est dans un seul état.

Le principe d'activité

Quand on distingue un élément, on lui reconnaît un rôle dans le domaine que l'on étudie. Si l'élément est doté d'autonomie, il est amené à accomplir certaines actions. S'il est dépendant, on peut lui faire subir des traitements. Ce potentiel d'activité est une caractéristique de l'objet. Un objet possède donc une double facette : ce qu'il est et ce qu'il peut faire — ou ce que l'on peut en faire. On dit, de façon générale, qu'un objet possède un *comportement*.

On peut alors énoncer la définition suivante :

On appelle *objet* un élément matériel ou immatériel, dans la réalité étudiée, qui satisfait aux principes de distinction, de permanence et d'activité. Cela entraîne qu'un objet possède une identité, un état et un comportement.

Cette définition permet, par exemple, d'exclure les espaces de rangement évoqués ci-dessus, si l'on ne dispose d'aucun moyen pour les identifier de façon stable, s'ils restent toujours dans le même état et que l'on ne tient pas à suivre des actions que l'on pourrait leur faire subir, telles qu'occuper et libérer.

Cependant, la définition reste très large et peut inclure beaucoup d'éléments. Nous avons donc besoin de filtres supplémentaires pour nous aider à sélectionner ce qui présente un intérêt pour la modélisation d'un système d'information. Nous verrons au chapitre 3, en présentant le diagramme d'objets, comment modéliser les objets d'un domaine avec UML. Une utilisation pertinente du concept d'objet nécessite de prendre en compte les autres concepts, notamment le concept de classe.

2.3 LE CONCEPT DE CLASSE

2.3.1 De l'objet à la classe

Chaque objet possède une existence en soi. Cependant, certains sont proches, par le rôle qu'ils jouent ou la façon dont on les gère. Ainsi, dans l'exemple donné ci-dessus (§ 2.2.1), on perçoit une proximité entre deux employés de la même entreprise. Ils sont susceptibles de passer par des états semblables. On peut les identifier de façon analogue, par leur nom.

Parfois même, on ne distingue un objet que parce qu'il se rattache à une catégorie abstraite pour laquelle on a défini des règles. Le bon de livraison est repéré comme tel, et non comme un simple morceau de papier, dans la mesure où ce type de document a une fonction bien définie dans tout acte de livraison. La façon de structurer un bon de livraison doit donc être la même quel que soit le cas particulier.

C'est pourquoi, le plus souvent, quand on modélise un système d'information, on recherche, au-delà des objets concrets, un élément plus abstrait qui est une catégorie de regroupement. C'est la notion de *classe*, dont on peut donner une définition ensembliste.

Une *classe* est un ensemble d'objets sur lesquels on peut reconnaître des similitudes dans le champ de l'étude. Ces similitudes portent sur la façon de les identifier, sur les types d'états qu'ils peuvent prendre et sur le rôle qu'ils jouent.

Dans notre exemple, nous pouvons ainsi proposer, en première analyse, les regroupements suivants :

- la classe Employé, qui regroupe Pol et Jak. On les identifie par leur nom, on attend d'eux qu'ils effectuent notamment les actions Recevoir la livraison et Ranger le matériel. Puisque ce sont des employés, on aura sur eux une action Payer. Cette action permet d'exclure Anna de cette catégorie : comme elle n'est pas une employée de Cie, il n'est pas sûr que nous voulions la retenir comme objet et la rattacher à une classe ;
- la classe Câble, qui comprend notamment le câble K2000. On peut considérer que son état comporte la quantité disponible, qui va évoluer au fil du temps ;
- la classe Bon de livraison, dont les objets sont repérés par leur numéro. Chacun comporte une quantité livrée. On peut agir sur eux par les actions Signer, Annoter, Modifier la quantité livrée et ultérieurement Régler ;
- la classe Fournisseur, à laquelle appartient Alcazar. Les objets de cette classe sont repérés par leur nom, leur état comprend en particulier leur adresse, leur numéro de téléphone, etc., qui peuvent changer. Parmi les actions que Cie peut attacher à un fournisseur, on peut retenir Passer un accord cadre ou Suspendre l'activité avec ce fournisseur.

2.3.2 De la classe à l'instance

La classe permet de regrouper des caractéristiques générales et de donner le domaine de définition d'un ensemble d'objets potentiels.

La détermination des classes s'effectue de deux façons :

- par un mouvement d'abstraction, on passe des expressions concrètes d'un ensemble d'objets à une description abstraite des trois aspects de ces objets : identité, état et comportement ;

- à l'inverse, on peut concevoir une classe *a priori*, qui sera le cadre de regroupement de futurs objets. Ainsi, la définition d'un nouveau format de bon de livraison précède toute existence concrète, mais donnera lieu à des occurrences particulières.

Passer d'une classe aux objets qui la peuplent s'appelle l'*instanciation*. Un objet qui appartient à une classe s'appelle une *instance* de la classe. Instancier une classe est donc faire apparaître un ou plusieurs objets, portant des caractéristiques qui leur sont propres, mais qui sont conformes au modèle donné par la classe.

Toute démarche de modélisation d'un système d'information va recourir à ces deux procédés : abstraction et conception *a priori*. Bien sûr, plus on travaille sur des éléments immatériels plus on aura de liberté pour définir *a priori* la classe. Nous verrons au chapitre 3, en présentant le diagramme de classes, comment modéliser les classes d'un domaine avec UML.

Ce que nous avons dit pour les objets est vrai pour les classes : il y a en général plusieurs façons de décrire le monde en classes. Certaines sont plus pertinentes et plus solides que d'autres. La distinction entre différentes familles de classes apporte une aide à cette modélisation.

2.3.3 Une taxinomie des classes

Quand on modélise un système d'information, on peut avoir des classes représentant des éléments complètement hétérogènes. Par exemple, la classe Bon de livraison est profondément différente de la classe Fournisseur. L'homogénéité est en effet à rechercher à l'intérieur de chaque classe, entre les objets qui appartiennent à même classe.

Cependant, dans cette hétérogénéité, il est utile d'introduire une taxinomie, c'est-à-dire de distinguer certains groupes de classes. De façon plus précise, quand on étudie un système d'information (Fig. 2.1), les éléments informationnels, les acteurs et les processus organisés occupent une place particulière. Il est donc pertinent de mettre en évidence leur différence de nature. Pour cela, on est amené à faire une classification.

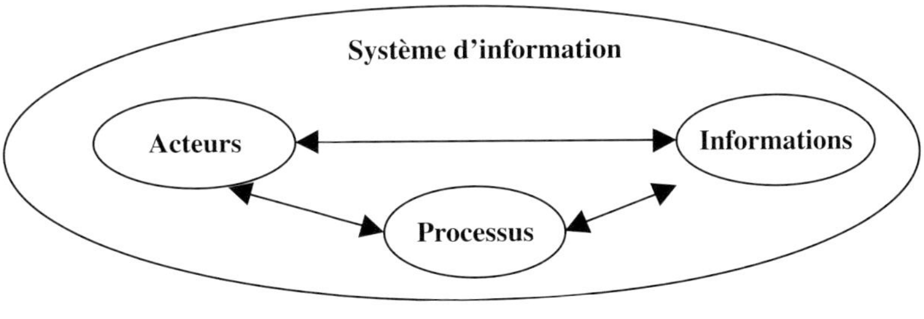

Figure 2.1 — Les éléments clés d'un système d'information.

On peut établir sur l'ensemble des classes une partition en quatre composantes (Fig. 2.2) :

- *Entité* : les classes entités permettent de modéliser toutes les informations que l'on veut gérer.

- *Acteur* : les classes acteurs représentent les rôles attribués.
- *Processus* : les classes processus permettent de répertorier les activités organisées pour accomplir les missions.
- Autre : cette catégorie regroupe toutes les classes qui ne sont ni entité, ni acteur, ni processus.

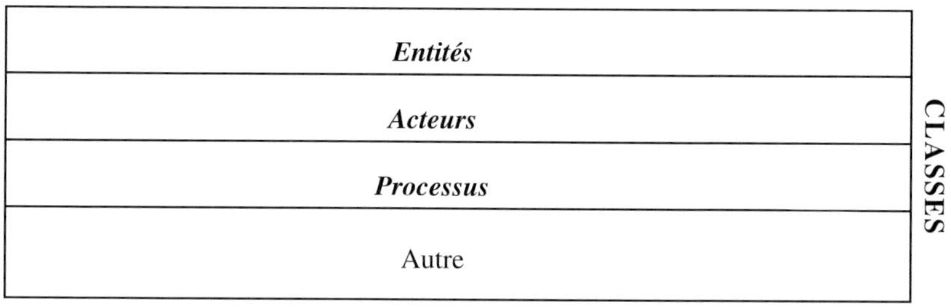

Figure 2.2 — La taxinomie des classes.

Dans l'exemple de Cie, Pol et Jak sont des objets d'une classe de la catégorie acteur, par exemple la classe *Acteur du service réception*. En effet, ils jouent un rôle dans la réception des marchandises. Mais ils peuvent être également des objets d'une classe de la catégorie entité, par exemple la classe *Employé*. Ce choix de modélisation signifie que l'on veut gérer des informations sur Pol et Jak, comme sur les autres employés. L'organisation de la réception d'un matériel sera décrite dans une classe de la catégorie processus, par exemple comme une partie d'un processus *Achat*.

Nous considérerons que les trois catégories entité, acteur et processus sont des concepts à part entière, car on les retrouve dans tout système d'information. De plus, ils possèdent des caractéristiques propres que nous allons préciser.

2.4 LE CONCEPT D'ENTITÉ

2.4.1 *De l'objet informationnel à l'entité*

Quand nous voulons modéliser un système d'information, certains objets nous intéressent particulièrement car ils sont porteurs d'informations concrètes, manipulées, transmises, mémorisées. Ils nous renseignent également sur les termes utilisés et sur les regroupements opérés dans la pratique du métier. On les qualifie d'*objets informationnels*.

Par exemple, le bon de livraison 007 porte des informations sur la livraison de câble K2000 par le fournisseur Alcazar.

L'effort de restructuration des informations gérées, dans la perspective du nouveau système d'information, va se faire à un niveau plus général, celui de la classe. L'on reviendra aux objets informationnels pour vérifier la pertinence des classes proposées.

On peut donc définir une entité de façon ensembliste, comme on l'avait fait pour une classe.

Une *entité* est un ensemble d'objets informationnels sur lesquels on peut reconnaître la même structure et qui sont gérés de la même façon.

Si l'on repère des objets informationnels analogues, c'est-à-dire ayant la même signification, des propriétés de même type et gérés de la même façon, on peut considérer qu'ils font partie d'une même classe. La liste des informations composant chaque objet, par abstraction des valeurs particulières de chacun, représente la structure de l'entité.

Soit, par exemple, les quatre objets suivants :

- Jules Vernes, *Le Tour du monde en 80 jours*, Hachette Jeunesse, Paris, 1995 ;
- Perspectives, sous la direction de P. Duc, *Le Dictionnaire de la mythologie*, Genève, 1990 ;
- Addison-Wesley, Amsterdam, 1991, *Actes du colloque*, Bob Flame et Janet Mince éd. ;
- La Bible, 2 volumes, trad. A. Bail et K. Un, La Pléiade, 1956.

Quand on examine la signification de chaque information concrète, on voit que, au-delà de leurs particularités, ces quatre ensembles d'informations présentent des similitudes. Chacun possède :

- un titre, même si dans un cas il s'agit du titre d'un roman, dans deux autres cas d'une présentation du contenu — dictionnaire, actes de colloque — et dans le dernier du nom d'un texte de référence ;
- un groupe de noms, même si dans un cas il s'agit de l'auteur, voire des auteurs, dans un autre cas du nom des personnes qui ont rassemblé les textes et dans le dernier du nom des traducteurs ;
- un nom d'éditeur ;
- un lieu d'édition ;
- une date d'édition.

Une propriété ne figure que dans un seul cas : le nombre de volumes. En effet, pour les autres, la valeur implicite est d'un. Concrètement, dans le cas de la Bible, on a deux éléments bien distincts : le volume 1 et le volume 2. On a le choix entre deux possibilités.

Soit l'on considère qu'il y a un seul objet informationnel et, dans ce cas, on mémorise l'information « nombre de volumes ».

Soit l'on sépare l'objet Bible en deux objets distincts que l'on repère en modifiant le titre : La Bible – volume 1 et La Bible – volume 2.

La décision se prendra en fonction des règles de gestion définissant la façon dont on gère ce titre. Si les deux volumes sont indissociables, ils sont considérés comme un objet unique. Si, à l'inverse, on peut effectuer des actions sur un seul des deux, il faut les traiter comme deux objets distincts.

On peut donc, par abstraction, considérer que les quatre (ou cinq) objets informationnels appartiennent à une même classe Ouvrage, dont la structure est la suivante :

[Nom des auteurs, Nom de l'ouvrage, Nombre de volumes, Nom de l'éditeur, Lieu d'édition, Date d'édition] ou bien, dans la seconde option :

[Nom des auteurs, Nom de l'ouvrage, Nom de l'éditeur, Lieu d'édition, Date d'édition]

En réalité, il y a d'autres façons d'aborder la découverte des entités. C'est pourquoi nous allons élargir la définition.

2.4.2 Définition élargie de l'entité

On peut, sans passer par le repérage et l'abstraction d'objets, définir une entité comme une structure informationnelle, c'est-à-dire un regroupement de types d'informations.

Soit, par exemple, la structure suivante, rassemblant cinq types d'informations :

[Numéro personne, Nom personne, Adresse personne, N° téléphone personne, N° fax personne]

Cette structure peut accueillir des informations de base sur l'identité d'une personne et sur la façon de la contacter. C'est une entité, que l'on peut nommer Personne.

Une entité est composée d'informations élémentaires. Un type d'information est dit « élémentaire » s'il est le plus petit élément d'information géré de façon indissociable. Par exemple, l'adresse est considérée comme une information élémentaire, c'est-à-dire qu'on ne pourra pas repérer et manipuler — de façon automatique — les différents composants de l'adresse : adresse-rue, adresse-ville, adresse-pays. Sinon, il faudrait définir non pas une, mais trois propriétés.

D'où la définition dite extensive d'une entité :

Une *entité* est une liste finie de types d'informations élémentaires, appelées propriétés, et donne lieu à des réalisations concrètes que l'on appelle instances de l'entité.

Mais une entité peut aussi être définie, de façon plus abstraite, par sa signification dans le système de gestion, sans faire référence à des objets ou à une liste de propriétés.

Par exemple, sans indiquer la liste des types de propriétés qui le caractérisent, ni décrire de façon précise quelques clients, on peut définir une entité Client comme « un rôle tenu par une ou plusieurs personnes, lorsque l'entreprise établit avec elles une relation contractuelle de vente » et une entité Personne comme « l'ensemble des caractéristiques permanentes d'une personne physique ou morale, indépendamment des rôles qu'elle joue vis-à-vis de l'entreprise ». Mais on pourrait également choisir de ne pas distinguer deux entités Client et Personne et de définir une entité unique Client comme « une personne physique ou morale avec laquelle l'entreprise a établi au moins un contrat ».

D'où la définition intensive d'une entité :

Une *entité* est un concept global d'information qui a un sens dans le domaine considéré.

L'exemple ci-dessus montre que l'identification des entités n'est pas une simple transposition d'une réalité correctement observée, mais qu'elle résulte également d'une construction : la détermination des entités doit opérer un compromis entre simplicité, puissance d'expression, pertinence pour la gestion et souplesse d'évolution.

Les trois définitions — ensembliste, extensive et intensive — représentent trois approches possibles du concept d'entité. Elles peuvent être réunies dans la définition élargie suivante.

Une *entité* est un concept global d'information, qui traduit un choix de gestion. Elle peut être décrite par une structure regroupant les types d'informations élémentaires nécessaires à sa gestion. Elle sert de modèle à un ensemble d'objets informationnels.

Une entité comprend donc une structure informationnelle cohérente, ainsi que l'ensemble des objets appartenant à la classe.

2.4.3 La typologie des entités

Il est utile de distinguer trois sortes d'entités, selon le rôle qu'elles jouent dans un système d'information. En effet, leur étude sera abordée de façon différenciée et elles donneront lieu à des représentations adaptées. Cette distinction apporte une aide à l'analyse d'un système d'information.

La typologie est la suivante (Fig. 2.3) :

- une *entité de gestion* est une entité pour laquelle on a choisi de gérer une transformation. Elle passera donc par des états de gestion successifs ;
- une *entité de référence* est le support d'informations stables, sur lesquelles on s'appuie pour effectuer les activités opérationnelles ;
- une *entité de reporting* contient des informations, souvent calculées ou agrégées, qui apportent une aide pour le pilotage des activités à court ou moyen terme.

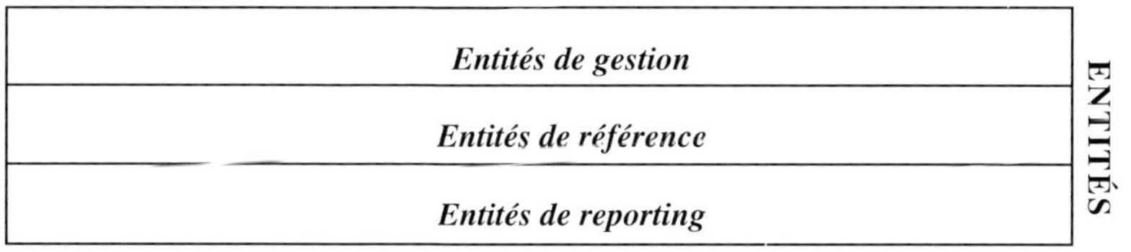

Figure 2.3 — La typologie des entités.

Toute entité du domaine étudié relève de l'un de ces trois types. Cependant, la caractérisation, notamment entre entité de gestion et entité de référence, dépend du domaine d'étude. Une entité peut être entité de gestion dans un domaine et entité de référence dans un autre.

Nous allons illustrer la définition et l'usage des types d'entités.

2.4.4 L'entité de gestion

L'entité de gestion est une entité pour laquelle on a choisi de gérer une transformation. Elle passe donc par une succession ordonnée d'états remarquables.

Précisons tout de suite que les états dont il est question ici ont un sens plus pointu que la notion d'état propre à tout objet. En effet, dans un sens général, l'état d'un objet informationnel est la valeur des informations qu'il porte à un moment donné.

Dans le cas d'une entité de gestion, on définit des « états de gestion » que l'entreprise a choisi de suivre. À tout moment, une instance d'entité de gestion est dans un des états de gestion préalablement définis. L'analyse de telles entités va notamment consister à réfléchir sur les états de gestion sur lesquels on veut avoir une visibilité.

Les différents domaines de gestion nous fournissent des exemples d'entités de gestion.

- Un *contrat* — contrat de crédit, contrat d'assurance, marché, etc. — peut passer par différents états : en cours de constitution, ouvert, suspendu, bloqué, résilié, en cours de modification, clos, etc. Certains sont obligatoires pour toute instance de la classe, d'autres dépendent d'événements aléatoires. Ainsi, un contrat passe toujours par l'état En cours de constitution ; en revanche, certains ne sont jamais dans l'état Bloqué.
- Un *ordre* — commande, ordre de bourse, ordre de fabrication, etc. — traverse plusieurs stades d'exécution. Il est intéressant d'en marquer les étapes. Ainsi, un ordre de bourse peut être reçu, inscrit en carnet d'ordres, passé, livré, réglé, dénoué, etc.
- Une *opération* — prêt d'un objet, intervention de maintenance, etc. — passe également par une succession d'états. Ainsi, pour un prêt de cassette vidéo, on peut gérer les états : en cours, en retard, en contentieux, terminé.
- Un *dossier* — dossier de recrutement, dossier de sinistre, dossier de contentieux, etc. — est aussi sujet à des transformations successives, préalablement définies. Chaque transformation le fait passer dans un autre état de gestion. Pour une candidature, par exemple, on peut gérer les états suivants : reçue, en analyse graphologique, en attente du premier entretien, en attente du second entretien, acceptée, refusée.
- Un *document* — facture, demande de remboursement de frais, bulletin de paie, etc. — peut être géré à travers des états reflétant l'avancement dans le traitement du document. Une demande de remboursement peut ainsi être émise, visée par le supérieur hiérarchique, en contrôle, en attente de règlement, soldée, refusée.

Qualifier une classe informationnelle d'entité de gestion signifie que l'on veut suivre sa transformation à partir d'un état de gestion initial.

2.4.5 L'entité de référence

Certaines entités portent des informations qui n'ont pas vocation à évoluer mais qui présentent, au contraire, un caractère stable.

On peut trouver des exemples parmi les référentiels classiques :

- référentiel Client ;
- référentiel Fournisseur ;
- référentiel Partenaire — banques, intermédiaires, etc.
- référentiel Structure — départements, services, directions régionales, agences.

La caractéristique de stabilité d'une entité de référence ne signifie pas qu'on ne peut pas modifier la valeur de ses propriétés. Mais, vu du domaine considéré, c'est l'information la plus à jour que l'on considère comme la référence.

Le classement d'une entité en entité de gestion ou en entité de référence n'est pas absolu, mais dépend d'une part du point de vue donné par le domaine, d'autre part du choix de ce que l'on veut gérer.

L'exemple de l'entité Catalogue va illustrer cette alternative.

Soit un catalogue répertoriant un ensemble de produits qui ne varient guère. Les mises à jour se font soit au fil de l'eau, soit périodiquement ; elles sont immédiatement prises en compte. Dans ce cas, on privilégie la stabilité du catalogue. On le représentera par une entité de référence.

Soit au contraire une entreprise qui sort plusieurs catalogues par an, par exemple une entreprise de vente par correspondance de produits soumis à la mode. Dans ce cas, l'entité Catalogue va passer par plusieurs stades — en cours d'élaboration, validé au niveau 1, mis en forme, validé au niveau 2, actif, en retrait, obsolète — auxquels sont associées des possibilités d'action et d'utilisation. On met alors l'accent sur la transformation en considérant l'entité Catalogue comme une entité de gestion.

Cependant, quelle que soit la façon de considérer le Catalogue, lorsqu'on s'y intéresse du point de vue d'un domaine Ventes, il constitue un instrument dans lequel on va chercher des informations sur les produits/services proposés à la vente. C'est alors une entité de référence pour le domaine Ventes.

Parmi les entités de référence, certaines correspondent à des référentiels externes à l'entreprise :

- soit par leur contenu, comme le calendrier bancaire ou le référentiel des Valeurs Mobilières ;
- soit par leur gestion, comme le référentiel des chèques volés, dont la tenue est assurée par la Banque de France.

Les entités de référence sont des classes informationnelles dont les comportements comprennent des fonctions de tenue d'un référentiel — création, modification et suppression d'une instance — ainsi que des services — visualisation d'une instance.

2.4.6 L'entité de reporting

Certaines entités portent des informations utiles pour prendre des décisions de pilotage. Commençons par quelques exemples afin de préciser la notion de pilotage.

Premier exemple : gestion d'aléa

Soit un système de gestion commerciale. Parfois arrivent des commandes urgentes qui ne peuvent pas entrer dans un cycle normal et qui risquent de perturber les autres flux. Pour décider d'accepter ou de refuser, le gestionnaire doit répondre à plusieurs questions sur :

- le client : mérite-t-il qu'on fasse des efforts inhabituels ?
- les stocks : peut-on puiser dans les stocks sans désorganiser les commandes normalement prévues ?
- les achats en cours : le stock sera-t-il reconstitué prochainement ? Peut-on utiliser la réserve ?
- la logistique : a-t-on les moyens de livrer de façon urgente ?

Si un tel aléa se produit assez fréquemment mais que les réponses doivent être apportées au coup par coup sans pouvoir faire l'objet d'une procédure, il faut que le « pilote » du système puisse s'appuyer sur un ensemble d'informations pour apporter une réponse.

Deuxième exemple : pilotage de processus[1]

Soit une gestion des achats industriels qui s'appuie sur des sous-traitants ne respectant pas toujours les délais annoncés. Ceci crée de fortes perturbations dans le plan de montage de l'entreprise. Le gestionnaire doit donc anticiper pour déclencher des relances suffisamment tôt et éventuellement ajuster le plan de montage. Pour cela, il doit pouvoir disposer d'informations sur :

- les livraisons attendues ;
- les fournisseurs concernés ;
- l'état d'avancement de la commande chez le sous-traitant ;
- les impacts sur le plan de montage.

L'ensemble de ces éléments aide à déceler des problèmes et à réagir pour anticiper des crises potentielles.

Troisième exemple : pilotage d'activité

Soit un responsable de plusieurs points de vente couvrant des secteurs géographiques différents. Périodiquement, il a besoin d'informations, par exemple sur :

- l'ensemble des ventes ;
- les ventes par famille de produits ;

1. Le terme processus est utilisé ici dans un sens courant. Le concept de processus, nécessaire pour la modélisation des systèmes d'information, est défini plus loin au paragraphe 2.6.

- la performance comparée des différents secteurs.

Ces éléments permettent de prendre des décisions, telles que la promotion d'un produit, pour un secteur ou pour tous, et de réagir rapidement à une baisse imprévue.

Les trois exemples ci-dessus illustrent la définition générale d'un dispositif de pilotage donnée par la cybernétique[1].

Les activités de pilotage sont nécessaires quand le système à mettre sous contrôle ne peut pas être complètement déterminé à l'avance. Lorsque des imprévus arrivent, il faut modifier le réglage du système si l'on veut obtenir les résultats désirés : c'est le rôle du pilote. Pour cela, ce dernier a besoin de moyens lui permettant d'une part de voir et d'autre part d'agir.

De façon générale, tout dispositif de pilotage se compose de trois éléments (Fig. 2.4) :

1. Un pilote : dans notre cas il s'agit d'un gestionnaire.
2. Un tableau de bord : ce terme doit être pris au sens, large, d'un ensemble d'informations permettant de garder le contrôle d'un système ; il comporte d'une part des informations sur les résultats visés ou sur les plages de valeurs acceptables, et d'autre part le reflet du comportement du système à piloter.
3. Des capacités à agir : le gestionnaire s'appuie sur son tableau de bord pour prendre des décisions et engager des actions sur le système à piloter.

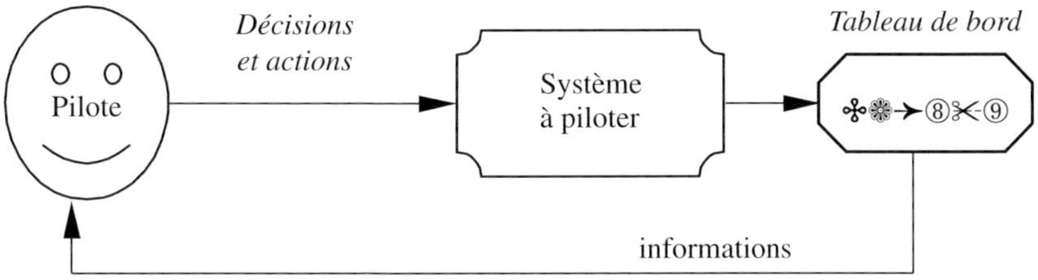

Figure 2.4 — Schéma d'un dispositif de pilotage.

Une entité de reporting est une classe informationnelle qui rassemble des informations nécessaires pour prendre des décisions de pilotage à court ou moyen terme.

Les informations d'une entité de reporting proviennent d'entités de gestion et d'entités de référence : elles résultent d'analyses, de calculs et de synthèses.

À ces entités sont donc attachées des fonctions d'extraction, de consolidation, d'analyse et de visualisation que les gestionnaires utiliseront de façon non préétablie, en fonction des décisions qu'ils ont à prendre.

Par exemple, l'entité de reporting *Bilan de la qualité des fournisseurs* récapitule des informations opérationnelles qualitatives et quantitatives sur les transactions avec chaque fournisseur, permettant le calcul d'indicateurs de qualité.

1. Le concept de pilotage a été étudié par la cybernétique, science du contrôle des systèmes. Le terme « cybernétique » vient du grec et signifie science ou art du pilote.

Le gestionnaire pourra, à partir des informations fournies, modifier ou renégocier certains accords.

L'entité *Tableau de bord client* comprend des informations agrégées à partir de l'entité de référence Client et de l'entité de gestion Commande.

On voit, par ces exemples, que les entités de reporting sont à définir en liaison étroite avec les gestionnaires et les décideurs.

2.5 LE CONCEPT D'ACTEUR

Dans l'exemple qui nous a servi à introduire le concept d'objet (§ 2.2.1), nous avons vu que certains objets pouvaient être des êtres humains. Anna est employée d'Alcazar. Pol et Jak sont des employés de Cie.

Nous avons d'abord proposé d'identifier deux classes : la classe Employé, regroupant Pol et Jak, mais dont nous avons exclu Anna ; et la classe Fournisseur, à laquelle appartient Alcazar. Nous avons ainsi considéré qu'Anna ne nous intéressait qu'en tant que représentante de son entreprise et non comme individu.

Ensuite, nous avons introduit une taxinomie des classes[1]. Nous avons alors dit qu'on pouvait considérer Pol et Jak sous deux angles :

1. Soit du point de vue des informations que l'on veut conserver sur eux, dans une optique de gestion du personnel ; ils représentent alors deux instances d'une classe entité, par exemple la classe Employé.
2. Soit du point de vue du rôle qu'ils jouent dans l'entreprise, et en particulier lors de la livraison de matériel ; on les voit alors comme des instances d'une classe acteur, par exemple la classe Acteur du service réception.

De façon analogue, le fournisseur Alcazar est :

1. Soit une instance d'une classe entité, par exemple la classe Fournisseur, qui permet à Cie de répertorier un ensemble d'informations nécessaires aux relations avec ses fournisseurs.
2. Soit une instance d'une classe acteur, par exemple la classe Livreur, qui joue un rôle dans les interactions entre l'entreprise et ses fournisseurs. Dans ce cas, l'objet particulier Anna ne nous intéresse qu'en tant que représentante de la classe acteur Livreur : ne pas connaître son nom n'empêche pas les rôles de se jouer.

Les classes acteurs permettent de représenter les rôles attribués dans les activités organisées qui font partie du système d'information étudié.

Ces rôles peuvent concerner des intervenants :

- internes : ils appartiennent à l'entreprise ;
- ou externes : ils sont extérieurs à l'entreprise, mais sont actifs dans ses activités organisées à un moment donné.

Une classe acteur peut renvoyer à différents niveaux d'organisation.

1. Par souci d'allégement, dans la suite de l'ouvrage nous omettrons l'expression « de type » quand nous ferons référence à une des catégories de classes. Nous utiliserons l'expression simplifiée classe acteur, classe entité, etc.

- Une classe peut n'avoir pour instance qu'une seule personne physique. Par exemple, la classe Directeur général.
- Une classe peut n'avoir pour instance qu'une seule entité organisationnelle. Par exemple, la classe Service marketing, si ce service est unique dans l'entreprise.
- Une classe peut avoir plusieurs instances correspondant à des personnes physiques. Par exemple, la classe Magasinier, s'il y a plusieurs magasiniers dans l'entreprise.
- Une classe peut avoir plusieurs instances correspondant à des entités structurelles. Par exemple, la classe Agence, s'il y a plusieurs agences dans la structure de l'entreprise.
- On peut représenter tout ou partie de l'organigramme au moyen de classes acteurs, si cela est intéressant pour montrer ou définir les rôles dans le domaine considéré.
- Une classe correspondant à un acteur externe peut également être définie à différents niveaux de précision, selon le degré de finesse qui nous intéresse. Par exemple, on peut définir une classe acteur globale Client, ou bien distinguer la classe acteur Client – Service Achat et la classe acteur Client – Service comptabilité.
- Une classe acteur peut enfin être un dispositif matériel, par exemple une classe Imprimante du département marketing, ou logiciel, par exemple une classe Application comptable.

Une classe acteur peut intervenir dans une ou plusieurs activités. Elle n'est donc pas définie *a priori* par les rôles qu'elle joue. Mais inversement, les rôles ne peuvent être attribués qu'à des classes acteurs.

2.6 LE CONCEPT DE PROCESSUS

2.6.1 Définition d'un processus

Le terme *processus* vient du latin et signifie littéralement « aller de l'avant » ; dans un usage général, il évoque l'idée d'une marche progressive, souvent selon un plan déterminé à l'avance.

Cette idée de plan a été reprise depuis longtemps dans les systèmes d'information. Dès les années 70, dans sa méthode BSP[1] pour la planification des systèmes d'informations, IBM définissait un processus de gestion comme un ensemble organisé d'activités pour la production d'un résultat. La méthode Merise a considéré le processus comme la réaction de l'entreprise à un type d'événement. Dans les deux cas, le processus devait être défini indépendamment des informations utilisées et des solutions organisationnelles.

1. IBM Corporation, *Business Systems Planning*, IBM GE 20-0527-4, 1984.

Plus récemment, le courant de la reconfiguration des processus[1] définit le processus comme un ensemble finalisé d'activités, orienté vers la production d'un résultat représentant une valeur pour un client. Cette définition est intéressante, car elle vise à centrer l'organisation des activités sur le service rendu au client, faisant passer au second plan les contraintes et les frontières internes de l'entreprise.

En présentant une taxinomie des classes que l'on peut distinguer dans un système d'information (§ 2.3.3), nous avons présenté les processus comme des classes permettant de répertorier les différents types d'activités organisées pour accomplir des missions. Nous allons préciser cette définition.

On appelle *processus* l'organisation d'un ensemble finalisé d'activités effectuées par des acteurs et mettant en jeu des entités, pour répondre à un type d'événement.

Un processus est une classe, car il constitue une définition abstraite : les instances de cette classe correspondent à la réalisation concrète des activités planifiées lors du fonctionnement réel.

Un processus doit avoir été conçu : il n'est pas une réaction spontanée et improvisée, mais un comportement de l'entreprise face à une situation reconnue que l'on appelle événement.

Il présente un caractère opérationnel et met en jeu des acteurs, souvent dans différents rôles. Il est généralement transverse à plusieurs fonctions dans l'entreprise.

Un *événement* est quelque chose qui a une signification pour le domaine et pouvant se produire suffisamment fréquemment pour que l'on définisse *a priori* le comportement à adopter.

L'événement peut être :

- interne : il provient de l'intérieur du domaine, que ce soit de la décision d'un acteur ou du résultat d'un autre processus ;
- externe : il provient de l'extérieur du domaine, que ce soit d'un acteur ou d'un autre domaine ;
- temporel : l'expiration d'un délai ou l'avènement d'une date.

Un exemple d'événement interne est la décision d'un gestionnaire de demander un relevé de la situation d'un compte.

Un événement externe peut être une demande de crédit, l'envoi d'un compte rendu d'opération.

Un événement temporel peut être la fin du mois ou le passage à une nouvelle année.

Du point de vue du système d'information, un événement est connu parce qu'il existe une information qui en est le reflet.

1. BPR, *Business Process Reengineering*. Voir [Hammer, 1993].

2.6.2 La typologie des processus

Quand on fait l'analyse d'un système d'information, il est parfois utile de distinguer trois types de processus.

1. Le processus métier a pour but d'accomplir une mission du domaine. Des acteurs externes au domaine ont une visibilité sur ce type de processus. Il est déclenché par un événement externe ou par un événement temporel.
2. Le processus support n'est pas au cœur du métier : l'accomplissement de son but n'est pas la mission du domaine. Mais le résultat produit est nécessaire aux processus métier. Il peut être déclenché par les trois types d'événements. Si le domaine comprend une entité de référence (*cf.* § 2.4.5), elle sera en général gérée par un processus support.
3. Le processus de pilotage est également déclenché par un événement interne ou temporel. Son but est d'organiser les activités de pilotage à l'intérieur d'un domaine. Si le domaine comprend une entité de reporting (*cf.* § 2.4.6), elle est en général gérée et utilisée par un processus de pilotage.

2.6.3 La description d'un domaine

Un domaine[1] peut être représenté sous forme de processus. Nous allons en donner quelques exemples simplifiés.

Un domaine Gestion commerciale peut comprendre :

- un processus métier de gestion de la commande, permettant de gérer les commandes et les livraisons ;
- un processus de pilotage pour le suivi des commandes, offrant des fonctions qui permettent de répondre à toute question sur une commande au long de son cycle de vie.

Un domaine Client peut comprendre :

- un processus support de gestion des clients, avec les fonctions de création, de mise à jour et de visualisation d'un référentiel Client ;
- un processus de pilotage pour le suivi des clients, avec des fonctions d'analyse périodique par client de ses commandes, retours et paiements.

Un domaine Facturation peut comprendre :

- un processus métier de gestion de facture, de l'émission au recouvrement ;
- un processus de pilotage pour le suivi des paiements, offrant des fonctions de relance et de mise en contentieux.

Un domaine Stock peut comprendre :

- un processus support pour la gestion des produits, offrant des fonctions de création, de mise à jour d'un produit et d'entrée en stock, et un service de visualisation des caractéristiques d'un produit et de son stock ;

1. Nous définissons de façon plus précise la notion de domaine au paragraphe 2.7.1.

- un processus de pilotage pour l'analyse des ventes par produit.

Un domaine Comptabilité peut comprendre :

- un processus métier de comptabilisation des opérations, traitant un compte rendu d'opération issu d'un autre processus ;
- un processus métier de paiement des factures ;
- un processus de pilotage de production périodique d'états comptables.

2.6.4 Les notions de variante et de scénario

L'événement initiateur du processus peut parfois être décliné de plusieurs façons qui appellent des réponses différentes. On ne peut pas considérer ces réponses comme des classes différentes, car elles répondent à une même finalité. Il est donc souhaitable qu'on les analyse en même temps ou en les mettant en perspective. D'où la notion de *variante*.

Un processus peut comporter plusieurs versions, correspondant à des variations de l'événement à l'origine du processus : ce sont les *variantes* de processus.

Un processus est une classe, dont les réalisations concrètes (réelles ou simulées) sont les instances.

On appelle *scénario* une instance de processus.

S'il y a plusieurs variantes du processus, un scénario est toujours une instance d'une variante précise.

Lorsque l'on veut illustrer concrètement le fonctionnement d'un processus, on décrit un ou plusieurs scénarios, pour une ou pour chacune des variantes.

2.7 LES PRINCIPES

Trois principes généraux fondent la modélisation d'un système d'information.

1. Le découpage en domaines : ce premier principe structure le cadre à l'intérieur duquel on va modéliser.
2. L'approche par niveaux : ce deuxième principe répartit les rôles, en ce qui concerne la modélisation, entre la maîtrise d'ouvrage et la maîtrise d'œuvre.
3. La diversité des points de vue : ce troisième principe aide à gérer la complexité.

2.7.1 Le découpage en domaines

Décrire le système d'information de l'entreprise revient à représenter son fonctionnement et son organisation sous l'angle des informations que l'on a choisi de gérer et sur lesquelles on s'appuie. Quand le système d'information est vaste, avec un nombre élevé de types d'informations et un nombre élevé d'acteurs ayant des rôles différents, il est nécessaire de le concevoir de façon modulaire :

- pour mieux le comprendre ;
- pour maîtriser son développement ;
- pour permettre des évolutions partielles, sans impact sur le reste.

On va donc décomposer le système d'information en sous-ensembles quasi autonomes et d'une taille raisonnable, que l'on appelle *domaines*.

Le découpage en domaines ne doit pas reproduire l'organigramme. Un domaine est une partie de l'activité de l'entreprise, suffisamment cohérente du point de vue informationnel pour pouvoir être étudiée et représentée par des modèles. Ainsi, un processus est toujours contenu à l'intérieur d'un domaine. Une entité est généralement gérée — créée et mise à jour — par un seul domaine. En revanche, une entité peut être utilisée par plusieurs domaines. Un domaine comprend des acteurs et des informations — sélectionnées, soumises à des règles, échangées, analysées, conservées — nécessaires au fonctionnement de l'activité opérationnelle ou de pilotage.

Par exemple, le système d'information d'une institution d'enseignement comprend les domaines suivants : scolarité (programmes et plannings), élèves (inscriptions, notes, bourses), personnel (enseignants et administratifs), comptabilité, logistique (bâtiments), restaurant, logements étudiants.

Le découpage en domaines relève de choix de gestion. Par exemple, on peut considérer que l'on aura soit un seul domaine Commercial, soit deux domaines, Client et Contrat. C'est souvent la taille des sous-systèmes d'information qui oriente la décision.

Une entité structurelle (service, département, direction, etc.) peut être acteur dans plusieurs domaines. Par exemple, une direction administrative intervient dans le domaine Personnel et dans le domaine Comptabilité. À l'inverse, plusieurs entités structurelles peuvent être acteurs dans le même domaine. Ainsi, dans une entreprise structurée en fonction des lignes de produit, le domaine Client concerne les différentes directions produit.

Le principe 1 s'énonce ainsi :

> Le système d'information d'une entreprise est découpé en sous-systèmes d'information que l'on appelle *domaines*. Un domaine représente un métier, c'est-à-dire une mission, un savoir-faire, des compétences.

Un projet s'inscrit généralement à l'intérieur d'un domaine que l'on appelle « domaine d'étude ». Il peut utiliser des informations produites par d'autres domaines.

2.7.2 L'approche par niveaux

Le modèle ANSI/SPARC, évoqué au chapitre précédent (§ 1.3.2), a proposé trois niveaux de description d'une base de données, ce qui permet d'avoir d'autres représentations que le schéma physique de la base.

Ce principe a été étendu à la modélisation des systèmes d'information. On peut ainsi distinguer trois niveaux de préoccupation.

1. Le niveau conceptuel-organisationnel est celui auquel on conçoit le système de gestion et d'organisation[1], c'est-à-dire ce que va faire le système et comment on va l'utiliser.
2. Le niveau logique est celui où l'on conçoit la solution informatique.
3. Le niveau physique est celui où l'on développe la solution informatique dans un environnement donné.

Le principe 2 s'énonce ainsi :

La représentation d'un système d'information se fait d'abord à un niveau conceptuel-organisationnel, puis à un niveau logique et enfin à un niveau physique.

Le maître d'ouvrage construit la solution attendue au niveau conceptuel-organisationnel. Il produit un cahier des charges rigoureux et non ambigu, suffisamment précis pour être repris par le maître d'œuvre. Ce dernier élabore une réponse au cahier des charges, aux niveaux logique et physique.

2.7.3 La diversité des points de vue

Un système d'information est souvent complexe, dans le sens où des éléments de natures différentes y sont entremêlés. Une des caractéristiques de la complexité d'un système est qu'on ne peut pas en rendre compte par une représentation unique ; on a besoin de plusieurs angles de vue, complémentaires et non disjoints.

Pour modéliser un système d'information, on recourt donc à plusieurs types de représentation : chacune est partielle et rend compte d'un aspect particulier. On adopte notamment un point de vue sur la structure statique du système, exposant les entités gérées, ainsi que d'autres points de vue montrant la structure dynamique, c'est-à-dire le fonctionnement du système.

C'est pourquoi on peut considérer que l'on a d'un système d'information un modèle unique et cohérent. On le représente à l'aide de plusieurs diagrammes, de natures diverses. Chacun donne une représentation schématique illustrant un point de vue sur le modèle. Certains éléments du modèle peuvent être référencés dans plusieurs diagrammes.

Le principe 3 s'énonce ainsi :

La modélisation d'un système d'information s'appuie sur plusieurs types de diagrammes, qui rendent chacun compte d'un point de vue particulier.

Nous allons voir, dans le chapitre 3, les différents diagrammes proposés par UML.

1. Le conceptuel et l'organisationnel ont parfois été isolés comme deux niveaux différents. Avec l'expérience, il apparaît préférable de les considérer comme deux aspects d'un même niveau.

DEUXIÈME PARTIE

DESCRIPTION D'UML POUR L'ANALYSE D'UN SYSTÈME D'INFORMATION

Cette deuxième partie présente le langage UML de façon détaillée, ainsi que la manière de l'utiliser pour élaborer un cahier des charges. Elle s'adresse particulièrement aux analystes et aux maîtres d'ouvrage soucieux de recourir à une méthode à la fois rigoureuse et conforme aux évolutions les plus récentes.

Elle comporte trois chapitres.

Le chapitre 3 fournit une description précise des sept diagrammes d'UML qui sont pertinents pour modéliser un système d'information :

- diagramme de classes ;
- diagramme d'objets ;
- diagramme d'états-transitions ;
- diagramme d'activités ;
- diagramme de collaboration ;
- diagramme de séquence ;
- diagramme de cas d'utilisation.

Ce chapitre s'achève sur une présentation des notions de paquetage et de stéréotype.

Le chapitre 4 situe d'abord l'analyse dans les étapes du processus de développement. Il décrit ensuite de façon détaillée chacune des sept phases menant au cahier des charges, ainsi que leur enchaînement, parallèle ou séquentiel selon les phases. Le cas Gruyère SA illustre le déroulement des phases. Les diagrammes UML ont été réalisés avec l'AGL Objecteering 5.1.1 de Softeam. La description de chacune des phases comprend trois parties : objectif ; résultat et contenu ; illustration.

Le chapitre 5 répond à deux préoccupations fréquentes dans les entreprises :

1. Comment utiliser UML si l'on veut mener le projet en RAD ?
2. Quel usage faire des diagrammes UML dans le cas où l'on recourt à un ERP ?

Les deux réponses sont précédées d'une rapide présentation de la méthode RAD pour la première et d'une description des caractéristiques d'une démarche ERP pour la seconde.

3

Les diagrammes UML

Le langage UML est décrit par un méta-modèle, c'est-à-dire une représentation simple, mais rigoureuse, de ses constituants élémentaires, avec leurs règles d'utilisation et de syntaxe[1]. Un diagramme est défini par les auteurs d'UML comme la représentation graphique d'un ensemble sélectionné de constituants UML. Ils ont élaboré neuf diagrammes.

Dans ce chapitre, nous faisons une présentation des diagrammes en indiquant les aspects d'un système d'information qu'ils permettent de modéliser. La mise en œuvre de ces modèles dans une démarche cohérente sera développée au chapitre suivant.

Parmi les neuf diagrammes proposés par UML nous avons choisi pour l'étape d'analyse d'utiliser les diagrammes suivants :

- le diagramme de classes ;
- le diagramme d'objets ;
- le diagramme d'états-transitions ;
- le diagramme d'activités ;
- le diagramme de collaboration ;
- le diagramme de séquence ;
- le diagramme de cas d'utilisation.

Les deux premiers permettent de représenter l'aspect statique du système d'information, les cinq autres sa dynamique.

Les diagrammes utilisés exclusivement par les informaticiens dans l'étape de conception ne sont pas présentés :

- le diagramme de composants ;
- le diagramme de déploiement.

Après la description et l'illustration des diagrammes retenus, nous exposerons les mécanismes de paquetage et de stéréotypage.

1. Ce méta-modèle, qui est présenté dans la norme UML au moyen du formalisme du diagramme de classes, constitue une spécification détaillée pour les éditeurs d'AGL supportant UML.

3.1 LE DIAGRAMME DE CLASSES

3.1.1 Objectif du diagramme de classes

Un diagramme de classes représente la structure statique d'un système. Il contient principalement des classes, ainsi que leurs associations, mais on peut aussi y trouver des objets. Pour l'analyse d'un système d'information, il est préférable de n'y faire figurer que des classes. De plus, il est conseillé de ne représenter sur un diagramme que des classes appartenant à la même catégorie : entité, processus ou acteur.

En pratique, l'intérêt majeur du diagramme de classes est de modéliser les entités du système d'information. Nous allons donc le présenter sous cet aspect-là.

Le diagramme de classes permet de représenter l'ensemble des informations formalisées, ayant fait l'objet d'une définition sur le fond et sur la forme, qui sont gérées par le domaine. Ces informations sont structurées c'est-à-dire qu'elles sont regroupées dans des classes, telles que nous les avons définies au chapitre 2 (§ 2.3). Le diagramme met en évidence d'éventuelles relations entre les classes.

Ainsi, toutes les informations mémorisées, manipulées, transformées, analysées et partagées pour accomplir les finalités du domaine doivent figurer quelque part dans le diagramme de classes. Cependant, chaque propriété ne doit figurer qu'une seule fois.

Règle de *non-redondance* : une information élémentaire d'un domaine ne doit figurer qu'à un seul endroit du diagramme de classes des entités de ce domaine.

Ce principe d'économie assure que l'on a une définition unique de chaque information élémentaire.

Nous allons voir les caractéristiques précises de ce diagramme, ainsi que les règles qui guident son élaboration.

3.1.2 Les attributs

Une classe de type entité correspond à un concept global d'information et se compose d'un ensemble d'informations élémentaires, appelées *attributs de la classe*.

La syntaxe générale d'un attribut est la suivante :

nom_attribut [multiplicité] [: type_attribut] [= valeur initiale] [{propriété}]

Parmi les différentes caractéristiques, seul le nom est obligatoire.

- Nom_attribut : un attribut fait l'objet d'une définition et doit être nommé. Un attribut est, en général, primaire, c'est-à-dire correspond au plus petit niveau d'information que l'on veut gérer. Cependant, par commodité de gestion, on choisit parfois de conserver dans un attribut le résultat d'un calcul effectué à partir d'autres attributs. On parle alors d'attribut *dérivé*. Il est conseillé de repérer visuellement un attribut dérivé, par exemple en plaçant un / au début de son nom, comme sur la figure 3.1 pour l'attribut Montant TVA.

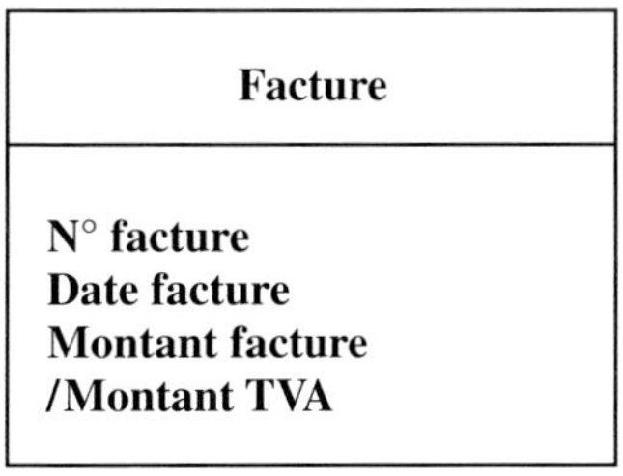

Figure 3.1 — Représentation d'une classe.

- Multiplicité : la multiplicité d'un attribut indique le nombre minimum et le nombre maximum de valeurs possibles de l'attribut pour une instance de la classe. Par défaut, la multiplicité est 1,1, c'est-à-dire une et une seule valeur. Par exemple, si l'on a dans une classe Personne l'attribut nom_enfant [0,5], cela implique que l'on pourra indiquer entre zéro et cinq noms d'enfant.
- Type_attribut : on peut indiquer le format de l'information, par exemple booléen, décimal, date...
- Valeur initiale : on peut préciser la valeur par défaut à la création de l'attribut. Par exemple, Date facture : date = date du jour.
- Propriété : on peut indiquer si un attribut peut être changé après avoir acquis une valeur. UML propose deux possibilités : modifiable ou figé. Par défaut, l'attribut est modifiable.

3.1.3 L'identifiant d'une classe

Un attribut joue un rôle particulier, car il permet de repérer de façon unique chaque objet, instance de la classe. C'est celui que l'on appelle l'*identifiant* de la classe. Il doit avoir une utilité pour le gestionnaire, en lui permettant de se repérer sans ambiguïté dans un ensemble d'objets analogues[1].

De plus, entre l'identifiant et chacun des autres attributs de la classe, il existe, si la classe est correctement définie, une relation que l'on appelle *dépendance fonctionnelle*.

Soit *a* et *b* deux attributs : on dit que *b* dépend fonctionnellement de *a* si, connaissant la valeur de *a*, l'on peut trouver la valeur de *b*.

Par exemple (Fig. 3.2), connaissant le numéro du client, on doit pouvoir trouver son nom, son adresse, son numéro de fax et savoir s'il est assujetti à la TVA. En revanche, le taux de TVA applicable dépend fonctionnellement du produit et non du client.

1. On utilise souvent un format visuel particulier pour repérer l'identifiant, par exemple en soulignant l'attribut correspondant. Dans la suite de ce chapitre, nous avons choisi de faire suivre l'attribut identifiant de ce qu'ULM appelle une *tagged value*, c'est-à-dire une annotation attachée à l'attribut et exprimée entre accolades : {id}.

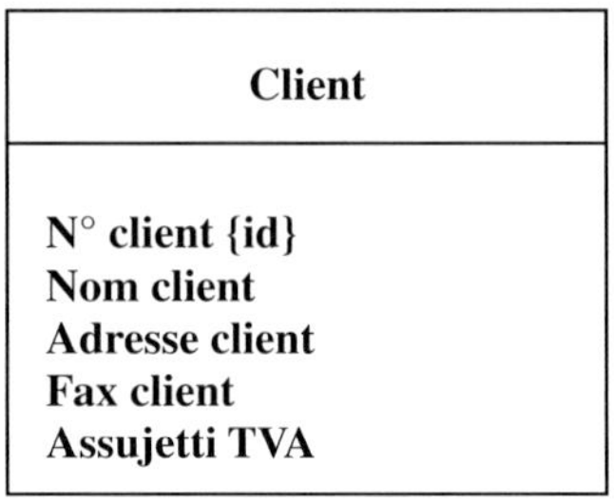

Figure 3.2 — Exemple d'une classe et de son identifiant.

La notion de dépendance fonctionnelle justifie le regroupement d'un ensemble d'attributs dans une même classe. Elle va permettre de définir quelques règles guidant la définition des classes (§ 3.1.7).

3.1.4 Les associations entre classes

On a parfois besoin, lorsque l'on décrit les attributs d'une classe, de faire référence à un attribut qui est l'identifiant d'une autre classe. La règle de non-redondance interdit de faire figurer le même attribut dans deux classes différentes. Pour compenser cette interdiction, on va faire apparaître une relation entre les deux classes, que l'on appelle *association*.

Par exemple (Fig. 3.3), on souhaite caractériser la facture par le numéro de bon de livraison correspondant à l'achat qui donne lieu à la facture. On va établir une association entre la classe Facture et la classe Livraison.

Figure 3.3 — Représentation d'une association.

Une association a une *signification*. Entre deux classes on peut établir plusieurs associations, pour peu qu'elles aient des significations différentes.

Par exemple (Fig. 3.4), on gère des produits que l'on achète auprès de fournisseurs répertoriés ; pour chaque produit, on veut indiquer un fournisseur prioritaire et des fournisseurs de second rang. On va donc faire apparaître deux associations différentes entre la classe Produit et la classe Fournisseur.

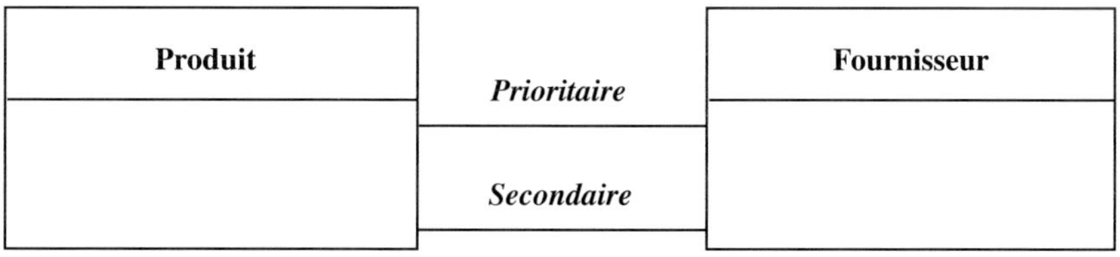

Figure 3.4 — Exemple d'association multiple entre deux classes.

Une instance d'association s'appelle un *lien*.

Identifiant d'une association

Une association est *identifiée* par la concaténation des identifiants des classes qui participent à l'association. Cela signifie qu'une instance d'association entre deux classes est identifiée de façon unique par le couple composé des valeurs des identifiants de ces classes.

Soit, par exemple, l'association Est passé par entre la classe Contrat et la classe Client. Pour un N° contrat et un N° client donnés, il n'y a qu'une seule instance d'association. Si l'on veut différencier le client souscripteur et le client payeur, il faut établir deux associations différentes entre Client et Contrat : Est passé par et Est payé par.

Nommage d'une association

Chaque association porte un *nom* qui, généralement, traduit sa signification. Il est recommandé d'utiliser des verbes, à l'actif ou au passif selon le sens de lecture que l'on souhaite privilégier. En cas de doute, on choisira la forme verbale qui respecte l'antériorité d'apparition dans le système d'information. Ainsi, sur la figure 3.5, la Commande fait référence au Produit (porte sur, est composée de). On utilise souvent le format italique.

Au niveau conceptuel, les associations ne sont pas orientées. Pour améliorer la lisibilité, on peut utiliser le symbole ▶ qui indique le sens de lecture.

Par exemple (Fig. 3.5), on établit une association entre la classe Produit et la classe Commande. Les objets Produit, pour pouvoir être commandés, doivent avoir été préalablement répertoriés. On favorisera donc un nommage comme suit :

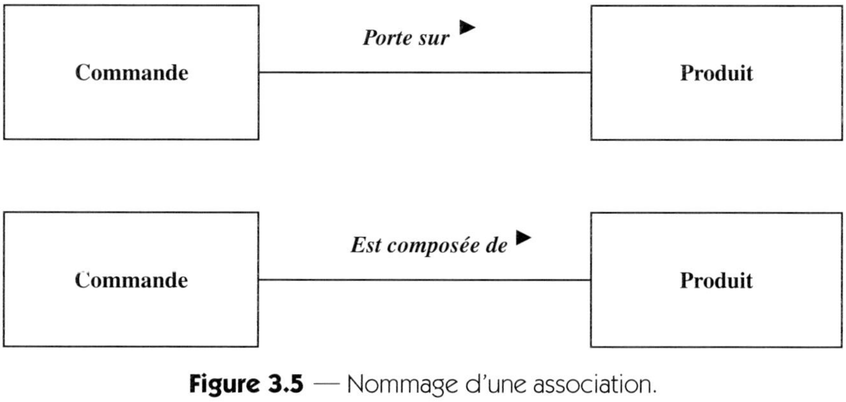

Figure 3.5 — Nommage d'une association.

Association réflexive

Une association est dite *réflexive* si elle met en relation une classe avec elle-même. En général, au niveau concret des objets, les liens relient des instances différentes de la classe.

Soit, par exemple (Fig. 3.6), une association réflexive Fait partie de sur la classe Client, qui met en évidence des appartenances à un même groupe.

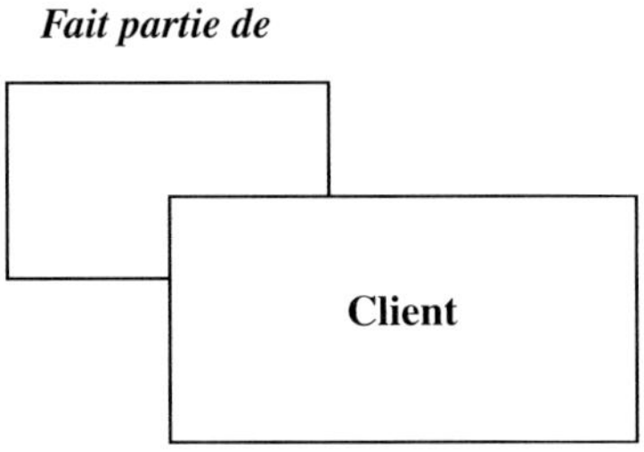

Figure 3.6 — Association réflexive.

Au niveau concret, on aura le schéma de la figure 3.7.

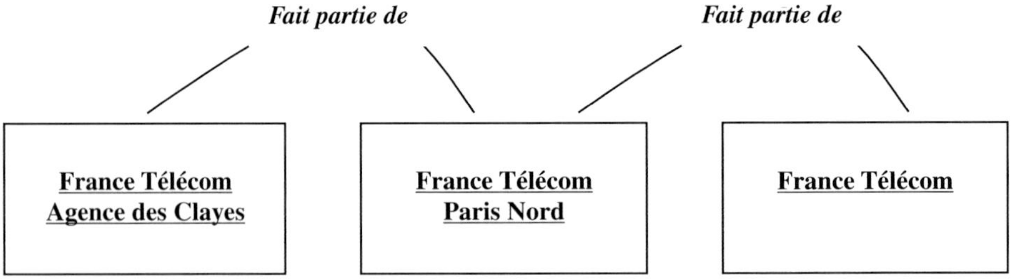

Figure 3.7 — Instances d'une association réflexive.

Classe-association

Comme nous l'avons vu au début du paragraphe 3.1.4, les attributs d'une classe dépendent fonctionnellement de l'identifiant de la classe. Parfois, un attribut dépend fonctionnellement de deux identifiants, appartenant à deux classes différentes. De façon plus précise, quand on est au niveau des objets, pour pouvoir donner une signification à la valeur de l'attribut on a besoin de le rattacher à deux identifiants.

Par exemple (Fig. 3.8), soient une classe Commande et une classe Produit. Supposons qu'une commande puisse porter sur plusieurs produits. L'attribut Quantité commandée est alors fonctionnellement dépendant du N° commande et du Code produit, qui sont les identifiants des deux classes. Si l'on dit : « la quantité est de trente », il faut savoir quel produit et pour quelle commande pour pouvoir utiliser l'information. On va donc mettre l'attribut Quantité commandée sur l'association Porte sur, entre Commande et Produit.

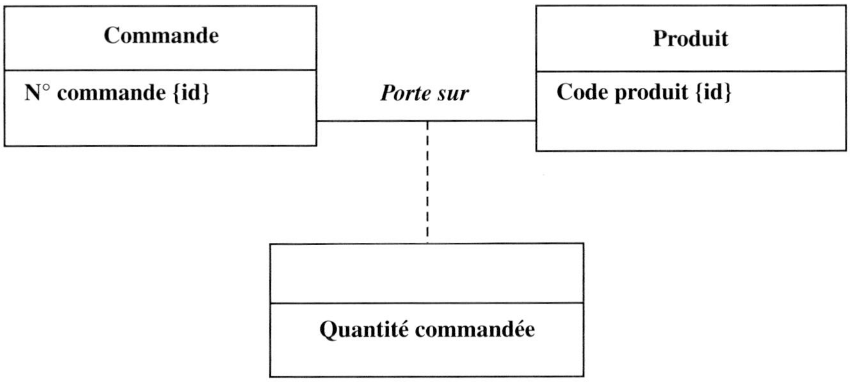

Figure 3.8 — Association porteuse d'attribut.

Une association porteuse d'attributs est appelée *classe-association*. On pourrait, moyennant la définition d'un identifiant qui lui soit propre, la transformer en classe. Ainsi, dans l'exemple précédent, on pourrait définir une classe Ligne de commande, qui porterait l'attribut Quantité commandée, avec une première association entre Client et Commande et une seconde entre Commande et Ligne de commande.

Arité

On appelle *arité* d'une association le nombre de classes qui participent à l'association. Dans le diagramme de classes représentant les entités d'un domaine, la plupart des associations sont binaires, reliant deux classes. Il est exceptionnel d'avoir besoin d'associations *n*-aires avec *n* supérieur à 3. Mais il peut être commode d'utiliser des relations ternaires pour éviter de définir une classe supplémentaire. En effet, si l'arité est supérieure à 2, c'est-à-dire pour les associations autres que binaires, l'association est *toujours* porteuse d'attributs.

Reprenons l'exemple d'une association entre une classe Commande et une classe Produit, porteuse de la propriété Quantité commandée. Supposons maintenant que l'on gère des échéances, c'est-à-dire que, sur une commande, on puisse indiquer pour un produit les quantités désirées à différentes dates. Pour un couple de valeurs <N° Commande, Code produit>, il n'y a qu'une seule instance possible de l'association. Si l'on ajoute l'attribut Date souhaitée sur l'association, il faut trouver un moyen d'indiquer quelle quantité pour quelle date. Du point de vue informationnel, il existe plusieurs façons de le faire.

Une première façon est de créer une instance de Commande pour chaque date de livraison souhaitée et de placer l'attribut Date de livraison souhaitée sur cette classe. Cette solution a l'inconvénient de multiplier les instances de Commande et de ne pas représenter directement que le client a passé sa commande en une seule fois.

Une deuxième façon est de définir une classe Sous-commande, associée à la classe Commande, l'attribut Date de livraison souhaitée figurant sur cette nouvelle classe.

Une troisième façon (Fig. 3.9) est de modifier l'association en ajoutant une troisième classe Date, que l'on peut qualifier de « technique », qui ne contient aucun autre attribut que son identifiant, qui est la date. L'association ternaire Commande, Produit, Date est porteuse de la propriété Quantité.

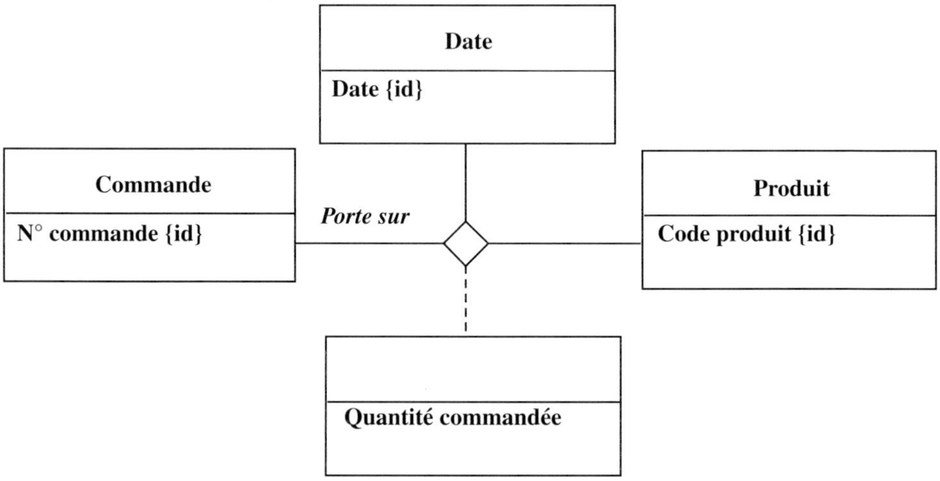

Figure 3.9 — Association ternaire.

Multiplicité d'association[1]

On caractérise une association par une information, portée à chacune de ses extrémités, qui indique le nombre d'instances : *la multiplicité*. C'est donc la traduction d'un choix de gestion. En général, on fait apparaître deux nombres, représentant le minimum obligatoire et le maximum autorisé. Parfois, ces deux nombres sont égaux.

Les valeurs utilisées pour indiquer la multiplicité sont des entiers positifs ou nul. De façon pratique, on utilise généralement les valeurs :

0 uniquement pour un minimum ;

1 pour un minimum et/ou un maximum ;

* pour indiquer un nombre entier supérieur à 1.

Pour les associations binaires, la multiplicité s'exprime comme indiqué à la figure 3.10. Pour une instance de la classe A, il y a au minimum *q*1 instances de la classe B et au maximum *q*2. De la même façon, pour une instance de la classe B, il y a au minimum *p*1 instances de la classe B et au maximum *p*2.

1. On peut également définir une multiplicité pour un attribut (voir la section 3.1.2) ou pour une classe. Cette dernière représente les nombres minimum et maximum d'instances de la classe : on les fait figurer à côté du nom de la classe. Tous les AGL ne permettent pas d'indiquer la multiplicité d'une classe.

Figure 3.10 — La multiplicité.

Parfois on n'utilise qu'un seul nombre, le second étant implicite :

$$1 = 1..1$$
$$* = 0..*$$
$$q1 = q1..q1$$

Le premier modèle de la figure 3.11 signifie qu'on a attribué à chaque instance de produit entre un et trois fournisseurs agréés, et que réciproquement un fournisseur doit fournir au minimum un produit, et éventuellement plusieurs.

Figure 3.11 — Exemples de multiplicité.

Le second modèle de la figure 3.11 signifie qu'une instance de contrat a été passée par un et un seul client. En revanche, à un moment donné dans le système d'information, une instance de client peut avoir passé plusieurs contrats. Toutefois, on accepte que figure dans le système d'information une instance de client n'ayant pas encore de contrat ou n'ayant pas eu de contrats récents, les plus anciens ayant été archivés.

Pour une association ternaire, les multiplicités se lisent de la façon suivante (Fig. 3.12) :

Pour un couple d'instances de la classe A et de la classe B, il y a au minimum $r1$ instances de la classe C et au maximum $r2$ instances.

Le modèle de la figure 3.13 signifie que, pour une commande et une date données, il peut n'y avoir aucun produit commandé, mais qu'il peut également y en avoir plusieurs. De même, pour un produit et une date donnés, il peut n'y avoir aucune commande, mais on peut aussi trouver plusieurs commandes. Enfin, pour un produit et une commande donnés, on peut trouver une date pour laquelle le produit n'a pas été demandé et, à l'inverse, sur cette commande le produit peut avoir été demandé pour plusieurs dates.

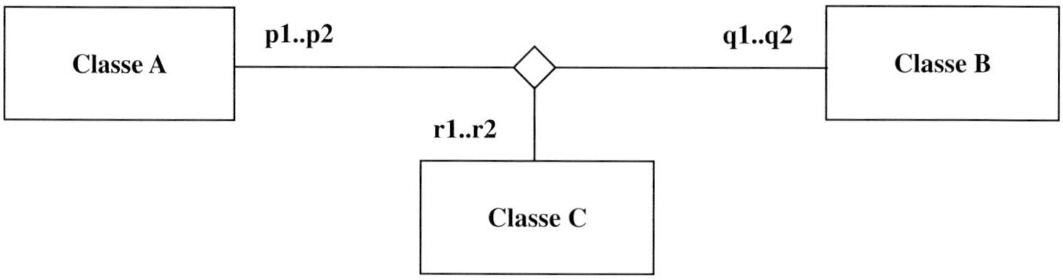

Figure 3.12 — Multiplicité d'une association ternaire.

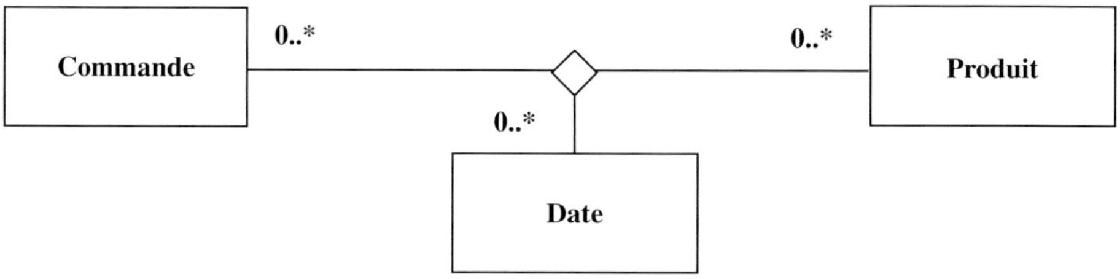

Figure 3.13 — Exemple de multiplicité d'une association ternaire.

Contraintes sur les associations

Dans le langage UML, une contrainte est une règle de gestion attachée à un élément du modèle et exprimée entre accolades {...} dans un langage naturel ou formel[1].

Deux contraintes entre associations sont fréquemment utilisées.

La *contrainte d'inclusion* permet de préciser qu'une collection est incluse dans une autre collection. Par exemple (Fig. 3.14), on pourra indiquer que le contractant d'un contrat fait obligatoirement partie des individus assurés.

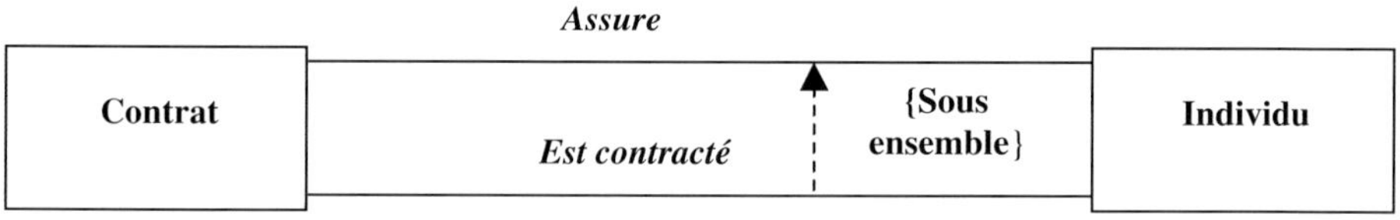

Figure 3.14 — Contrainte d'inclusion.

Au niveau des instances, cela signifie que s'il existe un lien Est contracté entre un objet Contrat et un objet Individu, alors il existe également un lien Assure entre ces mêmes objets.

1. L'OMG a retenu l'Object Contraint Language (OCL) comme langage formel dans la perspective d'une traduction automatique des contraintes en langage de programmation. En analyse, on utilise le langage naturel.

La *contrainte d'exclusion* permet de préciser qu'une instance d'association exclut une autre instance. L'exemple de la figure 3.15 indique que l'on refuse qu'un développeur assure la recette fonctionnelle de l'application qu'il a réalisée.

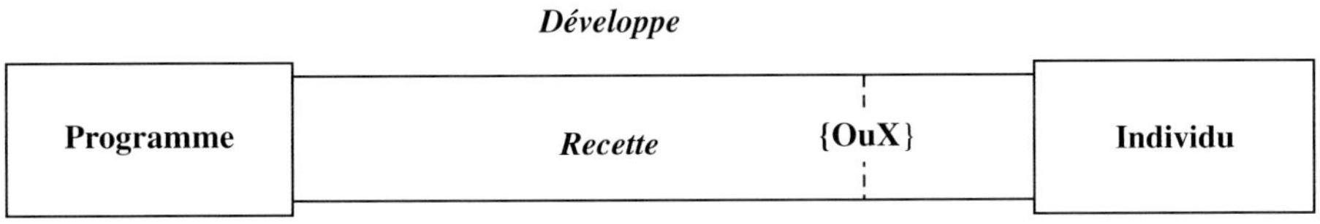

Figure 3.15 — Contrainte d'exclusion.

La contrainte d'exclusion peut s'appliquer à des associations reliant des classes différentes. Par exemple (Fig. 3.16), un contrat assure un individu ou une société mais pas les deux.

Une contrainte est indiquée entre accolades sur un trait pointillé reliant les deux associations.

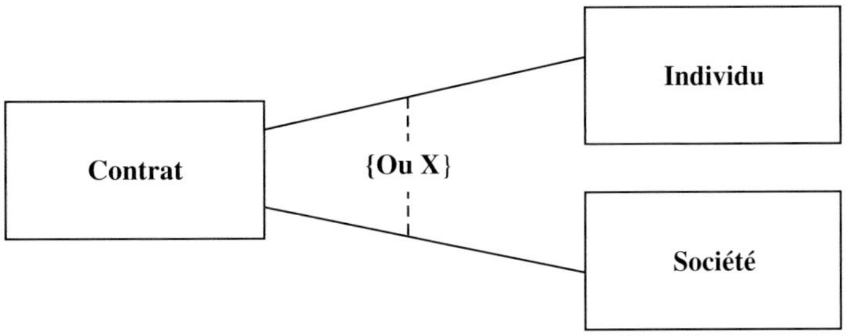

Figure 3.16 — Contrainte d'exclusion sur des classes différentes.

L'agrégation

L'agrégation est un type particulier d'association. Elle met en évidence une classe agrégat et une classe agrégée. À chaque objet de la classe agrégat on peut associer un ou plusieurs objets de la classe agrégée. Le choix d'une association de type agrégation traduit la volonté de renforcer la dépendance entre les classes. Une agrégation correspond à une classification, la granularité de l'agrégé étant plus importante que celle de l'agrégat. Il existe plus de véhicules que de types de véhicules. L'agrégation se représente par un losange clair associé à l'agrégat.

La figure 3.17 montre que l'on veut gérer une classification des véhicules. Chaque véhicule est classifié selon son type. En conséquence, il sera possible de prendre connaissance pour un véhicule de l'ensemble des caractéristiques du type de véhicule auquel il est associé.

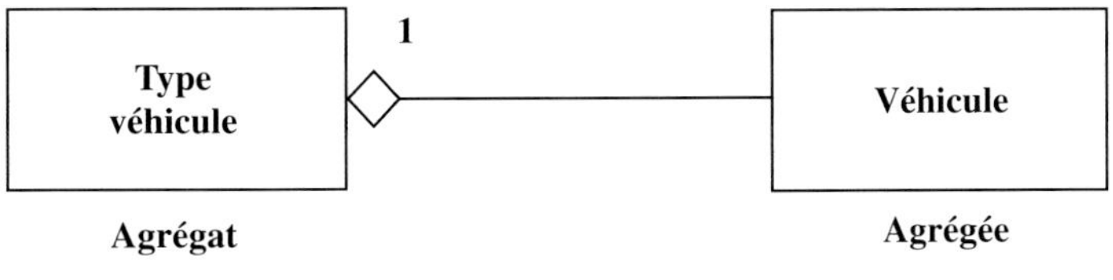

Figure 3.17 — Exemple d'agrégation.

Un agrégat peut être *multiple*. Un véhicule, dans le cas représenté à la figure 3.18, peut appartenir à plusieurs types de véhicules.

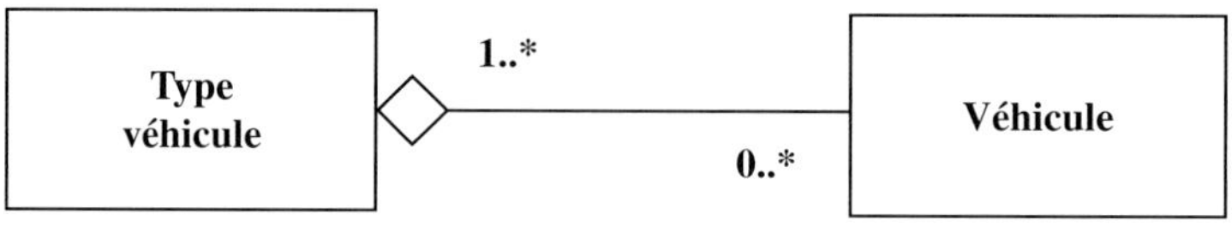

Figure 3.18 — Un véhicule peut appartenir à plusieurs types.

La composition

La composition est un cas particulier d'agrégation dans laquelle la vie des composants est liée à celle de l'agrégat ; elle fait souvent référence à une contenance physique. Dans la composition, l'agrégat ne peut être multiple. La composition se représente par un losange noir.

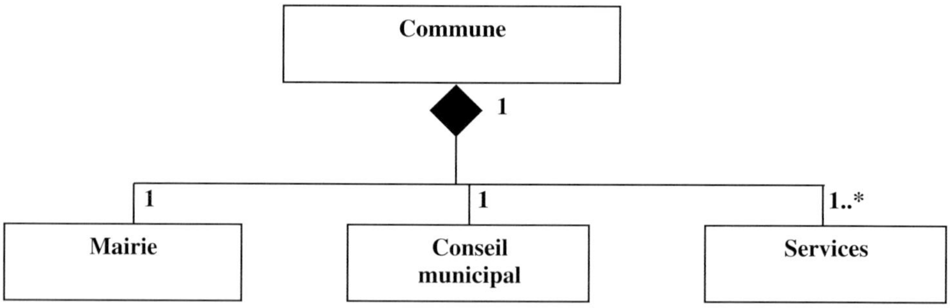

Figure 3.19 — Exemple de composition.

Dans l'exemple de la figure 3.19, la composition nous permet de décrire la structure de gestion des communes.

Une composition est une association contraignante : la suppression d'un objet agrégat entraîne la suppression des objets agrégés. La suppression d'une commune supprime sa mairie, son conseil municipal et ses services.

3.1.5 Les opérations

On a indiqué au chapitre 2 (§ 2.2.2) que l'on reconnaissait à un objet un rôle à jouer dans le domaine étudié : c'est ce qu'on a appelé le principe d'activité. En d'autres termes, un objet puis, par abstraction, une classe, accomplit des traitements.

La définition d'une classe est complétée par l'ensemble des opérations qu'elle peut exécuter. Une opération est une fonctionnalité assurée par la classe. Cette fonctionnalité est, au niveau de la classe, définie de façon globale. Par exemple (Fig. 3.20), les opérations prises en charge par la classe Commande sont créer, expédier, solder.

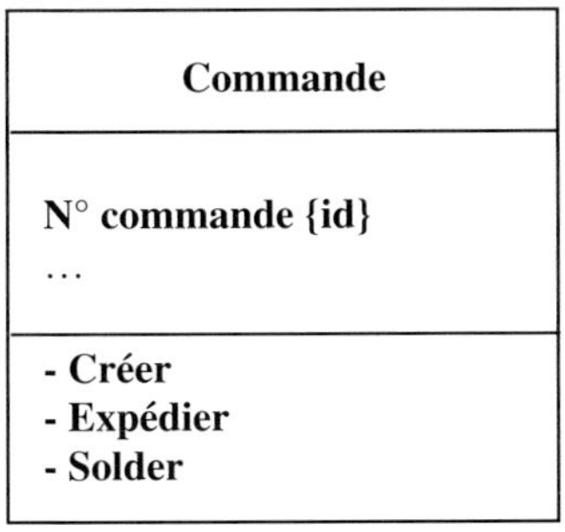

Figure 3.20 — Les opérations de la classe Commande.

Le niveau de détail à retenir pour décrire les opérations est fonction du niveau d'avancement de l'étude. Dans l'étape d'analyse, il convient de ne faire figurer que les opérations qui définissent de façon pertinente le comportement des classes. Des opérations « évidentes » et sans valeur sémantique, comme consulter, supprimer, etc., pourront être évitées.

La description d'une opération peut préciser :

- les paramètres d'entrée et de sortie ;
- les actions élémentaires à exécuter.

3.1.6 La généralisation/spécialisation

Le principe de généralisation/spécialisation permet d'identifier parmi les objets d'une classe (générique) des sous-ensembles d'objets (des classes spécialisées) ayant des définitions spécifiques. UML parle de super-classe et de sous-classe.

La spécialisation d'une classe permet soit de mettre en facteur commun certaines descriptions, soit de préciser de nouvelles contraintes sur le modèle de classes.

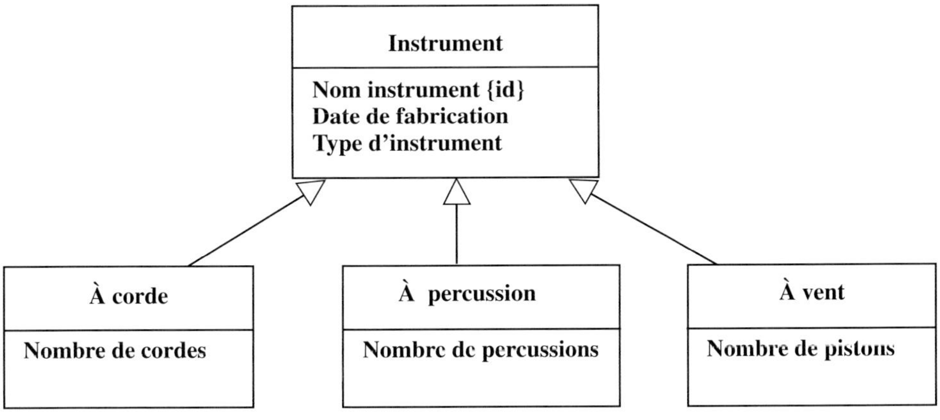

Figure 3.21 — Exemple de spécialisation avec attribut.

Dans l'exemple de la figure 3.21, la classe Instrument est une classe générique. Elle porte les attributs communs à tous les instruments. La classe À corde est une classe spécialisée qui porte les attributs spécifiques à ce type d'instrument.

On parle de *classification multiple*[1] si une instance d'instrument peut-être spécialisée selon plusieurs sous-classes : ce serait le cas si l'on considérait le piano à la fois À corde et À percussion.

On parle de *classification dynamique* si une instance d'instrument peut changer de spécialisation au cours de sa vie : ainsi, un instrument d'abord classé en À vent pourrait, sans changer d'identifiant, être reclassé en À corde.

Dans l'exemple de la figure 3.21, l'appartenance d'un objet à une classe spécialisée dépend de la valeur d'un attribut de la classe générique, le type d'instrument dans l'exemple. Ce cas représente une spécialisation avec attribut.

La spécialisation peut aussi faire apparaître une association spécifique.

Le modèle de la figure 3.22 permet de définir le sous-ensemble des instruments qui peuvent être loués. On peut indiquer sur la relation de spécialisation quel en est le critère, que l'on appelle discriminant. Sur la figure 3.22, le discriminant est l'usage.

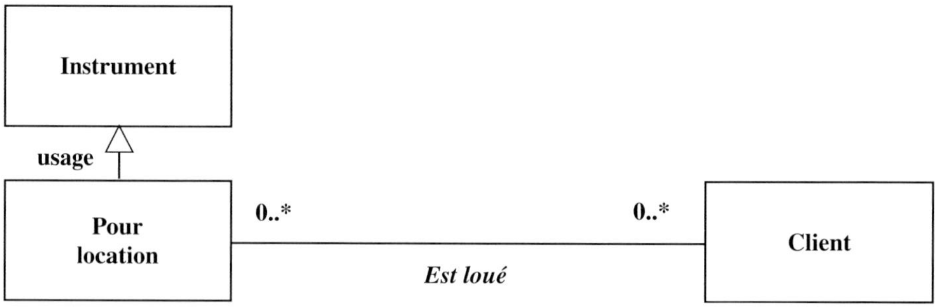

Figure 3.22 — Exemple de spécialisation avec association.

Héritage

La relation de généralisation/spécialisation entre deux classes permet aux classes spécialisées de partager la description de classe générique.

Le modèle de la figure 3.23 permet de décrire des produits simples et des produits complexes. Chacune de ces catégories de produit a une description spécifique (des attributs, des opérations, des associations). Toutefois, une partie de leur description est commune. Les produits simples et complexes héritent des attributs Nom produit et Prix unitaire. Ils héritent aussi des associations, c'est-à-dire qu'ils sont tous référencés chez des fournisseurs.

1. Dans UML, les notions de classification multiple et de classification dynamique peuvent être appliquées à n'importe quel ensemble de classes et pas seulement à des sous-classes. Cependant, l'appartenance d'un objet à plusieurs classes ou son changement de classe sont de peu d'intérêt en dehors des relations de généralisation/spécialisation.

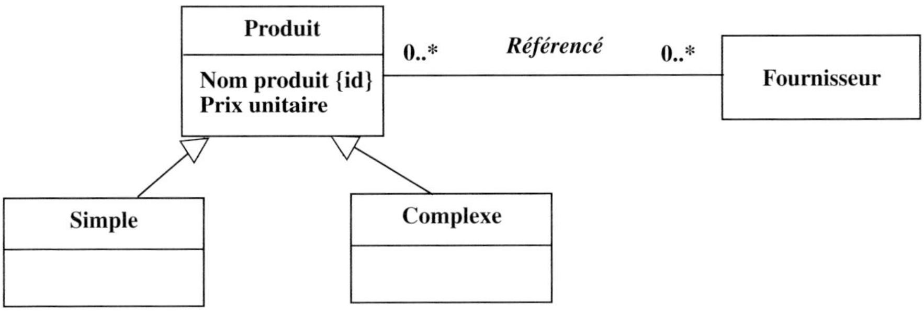

Figure 3.23 — L'héritage.

L'héritage multiple

L'héritage multiple met en évidence des classes spécialisées correspondant à plusieurs classes génériques.

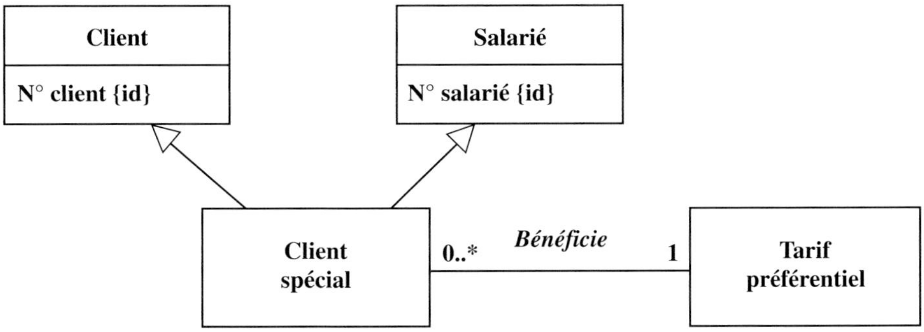

Figure 3.24 — Exemple de spécialisation multiple.

La classe Client spécial (Fig. 3.24) est une spécialisation de Client et de Salarié. Ce modèle permet d'indiquer que l'on accorde des tarifs préférentiels aux salariés. Une instance de Client spécial hérite à la fois des attributs d'une instance de Client et de ceux d'une instance de Salarié.

Les contraintes de spécialisation

Il est possible d'indiquer des contraintes sur les relations de généralisation/spécialisation. Elles permettent de préciser si la décomposition de la classe générique en classes spécialisées est disjointe ou non, complète ou non.

Une contraine {disjointe} précise qu'un objet ne peut appartenir qu'à une classe spécialisée. Si j'indique que la spécialisation de la figure 3.21 est exclusive, je dois décider si le piano est un instrument à corde ou à percussion, il ne peut être les deux. Cela revient à interdire la classification multiple.

Si une *spécialisation* porte la contrainte {complète}, on ne peut y rajouter de nouvelles classes spécialisées. Une spécialisation incomplète peut être étendue.

Sur la figure 3.21, la spécialisation peut être déclarée incomplète, car certains objets (les instruments électroniques) ne rentrent pas dans les spécialisations prévues.

Les contraintes sont indiquées entre accolades avec un trait horizontal en pointillé sur les flèches de spécialisation, comme à la figure 3.25.

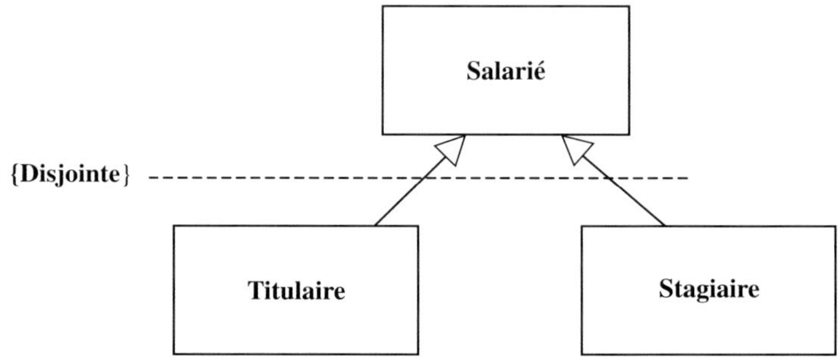

Figure 3.25 — Exemple de contrainte de spécialisation.

Polymorphisme

Le polymorphisme est la propriété de ce qui est polymorphe, c'est-à-dire qui peut se présenter sous diverses formes. L'eau, par exemple, peut prendre plusieurs formes : liquide, solide, gazeuse.

Dans l'approche objet, le polymorphisme s'applique aux opérations qui décrivent les classes. Chaque classe spécialisée hérite de la description de l'opération de la classe générique. Le mécanisme de polymorphisme va permettre de compléter dans chaque classe spécialisée la description de cette opération. Il s'agit de la même opération, elle est déclenchée par un seul message, mais prend des formes différentes dans chaque classe spécialisée. Cela signifie qu'elle s'exécute de façon spécifique à chaque spécialisation.

Par exemple (Fig. 3.26), le message Fin de prestation déclenche dans la classe Prestation l'opération Facturer. Toutefois les actions à mener ne sont pas les mêmes pour les prestations au forfait et pour les prestations en régie. L'opération générique indique qu'il faut établir le montant total à facturer et l'envoyer au client. L'opération spécialisée pour Forfait indique que l'on établit le montant en ajoutant les taxes au montant forfaitaire. L'opération spécialisée pour Régie indique que l'on établit le montant en multipliant le coût journalier par le nombre de journées communiquées en paramètre.

Ce concept est important et utile dans les travaux de conception et d'implémentation des applications. Il est en effet un instrument de productivité et de cohérence, les traitements génériques n'étant décrits et développés qu'une seule fois. En revanche, dans l'étape d'analyse son utilisation est plus limitée. Il est nécessaire en effet de décrire les deux opérations de facturation, le fait d'indiquer qu'elles spécialisent une opération générique ne réduit pas la charge de description.

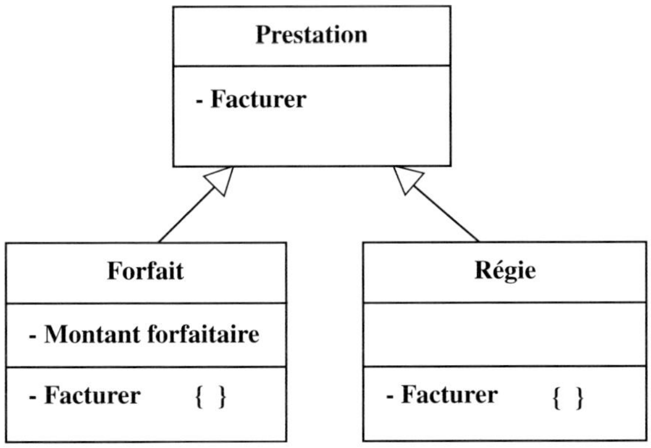

Figure 3.26 — Le polymorphisme.

Classe abstraite

Certaines classes génériques ne sont créées que pour mettre des descriptions en facteur commun mais ne sont pas directement instanciables.

Si tous les salariés de la figure 3.25 sont obligatoirement des titulaires et/ou des stagiaires, la classe Salarié peut être déclarée abstraite. Des tables Titulaire et Stagiaire seront générées pour l'application ; en revanche, il ne sera pas généré de table Salarié.

Une classe abstraite est désignée, soit par un nom de classe en italique, soit par la mention {abstract} au-dessous du nom de classe.

3.1.7 Règles pour l'élaboration du diagramme de classes

Les règles suivantes permettent de s'assurer qu'il est pertinent de faire apparaître une classe.

Règle 1 : les trois définitions complémentaires d'une classe (intensive, extensive, ensembliste) sont vérifiées.

1. Peut-on exprimer la signification de l'entité informationnelle et vérifier qu'elle est comprise par les gestionnaires ?
2. Peut-on trouver une liste d'attributs qui décrivent le concept global ?
3. Peut-on instancier le concept global d'information, c'est-à-dire trouver un ensemble d'objets dont la structure correspond à celle de la classe ?

Règle 2 : il existe au moins un identifiant.

Peut-on trouver un attribut qui puisse jouer le rôle d'identifiant ou peut-on en définir un qui ait un sens pour les gestionnaires du domaine ?

Règles de normalisation

Les règles de normalisation du modèle entité-relation, elles-mêmes issues du modèle relationnel, peuvent être utilement appliquées à un modèle de classes UML. Ces règles aident à conduire les travaux de modélisation en évitant le plus possible la redondance de l'information, tout en restant fidèle aux règles de gestion.

1re forme normale : élémentarité des attributs

Cette règle implique que tous les attributs sont élémentaires, c'est-à-dire dans un état atomique. Si l'adresse a été définie comme attribut, elle est considérée comme une donnée élémentaire et ses composants (rue, ville, code postal) sont inaccessibles. Si l'on souhaite les utiliser, on substituera à l'attribut Adresse les attributs Rue, Ville et Code postal.

2e forme normale : dépendance pleine de l'identifiant

Un attribut porté par une classe ou par une association doit dépendre de l'identifiant et de tout l'identifiant. S'il n'en est pas ainsi, on introduit une redondance importante dans le modèle en répétant inutilement les occurrences d'un tel attribut.

Dans la figure 3.27, le modèle a n'est pas en 2e forme normale si une règle impose que le pompier soit affecté au théâtre pour la journée. Le même nom de pompier apparaîtra systématiquement sur toutes les représentations, matinée et soirée, d'une même journée. La modélisation b évitera cette redondance.

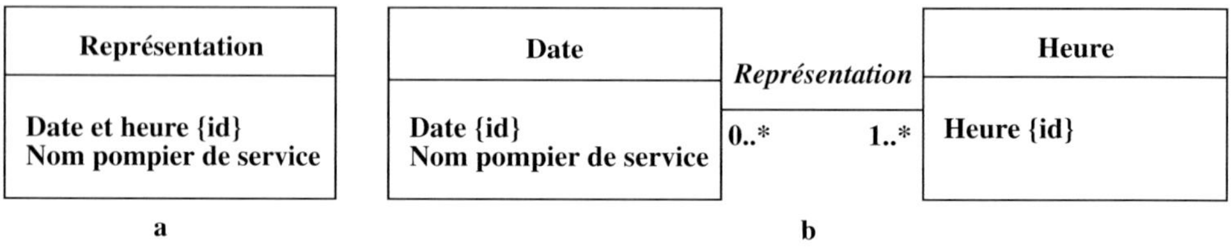

Figure 3.27 — La 2e forme normale.

3e forme normale : dépendance transitive

On dira qu'un attribut C dépend transitivement d'un attribut A via l'attribut B, s'il existe un attribut B tel que C dépende de B et B dépende de A.

On cherchera sur chaque classe à détecter si ces dépendances transitives entre attributs, via l'identifiant, ne masquent pas des dépendances plus directes qu'il serait intéressant d'exprimer.

Le modèle *a* de la figure 3.28 n'est pas en 3e forme normale. Il existe une dépendance transitive entre l'adresse du fournisseur et le numéro de commande via le nom du fournisseur. Le modèle *b* met en évidence le lien direct entre le nom et l'adresse du fournisseur.

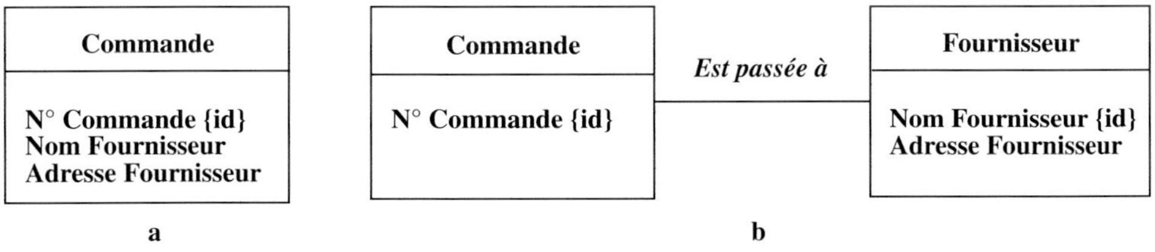

Figure 3.28 — La 3e forme normale.

3.1.8 L'utilisation du diagramme de classes dans l'analyse

Le diagramme de classes peut-être utilisé pour représenter les trois éléments clés d'un système d'information[1] (Fig. 3.29).

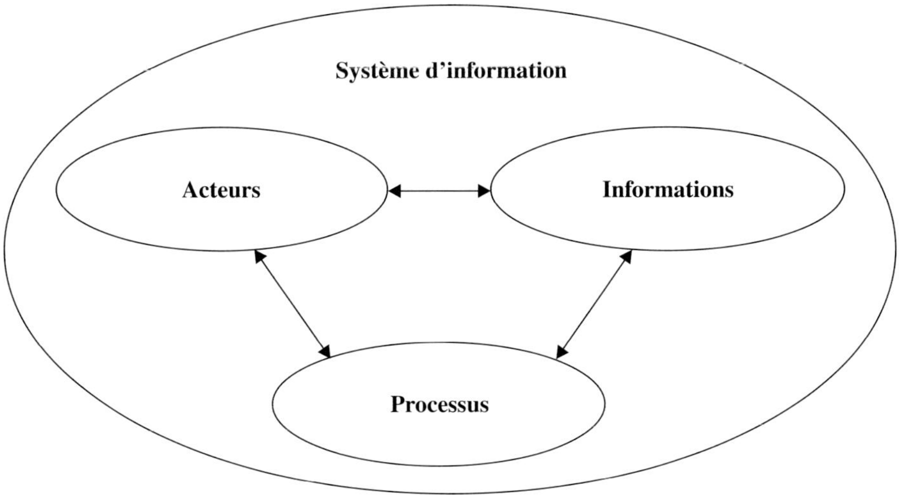

Figure 3.29 — Les éléments clés d'un système d'information.

En premier lieu, il permet de représenter les informations structurées en classes de type entité. C'est dans ce sens que nous avons présenté ci-dessus les différents composants du diagramme de classes, car cette utilisation est dominante.

Mais on peut également représenter les acteurs à l'aide d'un diagramme de classes[2]. Ce dernier peut être simplement le regroupement d'un ensemble de classes, sans relations entre elles : il permet de répertorier les acteurs qui jouent un rôle dans le système d'information. On peut parfois faire apparaître entre les classes acteurs des relations de dépendance[3], orientées et en pointillés, pour représenter un organigramme (Fig. 3.30).

1. Ces éléments sont présentés dans les sections 1.1.2 et 2.3.3.

2. Cette représentation est en général exclusive d'une représentation des acteurs par un diagramme d'objets (voir la section 3.2.2).

3. Les relations de dépendance entre classes n'ont pas été présentées ci-dessus, car elles ne sont pas utilisées dans un diagramme de classes des entités.

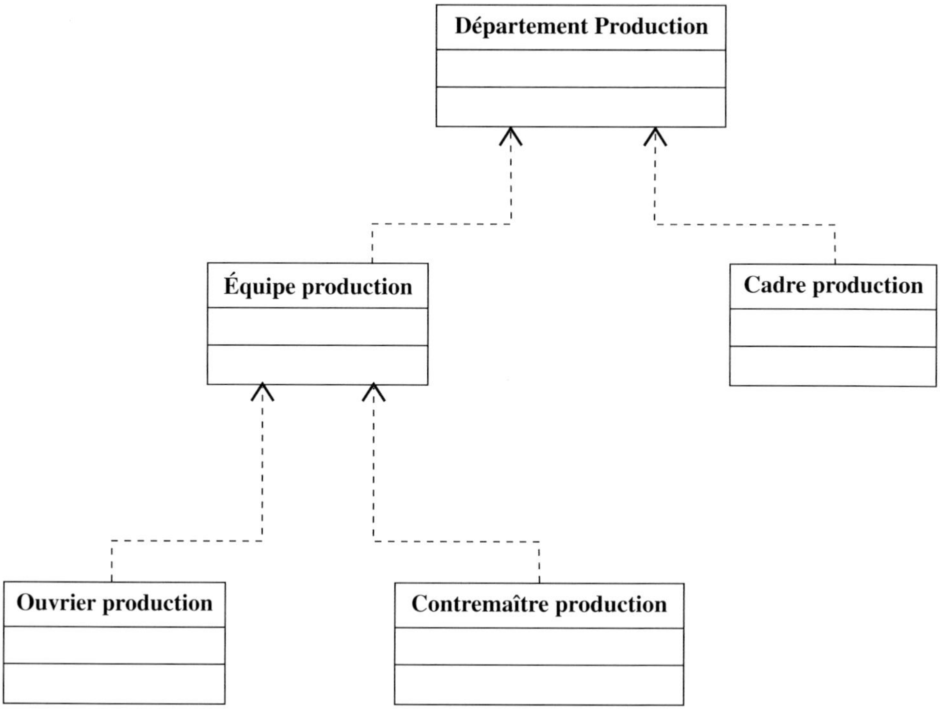

Figure 3.30 — Diagramme de classes entre des acteurs.

Les classes acteurs pourront ensuite être utilisées dans un diagramme d'activités, dans un diagramme de séquence ou dans un diagramme de cas d'utilisation.

En troisième lieu, on peut considérer les processus comme des classes et les répertorier dans un diagramme de classes des processus. Ensuite, on décrira chaque processus par un diagramme d'états-transitions. Cette représentation est toutefois exclusive de la représentation des processus sous forme de cas d'utilisation (voir la section 3.7.5).

3.2 LE DIAGRAMME D'OBJETS

3.2.1 Présentation du diagramme d'objets

Le diagramme d'objets permet de mettre en évidence des *liens* entre les objets. Les objets, instances de classes, sont reliés par des liens, instances d'associations. À l'exception de la multiplicité, qui est explicitement indiquée, le diagramme d'objets utilise les mêmes concepts que le diagramme de classes. Ils sont essentiellement utilisés pour comprendre ou pour illustrer des parties complexes d'un diagramme de classes (Fig. 3.31).

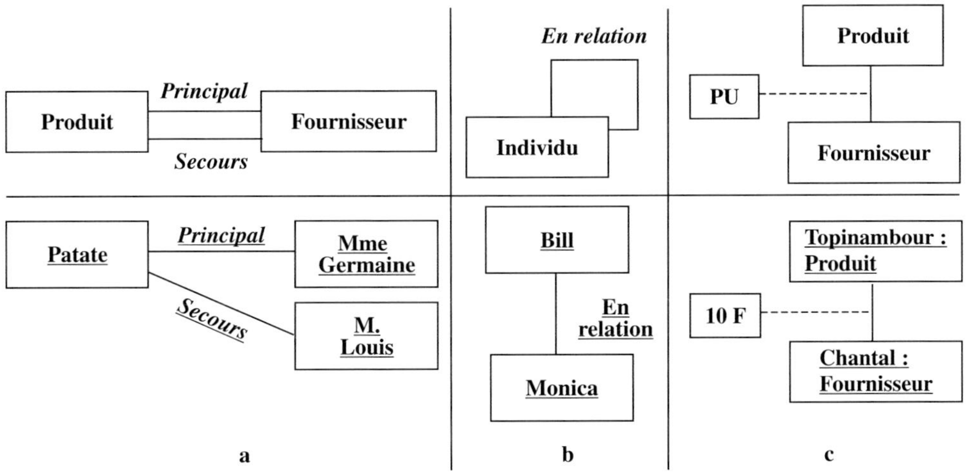

Figure 3.31 — Diagrammes de classes illustrés par des diagrammes d'objets.

Le nom d'un objet est toujours souligné. Il peut prendre trois formes :

- nom_objet
- nom_objet : nom_classe
- : nom_classe (pour désigner un objet quelconque de la classe).

Le nom d'un lien est toujours souligné.

3.2.2 L'utilisation du diagramme d'objets dans l'analyse

Le diagramme d'objets occupe une place secondaire dans une analyse.

Il peut faciliter la compréhension d'une partie d'un diagramme de classes des entités, par exemple en illustrant les différentes possibilités offertes par les multiplicités indiquées.

Il peut également se substituer à un diagramme de classes des acteurs (Fig. 3.32).

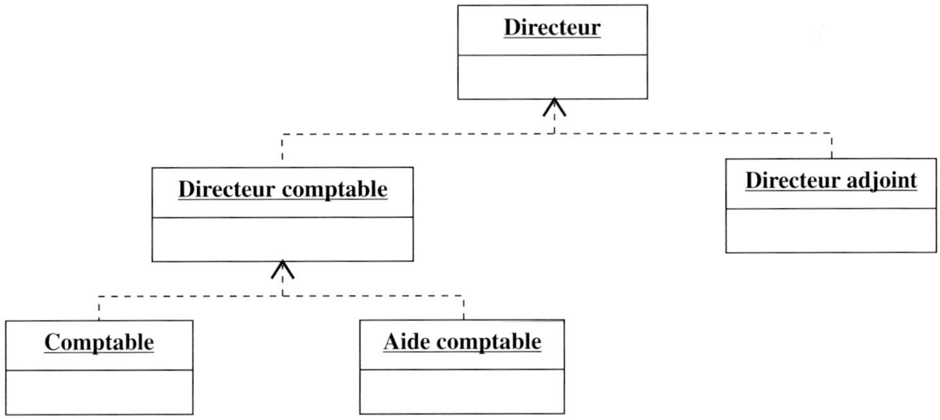

Figure 3.32 — Diagrammes d'objet représentant la hiérarchie des acteurs impliqués.

Ces objets se retrouveront sur un diagramme de séquence ou un diagramme d'activités. En revanche, ils ne pourront pas figurer sur un diagramme de cas d'utilisation, qui met en jeu des classes acteurs et non des objets.

3.3 LE DIAGRAMME D'ÉTATS-TRANSITIONS

3.3.1 Objectif du diagramme d'états-transitions

Le diagramme d'états-transitions a pour objectif de représenter des traitements permettant de gérer le domaine étudié. Ces traitements (opérations) sont positionnés par rapport à des classes et plus précisément par rapport à des états de classes. Le diagramme mettant en évidence l'enchaînement des différents états d'une classe fait ainsi apparaître l'ordonnancement de ces différents travaux. Le *diagramme d'états-transitions* est associé à une classe pour laquelle on gère différents états : il permet de représenter tous les états possibles, ainsi que les événements provoquant un changement d'état.

Nous allons présenter les caractéristiques de ce diagramme et les règles de construction associées.

3.3.2 L'état

Un état est une situation durable dans laquelle peuvent se trouver les objets d'une classe et à laquelle on associe des règles de gestion et des activités particulières. Les objets de certaines classes n'ont qu'un seul état pendant toute la durée de leur existence. Pour d'autres classes, au contraire, on détermine différents états qui correspondent à autant de situations de gestion.

Une commande peut par exemple être dans un état En préparation puis plus tard dans un état En cours. Certaines activités, comme la détermination des produits à commander, ne peuvent être effectuées que si la commande est dans l'état En préparation. Certaines règles, comme À l'issue de la date de livraison prévue une commande non satisfaite déclenche une activité de contentieux, ne concernent que l'état En cours.

La définition d'un état peut être complétée par un ensemble de valeurs prises par les attributs de l'objet ou par sa participation effective à une association. L'état En préparation de la commande est vérifié par une date d'expédition non servie ou supérieure à la date du jour. Un salarié est dans l'état Affecté lorsqu'il est associé à un poste de travail.

L'état est représenté dans un rectangle aux angles arrondis (Fig. 3.33).

Figure 3.33 — Représentation des états d'une classe.

Un objet passe d'un état à un autre suite à un *événement*. Cependant, quand un objet est dans un état donné, seuls certains événements provoquent un changement d'état ; d'autres événements sont sans effet.

3.3.3 Les transitions

On appelle *transition* une relation entre deux états signifiant qu'un passage de l'un à l'autre est possible. En d'autres termes, une transition est une relation orientée entre deux états, à laquelle est attaché un événement et qui indique qu'un objet dans le premier état passera dans le second si certaines conditions sont remplies.

La transition est représentée par une flèche entre deux états, accompagnée du nom de l'événement (Fig. 3.34a).

L'événement Expédition (Fig. 3.34b) assure la transition entre l'état En préparation et l'état En attente de la commande.

La définition d'un *événement* correspond à celle que nous avons donnée en présentant les concepts propres à un système d'information au chapitre 2.

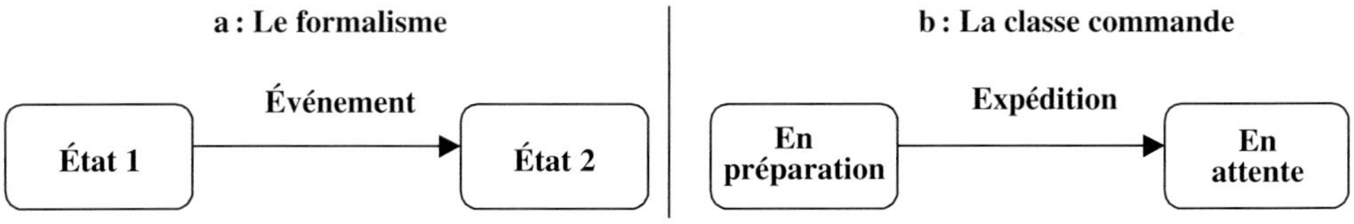

Figure 3.34 — La transition entre deux états.

Par exemple, on décide de gérer cinq états pour un objet de la classe Police d'assurance : En cours de souscription, Abandonnée, Ouverte, Suspendue et Résiliée. Les passages entre états correspondent aux événements suivants : Signature du client, Refus de signature du client, Expiration du délai avant signature, Demande de suspension, Date de fin de suspension, Demande de fin de suspension, Délai de suspension expiré, Demande de résiliation et Nombre de sinistres trop élevé. Les transitions sont indiquées sur la figure 3.35.

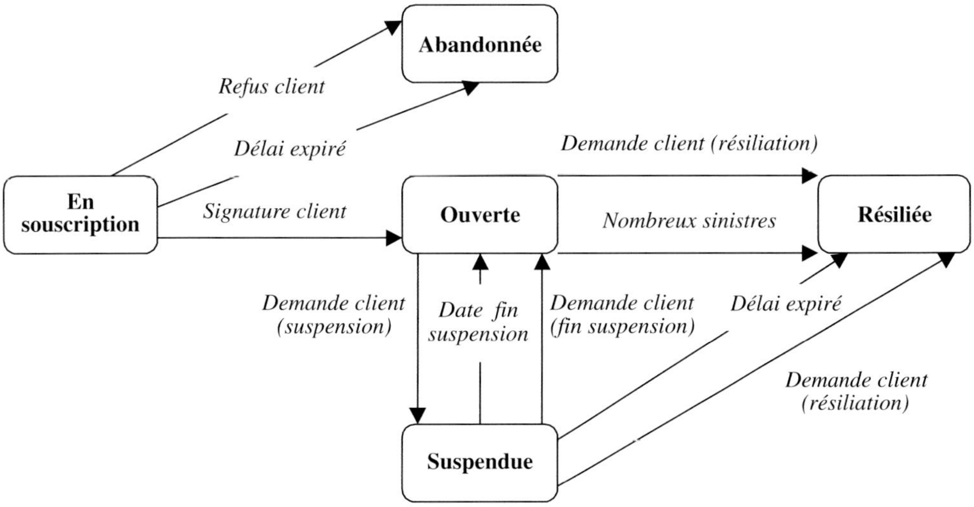

Figure 3.35 — États et transitions de la classe Police d'assurance.

La transition peut être soumise à la vérification d'une expression appelée *condition de garde* (Fig. 3.36).

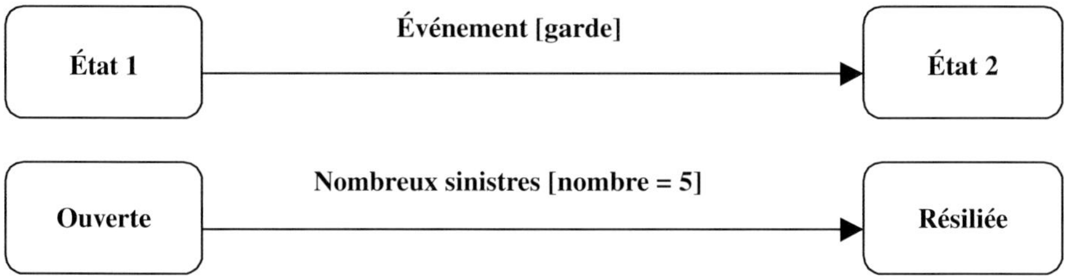

Figure 3.36 — La condition de garde.

Sur la figure 3.36, l'indication Nombreux sinistres [nombre = 5] indique que la classe Police d'assurance passe de l'état Ouverte à l'état Résiliée à l'issue du cinquième sinistre.

3.3.4 *Les traitements*

Les opérations utilisées pour décrire les classes (§ 3.1.5) sont décrites dans le diagramme d'états-transitions et associées à des états ou à des transitions.

Une *action* est une opération élémentaire et instantanée. L'action peut figurer sur une transition ou dans un état.

Si l'on veut que l'action soit déclenchée au moment où l'événement associé à la transition se produit, on l'indiquera directement sur la transition, précédée d'un /. Par exemple, on peut associer l'action Comptabiliser l'échec à l'événement Refus client qui fait passer la police dans l'état Abandonné (Fig. 3.37).

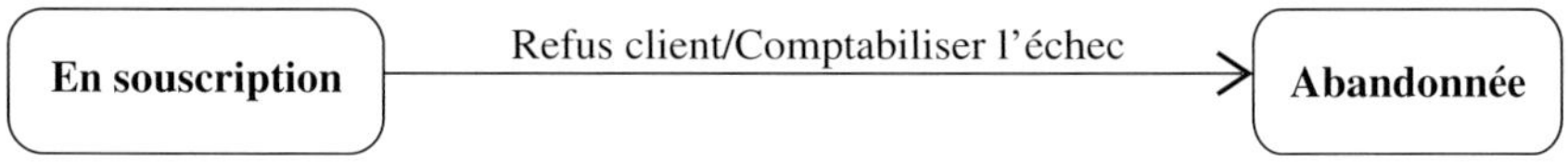

Figure 3.37 — Action attachée à une transition.

Les actions figurant dans un état sont déclenchées par trois types d'événements :

- l'entrée dans l'état ;
- la sortie de l'état ;
- un événement, appelé transition interne, qui laisse l'objet dans le même état.

On peut par exemple associer à l'événement Délai de souscription expiré dans une semaine l'action de relance du client, ce qui ne fait pas quitter son état de la police En souscription.

- *Entrée dans un état.* Par exemple, lorsque l'objet Police d'assurance entre dans l'état Ouverte, une action d'édition de contrat peut être précisée. Parfois, on peut indifféremment attacher une action soit à une transition, soit à l'entrée dans l'état. Par exemple, on peut indiquer l'action Comptabiliser le succès soit sur la transition déclenchée par l'événement Signature client, soit à l'entrée dans l'état Ouverte. En fait, lorsque l'on peut entrer dans un état par plusieurs transitions, si l'action est à exécuter quel que soit l'événement déclencheur, on l'indiquera à l'entrée dans l'état. Dans le cas contraire, on associera l'action à l'événement concerné. Ainsi, si l'on souhaite comptabiliser les échecs quelle que soit la cause, on associera l'action Comptabiliser échec à l'entrée dans l'état Abandonnée ; dans le cas contraire, on associera l'action Comptabiliser échec par refus à l'événement Refus client et l'action Échec par délai à l'événement Délai expiré.
- *Sortie d'un état.* Par exemple, lorsque la Police quitte l'état Suspendue une notification à l'assuré peut être réalisée. Le choix de placer une action sur un événement de transition ou à la sortie d'un état est le même que pour l'entrée dans un état. La solution est identique.
- *Transition interne à un état.* Par exemple, lorsque la police d'assurance est dans l'état En souscription, on peut déclencher l'action Relance du client une semaine avant l'expiration du délai. Cet événement temporel ne provoque pas de transition et laisse la police dans le même état.

La figure 3.38 décrit les actions associées à l'état En préparation d'une commande.

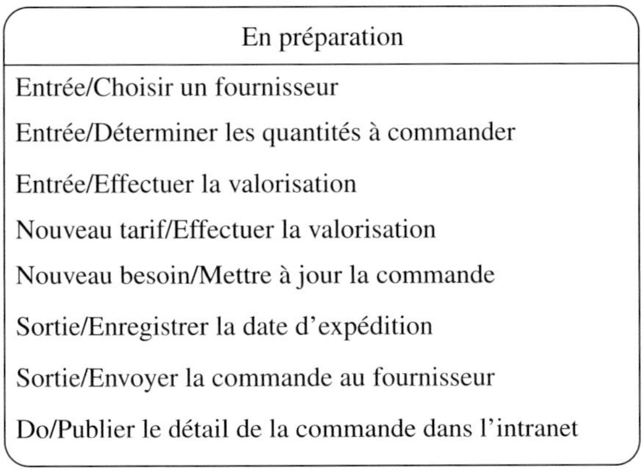

Figure 3.38 — Le formalisme de description d'un état.

Lorsqu'une commande entre dans l'état En préparation, les actions suivantes sont à réaliser : choix du fournisseur, détermination des quantités initiales à commander, valorisation de la commande.

Durant l'état En préparation le fournisseur peut modifier ses tarifs. Dans ce cas, il convient de refaire la valorisation.

Tant que la commande n'est pas expédiée, des mises à jour sont possibles.

L'expédition de la commande intervient le dernier jour ouvrable du mois. Cet événement va faire changer l'état de la commande.

À la sortie de l'état En préparation, la date d'expédition est enregistrée et un exemplaire de la commande est envoyé au fournisseur.

Une *activité* est une opération qui dure.

Elle ne peut être attachée qu'à un état (et non à une transition). Sa syntaxe est analogue à celle d'une action : la mention de l'événement (entrée, sortie, événement de transition interne) déclenchant l'action est remplacée par le mot clé Do.

L'activité dure tant que l'objet est dans l'état. Elle n'est pas interrompue par les transitions internes. Elle ne s'arrête qu'à la sortie de l'état.

Parfois, on peut utiliser une activité pour faire référence à un traitement général, dont on détaillera les actions ultérieurement. On peut, par exemple, attacher à l'état En fonction d'un Salarié l'activité Exécute sa mission. Sur la figure 3.38, on a indiqué une activité Publier le détail de la commande dans l'intranet, qui implique une publication initiale à l'entrée dans l'état et des mises à jour à chaque modification de la commande (en quantité ou en valeur). Cette publication prendra fin dès que la commande sera envoyée au fournisseur.

3.3.5 La hiérarchie des états

Pour appréhender plus facilement la complexité des traitements décrits nous pouvons utiliser les concepts de généralisation/spécialisation, déjà employés pour décrire la complexité des classes.

Un état (le superétat) va pouvoir se décomposer en plusieurs états (les sous-états). Par exemple, le superétat d'employé En fonction pourra être décomposé en sous-états En activité et En congé.

Comme dans le diagramme de classes, chaque sous-état hérite de la description du superétat. En activité ou en congé, tout salarié en fonction perçoit une rémunération. Les superétats vont, par opposition, permettre de mettre en facteur commun les caractéristiques communes à plusieurs états.

Cette possibilité de décomposition va, par transitivité (un état = une activité) permettre de décomposer une « superactivité » en « sous-activités ». On verra plus loin, dans le diagramme d'activités, que, lorsque la responsabilité d'une activité se partage entre plusieurs acteurs, cette technique permet d'indiquer la part d'activité qui incombe à chacun.

3.3.6 Les états prédéfinis

Deux états sont prédéfinis : l'état initial et l'état final (Fig. 3.39). L'état initial d'un objet est obligatoire et unique. On le considèrere comme un pseudo-état. L'action de création est généralement associée à l'événement de sortie de cet état. Un objet peut avoir plusieurs états finaux. Les événements conduisant à un état final sont fréquemment associés à une action de destruction ou d'archivage.

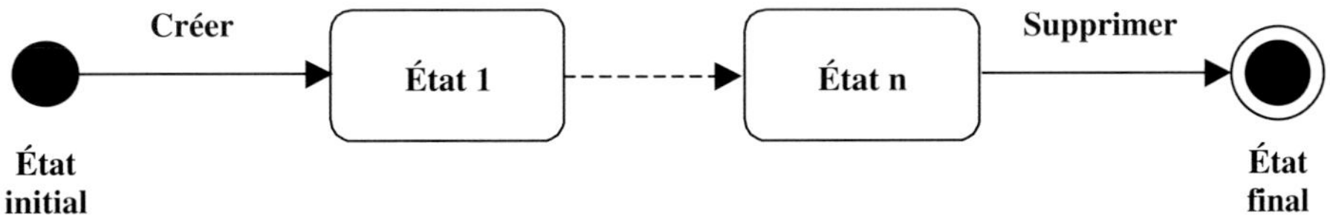

Figure 3.39 — Début et fin d'un cycle.

3.3.7 La description enrichie d'un diagramme d'états-transitions

Certains composants des diagrammes d'états-transitions peuvent nécessiter une description plus importante. Il s'agit en particulier des événements, des activités et des actions. Cette description complémentaire, qui se fait au moyen de Notes, doit permettre d'associer à chacun de ces composants des règles de gestion, des règles d'organisation, voire des règles techniques. On pourra ainsi compléter la description de l'action du choix du fournisseur en précisant que la règle du mieux disant y est associée.

3.3.8 L'utilisation du diagramme d'états-transitions dans l'analyse

Le diagramme d'états-transitions sert à décrire la dynamique du système d'information, c'est-à-dire tout ou partie d'un processus. On peut l'utiliser de deux façons :

- Attaché à une classe de type entité — en particulier une entité de gestion selon la typologie proposée à la section 2.4.3 — un diagramme d'états-transitions permet de s'interroger sur les différents états que l'on veut gérer. Il aide à affiner les règles de gestion, notamment en indiquant les événements qui sont pris en compte dans un état donné. Par exemple, peut-on modifier une commande quand elle est dans l'état En cours, c'est-à-dire expédiée au fournisseur ? Le diagramme d'états-transitions est utilisé, dans ce cas, comme un outil intermédiaire permettant d'arrêter des règles de gestion et de découvrir les événements et les activités/actions du domaine. C'est l'utilisation principale de ce diagramme.
- Le diagramme d'états-transitions peut parfois être attaché à une classe de type processus. Cela implique que l'on a fait un diagramme de classes des processus. On décrit les différentes étapes d'un processus en les assimilant à des états. Cette description peut précéder une description plus détaillée du processus sous forme d'un diagramme d'activités. Elle peut aussi se suffire à elle-même, par exemple pour décrire un processus support ou un processus de pilotage lorsqu'il ne met pas en jeu plusieurs acteurs.

3.4 LE DIAGRAMME D'ACTIVITÉS

3.4.1 Objectif du diagramme d'activités

Le diagramme d'activités permet de représenter la dynamique du système d'information. Il est considéré comme une variante du diagramme d'états-transitions.

Marginalisé à l'origine d'UML, il occupe aujourd'hui une place croissante, notamment dans l'analyse. Il est implémenté dans tous les ateliers de génie logiciel récents.

Le diagramme d'activités est attaché à une classe — processus, acteur ou entité —, à un cas d'utilisation ou bien à une opération. C'est un graphe orienté qui décrit un enchaînement de traitements. Le déroulement ainsi présenté est appelé *flot de contrôle*. On peut également faire figurer des objets impliqués dans les activités : la participation de ces objets à des traitements représente un *flot d'objet*.

L'enchaînement des activités peut être soumis à des *branchements* ou à des *synchronisations*. La visualisation de *couloirs d'activités* permet de représenter la répartition de la responsabilité des activités entre différents acteurs.

3.4.2 Le flot de contrôle et le flot d'objet

Flot de contrôle

Le diagramme d'activités présente un séquencement de traitements. Un traitement peut être une action, c'est-à-dire une opération élémentaire, ou une activité, pouvant elle-même être décrite à un niveau plus fin. On retrouve les définitions proposées à la section 3.3.4 pour les traitements du diagramme d'états-transitions.

Les actions/activités sont reliées par des transitions. Celles-ci sont déclenchées par des événements qui peuvent être l'achèvement de l'activité/action précédant la transition, la disponibilité d'un objet dans un certain état ou la satisfaction d'une condition. L'ensemble des transitions constitue le flot de contrôle.

Une transition peut être assortie d'une condition de garde qui bloque la transition si elle n'est pas vérifiée (Fig. 3.40).

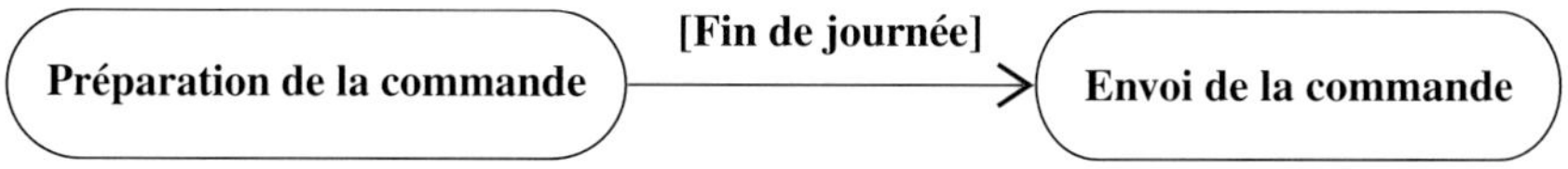

Figure 3.40 — Flot de contrôle avec condition de garde.

Flot d'objet

Le flot d'objet permet d'indiquer quelle est la part prise par chaque objet dans l'exécution d'un travail. Indiquer pour une course de relais 4 fois 100 mètres le nom de chaque coureur, son rang dans la course et la portion de parcours qu'il doit couvrir ressemble à la description du flot de contrôle de cette course. Dire que l'activité 1 est assurée par l'objet en état 1 puis que l'activité suivante (2) est assurée par l'objet en état 2 et que le cycle se termine par l'activité 3 assurée par l'objet en état 3 consiste à décrire un flot d'objet.

Sur la figure 3.41, la transition entre les deux activités Préparation de la commande et Envoi de la commande relève du flot de contrôle. En revanche, les trois transitions, indiquées en pointillés, qui mettent en jeu un objet Commande dans différents états, font partie du flot d'objet. Les transitions du flot d'objet peuvent également comporter des conditions de garde.

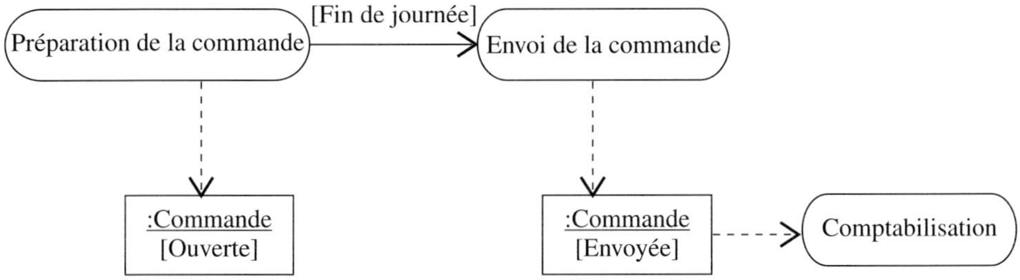

Figure 3.41 — Flot de contrôle et flot d'objet.

3.4.3 Le branchement et la synchronisation

Branchement conditionnel

Un flot de contrôle peut comprendre des chemins alternatifs. Chaque branche est soumise à une condition, qui est une condition de garde comme le montre l'exemple de la commande électronique (Fig. 3.42).

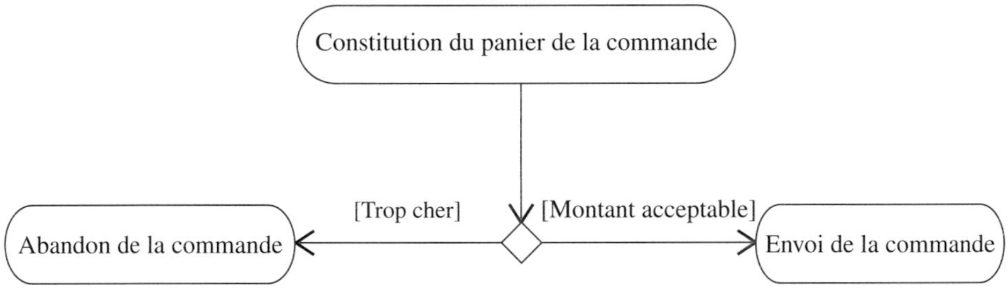

Figure 3.42 — Branchement conditionnel.

Synchronisation

Parfois, le flot de contrôle peut suivre deux chemins parallèles : c'est l'ouverture d'une fourche. Ensuite, les deux chemins se rejoignent dans une fermeture de synchronisation. En principe, ouverture et fermeture doivent se répondre. La figure 3.43 représente, dans le cas d'une demande de crédit bancaire en ligne, d'une part la recherche de produits adéquats, d'autre part l'évaluation du risque présenté par le client, ce qui permet de proposer une réponse.

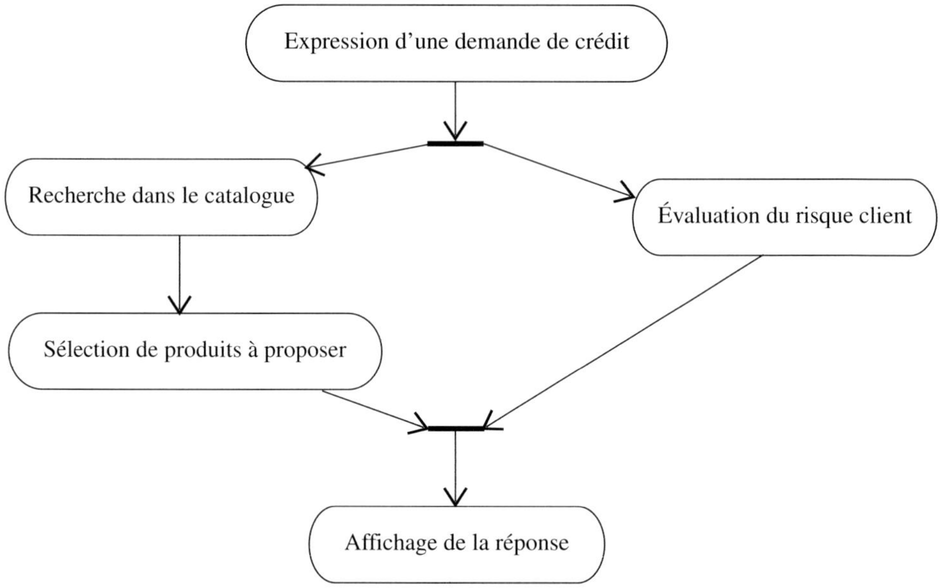

Figure 3.43 — Synchronisation ouverte et fermée.

3.4.4 *Les couloirs d'activités*

Afin de décrire les acteurs responsables de chaque activité, on va dessiner une colonne (un couloir) pour représenter chaque acteur jouant un rôle. Chaque activité sera placée dans le couloir correspondant à l'acteur qui en est chargé (Fig. 3.44).

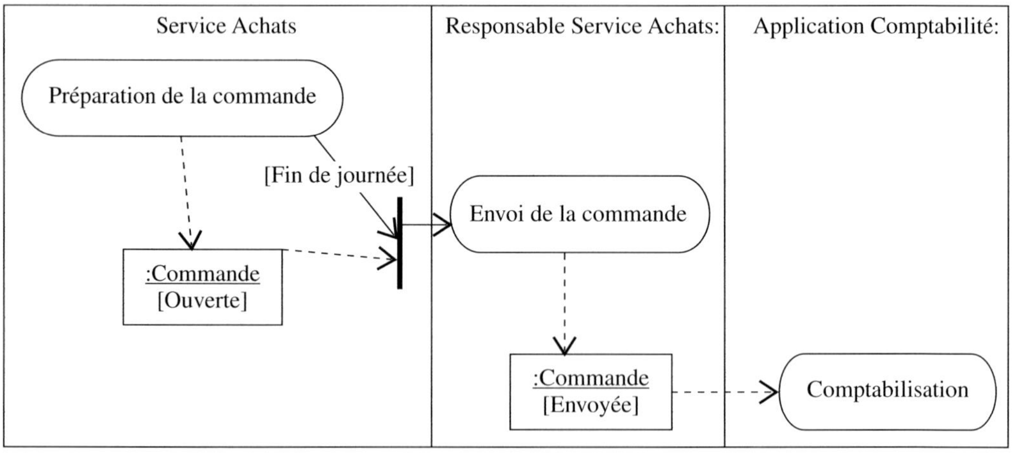

Figure 3.44 — Les couloirs d'activités.

Il est difficile de représenter ainsi une activité qui est partagée entre deux acteurs. Pour contourner cette difficulté, on pourra remplacer cette activité par deux sous-activités.

3.4.5 Le diagramme d'activités et les classes

Contrairement au diagramme d'états-transitions le diagramme d'activités peut concerner plusieurs classes. En effet, un flot de contrôle peut intervenir sur des objets de différentes classes (flot d'objet). Nous en verrons des exemples au chapitre 4.

3.4.6 Le diagramme d'activités et les niveaux de description

Le diagramme d'activités peut aussi être utilisé pour décrire une activité ou une opération.

On pourrait par exemple affiner la description de l'activité Préparation de la commande (à la figure 3.41) par le diagramme de la figure 3.45.

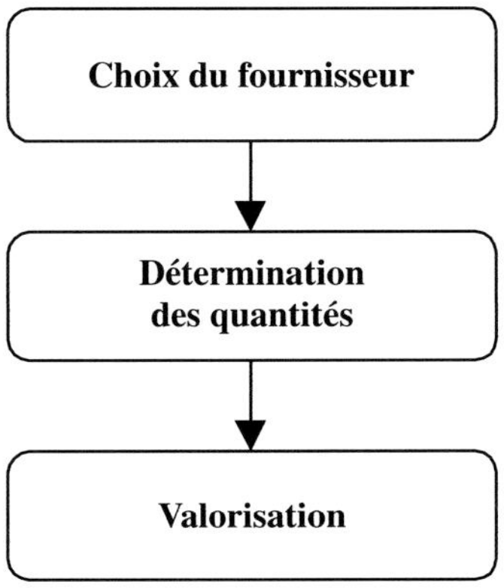

Figure 3.45 — Diagramme d'activités détaillant l'activité Préparation de la commande.

3.4.7 L'utilisation du diagramme d'activités dans l'analyse

L'apport du diagramme d'activités est essentiel pour modéliser les processus. Il permet de représenter aussi bien les traitements à effectuer que les acteurs impliqués, ainsi que l'utilisation des informations. Pour cela, un processus doit être identifié soit comme une classe dans un diagramme de classes des processus, soit comme un cas d'utilisation dans un diagramme de cas d'utilisation. On peut ensuite décrire chaque processus, voire chaque variante de processus (spécialisation d'un processus général), par un diagramme d'activités. Il est conseillé d'utiliser le diagramme de séquence, plus léger, pour représenter l'existant, et le diagramme d'activités, plus riche, pour modéliser le futur système.

3.5 LE DIAGRAMME DE COLLABORATION

3.5.1 Objectif du diagramme de collaboration

Le diagramme de collaboration permet de mettre en évidence les interactions entre les différents objets du système étudié. Dans le cadre de l'analyse, il sera utilisé d'une part pour préciser le contexte dans lequel chaque objet évolue et d'autre part pour mettre en évidence les dépendances entre les différents objets impliqués dans l'exécution d'un processus ou d'un cas d'utilisation (les cas d'utilisation seront présentés plus loin). Un diagramme de collaboration fait apparaître les interactions entre des objets et les messages qu'ils s'échangent.

3.5.2 Les interactions

Nous avons décrit dans le diagramme d'états-transitions les actions assumées par chaque classe du système étudié. L'exécution de ces actions est dépendante de la réalisation d'événements qui sont de nature à les déclencher. Ces événements peuvent être des messages émis par d'autres objets du système.

Ainsi (Fig. 3.46), l'objet Commande émet un message destiné à l'objet Produit. Comme on le remarque sur la figure, un objet quelconque d'une classe donnée se représente avec le signe : devant le nom de la classe.

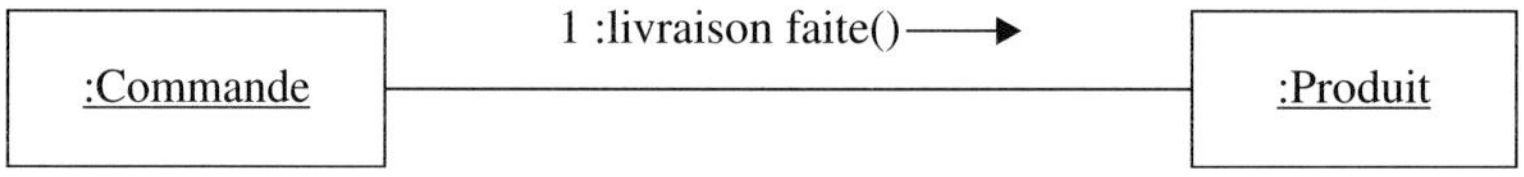

Figure 3.46 — Interaction entre un objet Commande et un objet Produit.

En d'autres termes, l'émission d'un message d'un objet vers un autre va permettre à ces deux objets de communiquer. L'objet émetteur provoque un événement pour l'objet récepteur.

Toutefois, les objets représentés dans les diagrammes de collaboration ne sont pas exclusivement des instances d'entités. En effet, certains messages peuvent avoir pour origine des acteurs que l'on pourra représenter.

Dans la figure 3.47, un gérant[1] émet un message destiné à un objet Produit pour connaître l'état des stocks. L'objet Produit retournera au gérant l'information demandée. Si l'on établissait le diagramme d'états-transitions de la classe Produit, on retrouverait un état portant les actions Calcul des quantités en stocks et Émission d'un message au gérant.

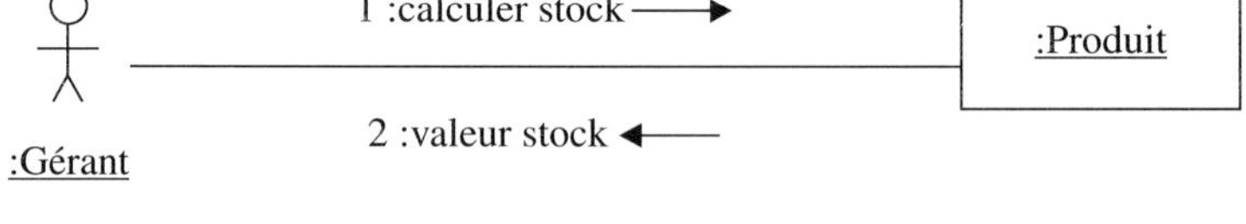

Figure 3.47 — Interaction entre un Gérant et un Produit.

1. UML permet de personnaliser la représentation graphique des composants de modélisation. Ici, l'objet Gérant correspond à une classe de stéréotype Acteur. Cette possibilité est développée plus loin dans ce chapitre (§ 3.9).

3.5.3 Les messages

Les messages sont le seul moyen de communication entre les objets. Ils sont décrits essentiellement par l'objet émetteur et l'objet récepteur. Leur description peut être complétée par un nom, une séquence, des arguments, un résultat attendu, une synchronisation, une condition d'émission.

Un *nom* est associé au message pour faciliter son identification. Dans la mesure du possible, et si on élabore les deux diagrammes, on utilisera le même nom pour désigner dans le diagramme d'états-transitions l'événement correspondant à la réception du message, voire l'action déclenchée.

La *séquence* permet de préciser l'ordre d'émission des messages. Sur la figure 3.48, un client demande un devis, un commercial recherche le prix de base du produit et les ristournes accordées et communique le devis au client.

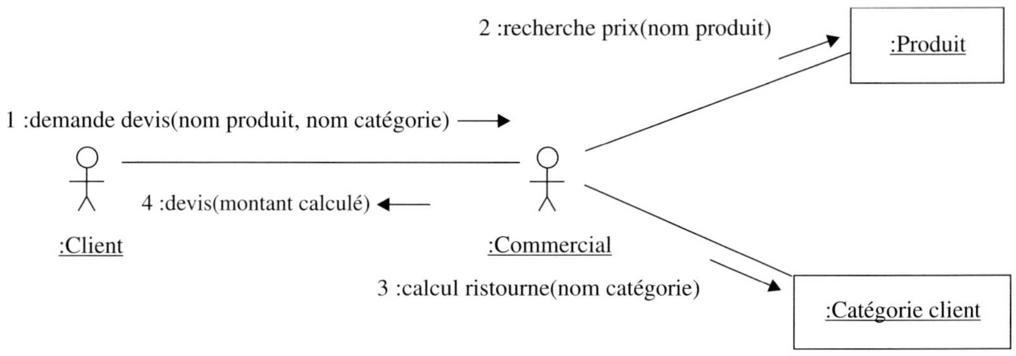

Figure 3.48 — Représentation des messages.

Un message peut être complété par un ou plusieurs *arguments*. Le message 1, Demande de devis, a pour arguments l'intitulé du produit souhaité et la catégorie du client. Le message 2, Calculer le prix, a pour argument l'intitulé du produit. Le message 3, Calculer la ristourne, a pour argument la catégorie du client.

Certains messages peuvent solliciter un *résultat*. On peut représenter ce cas par deux messages : le premier fait la demande, le second apporte la réponse (Fig. 3.47). Toutefois, lorsque le message en retour est immédiatement attendu, pour simplifier les diagrammes on peut indiquer sur le premier message le résultat attendu. Le message émis par le gérant implique la restitution du résultat du calcul, la valeur du stock (Fig. 3.49).

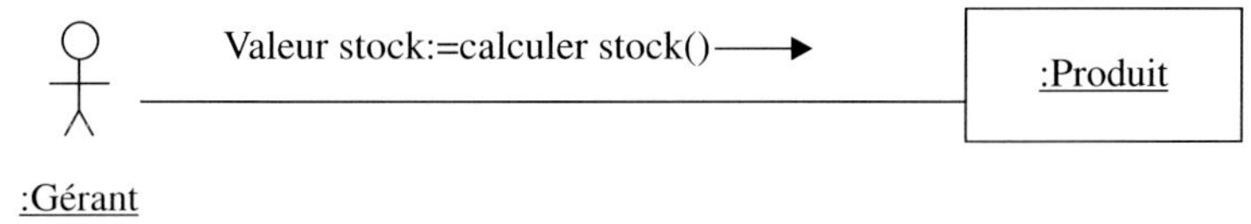

Figure 3.49 — Message avec résultat.

Lorsque plusieurs messages doivent se réaliser pour parvenir simultanément à un objet, la *synchronisation* est indiquée en associant l'ensemble de ces messages dans un message global unique. En l'absence d'un de ces messages, aucun ne parvient à l'objet.

L'émission d'un message peut être soumise à une *condition*.

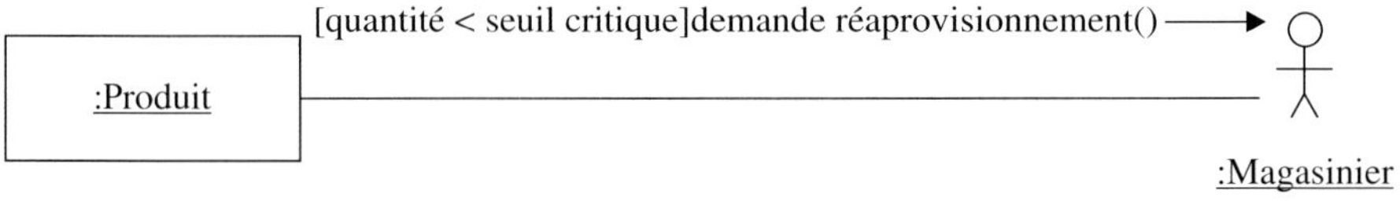

Figure 3.50 — Message et condition.

L'objet Produit (Fig. 3.50) émet une demande de réapprovisionnement uniquement quand la quantité en stock est inférieure au seuil toléré. Cet exemple illustre par ailleurs la possibilité d'émettre un message destiné à un acteur. Dans ce cas, on ne décrit pas les actions déclenchées.

La prise en compte des différents messages définit la *responsabilité* de l'acteur. L'ensemble des responsabilités d'un acteur définit son *interface*. L'interface correspond à un *profil d'acteur*.

Un message peut être *réflexif*. L'objet émetteur et l'objet récepteur appartiennent à la même classe. Un produit composé qui est commandé émet un message de réservation destiné au produit qui le compose (Fig. 3.51).

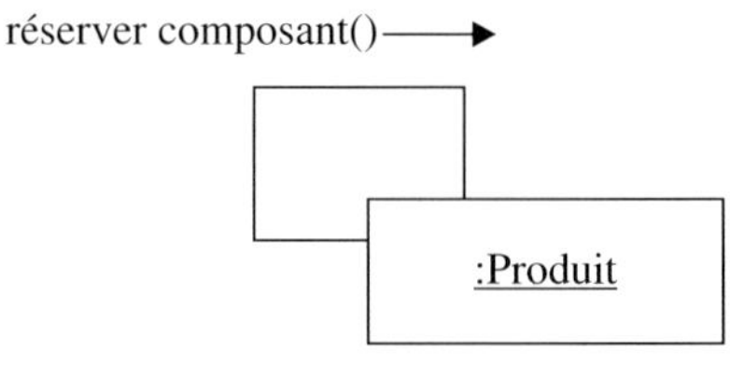

Figure 3.51 — Message réflexif.

3.5.4 L'utilisation du diagramme de collaboration dans l'analyse

Le diagramme de collaboration est principalement utilisé pour faire apparaître les échanges entre le système étudié et les autres systèmes. On distingue parfois deux représentations. D'une part, on modélise les échanges entre le domaine d'étude et les autres domaines : on crée une classe Domaine, dont les instances sont les différents domaines du système d'information, et l'on fait apparaître les messages envoyés ou reçus par le domaine d'étude, à destination ou en provenance des domaines connexes. D'autre part, on représente les collaborations entre la future application informatique et les applications avec lesquelles elle doit s'interfacer : on crée alors une classe Application, dont les instances sont les applications du système informatique, et on représente les échanges à prendre en compte.

3.6 LE DIAGRAMME DE SÉQUENCE

3.6.1 Présentation du diagramme de séquence

Comme le diagramme de collaboration, le diagramme de séquence représente des échanges de messages entre objets. Il permet de mieux visualiser la séquence des messages par une lecture de bas en haut. L'axe vertical représente le temps, l'axe horizontal représente les objets qui collaborent. Une ligne verticale en pointillé est attachée à chaque objet et représente sa ligne de vie.

Le diagramme de collaboration de la figure 3.48 peut être représenté par le diagramme de séquence de la figure 3.52.

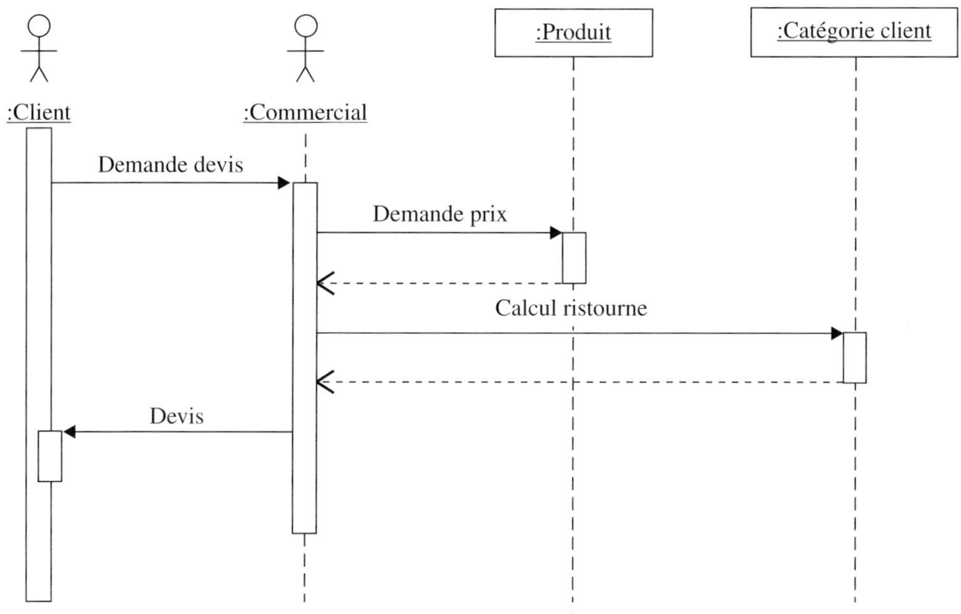

Figure 3.52 — Diagramme de séquence.

Le message peut comporter une condition de garde (comme sur le diagramme d'activités de la figure 3.40), des paramètres (comme sur le diagramme de collaboration de la figure 3.48) et une opération (comme sur le diagramme d'états-transitions de la figure 3.37). Par exemple, pour le message Devis de la figure 3.52, on pourrait avoir :

[si réponse positive] imprimer devis (total, détail).

3.6.2 L'utilisation du diagramme de séquence dans l'analyse

Le diagramme de séquence permet de représenter un processus de façon simplifiée, en se centrant sur le workflow et les échanges entre acteurs ou avec le système d'information, voire le système informatique. On pourra donc l'utiliser soit pour représenter un processus existant, sans entrer dans le détail des activités, soit pour modéliser des variantes de processus à partir d'un processus de référence.

3.7 LES CAS D'UTILISATION

3.7.1 Objectif des cas d'utilisation

Les cas d'utilisation sont une technique de description du système étudié privilégiant le point de vue de l'utilisateur. Un cas d'utilisation est une façon spécifique d'utiliser le système. Il est composé d'un ensemble d'actions déclenché par un acteur externe et qui produit un résultat identifiable.

Ce regroupement d'actions ne correspond pas à une structure implémentée ou à implémenter directement du système. Il correspond plutôt à une séquence perçue comme logique par un utilisateur. Un cas d'utilisation représente la relation entre un acteur et une fonctionnalité du système. Dans la modélisation d'un système d'information, on considère que les processus sont des cas d'utilisation.

Les cas d'utilisation sont recensés dans des diagrammes, les *diagrammes de cas d'utilisation*, qui montrent les liens entre les cas d'utilisation et les acteurs. Ils permettent aussi de représenter les dépendances entre différents cas.

Chaque cas est ensuite décrit par une définition générique (le cas d'utilisation) et des définitions illustrées (les scénarios). Chacune de ces définitions peut présenter en façade une description « normale », puis la description de différentes variantes.

La définition des cas et des scénarios associe une forme rédactionnelle classique et des modèles UML.

3.7.2 Les diagrammes de cas d'utilisation

Les diagrammes de cas d'utilisation représentent les cas d'utilisation identifiés et l'acteur associé à chacun. Ils permettent notamment de représenter les processus d'un domaine.

Un diagramme peut regrouper différents cas selon un critère choisi par l'analyste. Par exemple, le diagramme de la figure 3.53 représente les cas d'utilisation qui ont été présentés par le gérant lorsqu'on l'a interviewé.

Ainsi, l'analyste peut faire un diagramme des cas d'utilisation pour chaque acteur rencontré. D'autres diagrammes permettront des regroupements différents. On pourra par exemple regrouper dans un diagramme l'ensemble des cas qui décrivent la gestion des stocks avec différents acteurs attachés aux cas d'utilisation.

Un même cas pourra se retrouver dans différents diagrammes. Si le gérant et le magasinier peuvent tous deux réaliser l'inventaire, le cas d'utilisation qui décrit cette activité sera présenté sur le diagramme du gérant et sur le diagramme du magasinier.

On peut définir un cas comme l'*extension* d'un autre cas. Par exemple (Fig. 3.54), le cas d'utilisation du traitement d'une facture d'un client étranger est une extension du cas d'utilisation de traitement des factures. La description de cette extension se fera par différence, c'est-à-dire qu'elle ne contiendra que la partie propre à l'extension.

Un cas d'utilisation peut faire appel aux services d'un autre cas. Le cas d'utilisation Traitement de facture fait appel au cas Calcul Remise (Fig. 3.54). Le cas d'utilisation qui décrit la passation d'une commande peut être *utilisé* par le cas qui décrit les réapprovisionnements des stocks (Fig. 3.55).

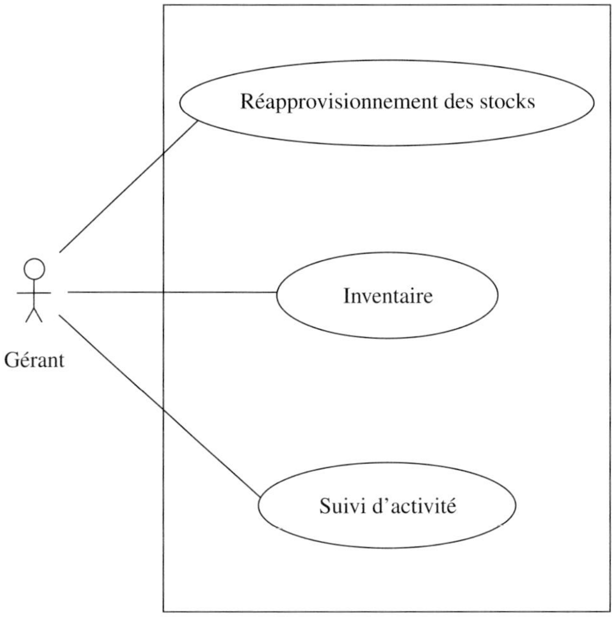

Figure 3.53 — Diagramme de cas d'utilisation.

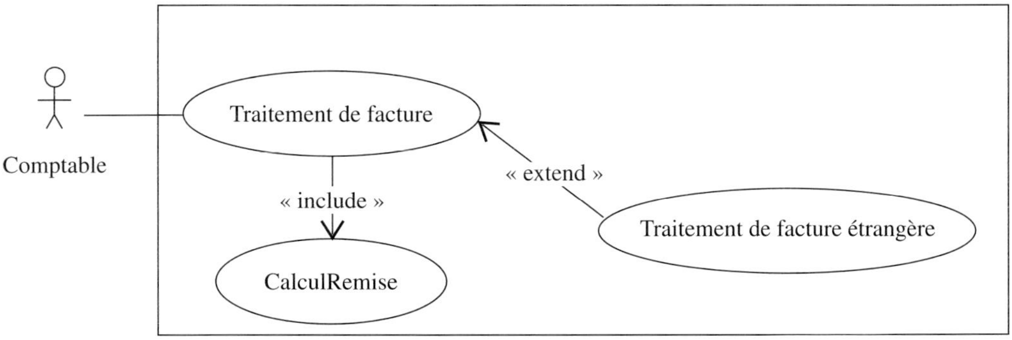

Figure 3.54 — L'extension d'un cas.

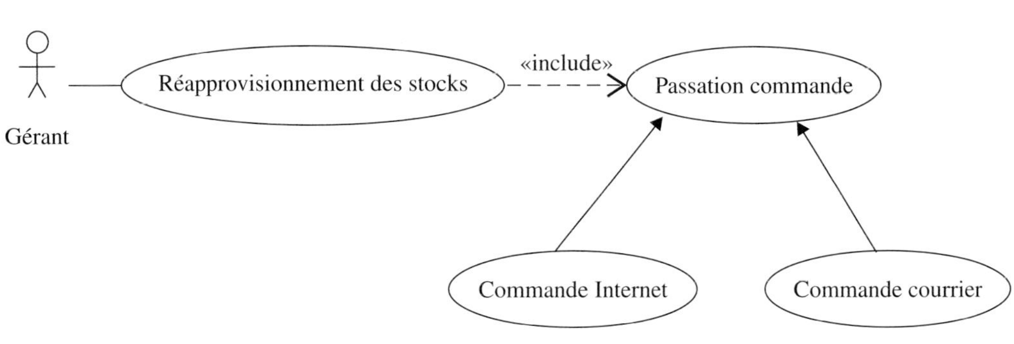

Figure 3.55 — L'utilisation et la spécialisation d'un cas.

On peut définir un cas comme la généralisation d'un ou plusieurs autres cas. Cela permet de décrire différentes variantes (spécialisations) d'un cas général.

Ainsi, la Passation commande prend deux formes différentes, Commande internet et Commande courrier, qui sont des spécialisations (Fig. 3.55).

Ces techniques d'extension et d'utilisation sont à mettre en pratique pour réutiliser des descriptions existantes. L'intérêt d'extraire la passation d'une commande du cas de réapprovisionnement apparaît lorsqu'un autre cas d'utilisation fait appel à cette même activité.

3.7.3 La description des cas d'utilisation

La description des cas d'utilisation est libre. Cependant, cette description prend souvent une forme rédigée qui convient mieux à la communication avec les utilisateurs. Des règles de structuration doivent être appliquées pour en faciliter l'expression, la compréhension et la cohérence.

Nous proposons un *premier niveau* de structure qui consiste à décrire d'abord une version habituelle du cas, puis de compléter par des versions présentant les variantes.

Ainsi on pourra documenter d'abord le cas de passation de commande le plus courant puis le compléter en décrivant (par différence) le cas de passation d'une commande à un fournisseur inhabituel.

Un *deuxième niveau* de structure est fondé sur la structure utilisée pour décrire les états d'une classe, comme représenté précédemment à la figure 3.34.

Il s'agit ainsi de décrire de la façon suivante :

1. Un texte général qui décrit l'objectif du cas.
2. Le ou les acteurs qui peuvent déclencher le cas.
3. Les actions élémentaires qui composent le corps de la présente activité. Ces actions peuvent être associées à des événements.
4. Les règles de gestion et d'organisation mises en œuvre.
5. Les documents reçus, utilisés et produits.

Cette description peut être enrichie par des remarques portant sur la qualité, sur les volumes, sur la fréquence et sur les souhaits exprimés par l'utilisateur du cas. La figure 3.56 montre la description structurée du cas Réapprovisionnement des stocks.

D'autres fiches descriptives équivalentes sont à établir pour décrire les variantes.

Par ailleurs, on peut associer à chaque cas d'utilisation un ou plusieurs des diagrammes suivants :

- diagramme de séquence ;
- diagramme d'états-transitions ;
- diagramme d'activités.

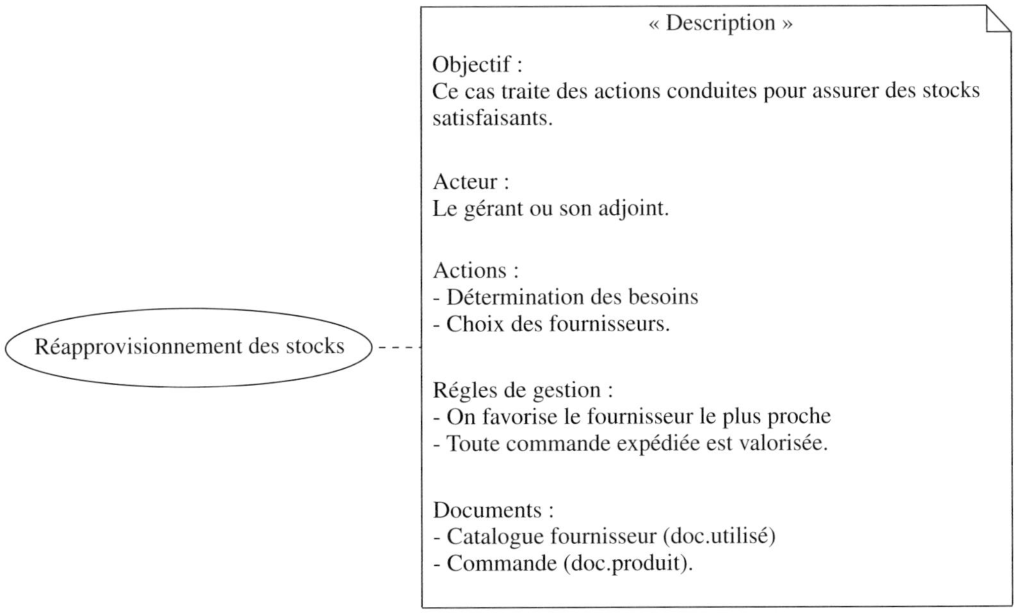

Figure 3.56 — Description d'un cas d'utilisation.

3.7.4 La description par scénarios

Chaque cas, voire chaque variante, peut être accompagné d'un ou de plusieurs scénarios qui l'illustrent. Ils facilitent la compréhension des cas et préparent les travaux des recettes à venir.

Un scénario est décrit comme un cas, seule la formulation est différente.

3.7.5 L'utilité des cas d'utilisation

Les cas d'utilisation sont intéressants quand les utilisateurs sont amenés à intervenir : expression des besoins, modélisation du futur système, tests et validation et mise en œuvre.

Expression des besoins. Les cas d'utilisation vont être exploités dans les phases amont du projet pour décrire l'existant et découvrir les besoins. Cette technique ne nécessitant pas un apprentissage particulier sera facilement adoptée par les utilisateurs. Les cas d'utilisation serviront particulièrement à guider le recueil d'informations lors des interviews ou séances participatives.

Modélisation du système. La capacité d'illustration des cas d'utilisation sera utile pour décrire concrètement les différents processus du système. Un diagramme d'activités (ou de séquence) complétera la description.

Tests et validation. La logique utilisateur mise en avant par les cas d'utilisation fait de ces derniers un outil intéressant de structuration des tests et des validations.

Mise en œuvre. Enfin, il sera efficace de reprendre la présentation des actions vues par les utilisateurs dans les manuels d'utilisation.

3.8 LA NOTION DE PAQUETAGE

Les modèles UML produits dans le cadre d'un projet sont parfois d'une superficie trop importante pour être facilement utilisés. L'expérience montre que, pour qu'ils soient pratiques, les modèles doivent occuper au maximum une page A4. Le paquetage proposé par UML est une technique qui permet de mettre en œuvre ce partitionnement des modèles tout en préservant la cohérence de l'ensemble.

Cette technique du paquetage propose un découpage des modèles, le paquetage, ainsi que la mise en évidence des liens qui existent entre ces sous-ensembles, les dépendances.

3.8.1 *Le paquetage*

Un paquetage est un ensemble d'éléments de modélisation : des classes, des associations, des objets, des composants, des paquetages et des modèles. Les paquetages de la figure 3.57 représentent des sous-ensembles du diagramme de classes.

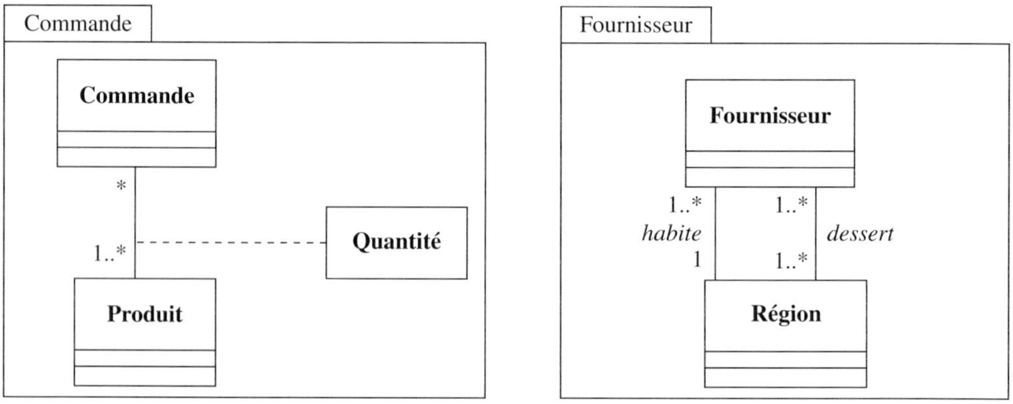

Figure 3.57 — Représentation de paquetages.

Un élément de modélisation n'appartient qu'à un seul paquetage. Il peut en revanche être cité dans d'autres paquetages.

Une syntaxe particulière, *nom du paquetage : : nom de l'élément*, permet d'indiquer à quel paquetage appartient un élément cité. Dans la figure 3.58, la classe Produit appartient au paquetage Commande, mais figure également dans le paquetage Fournisseur.

Les éléments qui composent un paquetage peuvent être d'autres paquetages. Ainsi, il est facile d'organiser la décomposition de modèles en une hiérarchie de sous-modèles. Le domaine Gestion de personnel peut, par exemple, dans un modèle global, ne mettre en évidence que des paquetages représentant une première segmentation du modèle en deux grandes parties : Gestion des salariés et Gestion des emplois (Fig. 3.59).

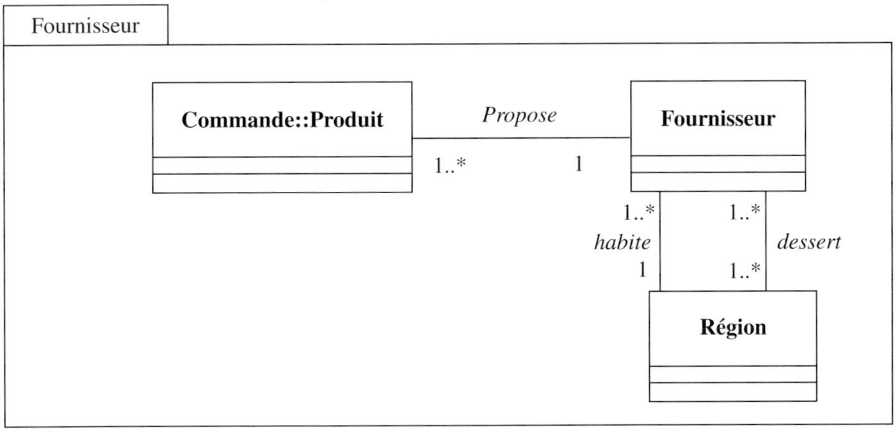

Figure 3.58 — La référence à un élément d'un autre paquetage.

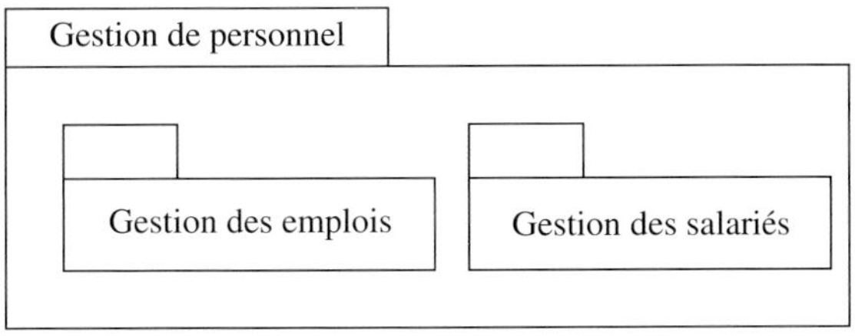

Figure 3.59 — Un paquetage peut contenir d'autres paquetages.

Chacun de ces paquetages sera à son tour décomposé. Par exemple, le paquetage Gestion des salariés pourra se composer des classes Salarié, Fonctionnaire et Contractuel et du paquetage Service (Fig. 3.60). Le paquetage Service comprendra par ailleurs la classe Direction.

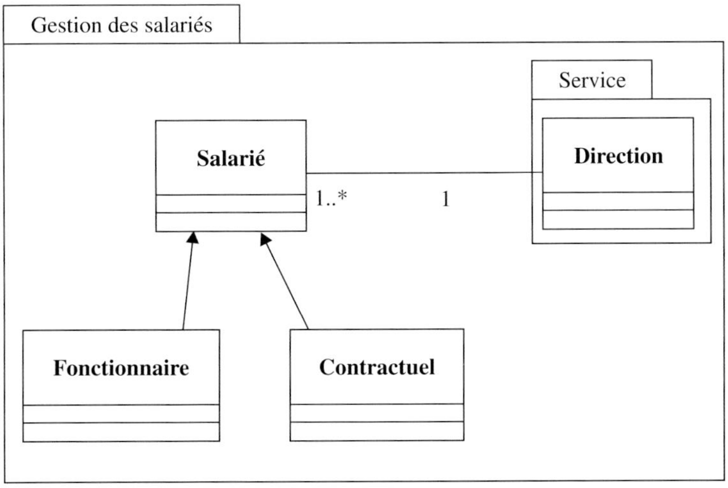

Figure 3.60 — Des paquetages et des classes.

Comme l'illustre la figure 3.61, tous les cas de décomposition peuvent être envisagés par l'analyste. Le paquetage 1 est général et n'est composé que de paquetages. Le paquetage 1.2, de 2e niveau, regroupe deux paquetages et une classe. Le paquetage de 3e niveau, 1.2.2, ne présente que des classes et des associations.

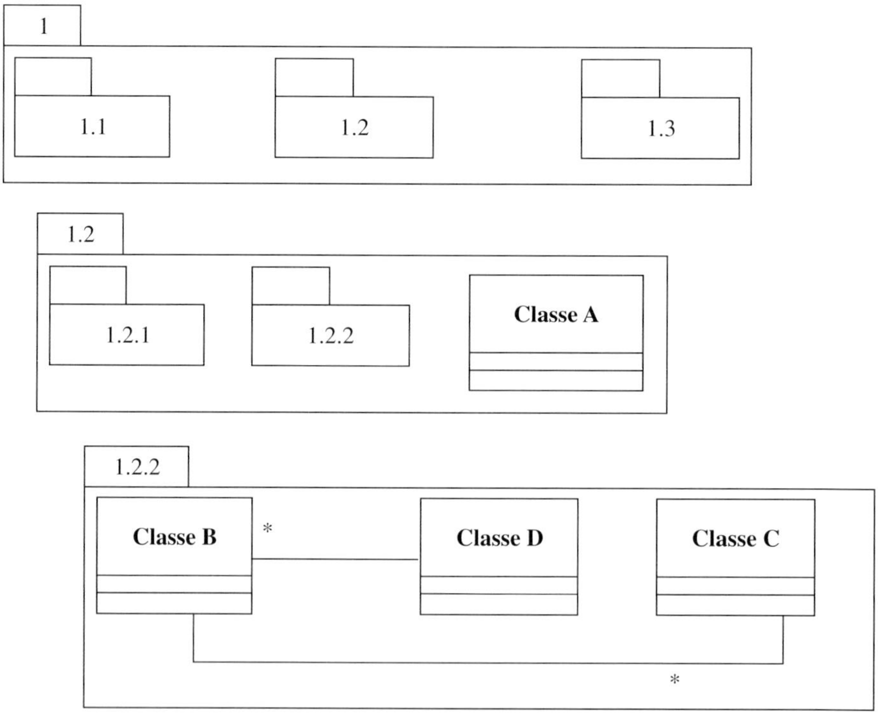

Figure 3.61 — La décomposition en paquetages.

3.8.2 *Les dépendances*

Le paquetage de la figure 3.58 fait référence à la classe Produit du paquetage Commande. Cette dépendance peut être graphiquement représentée (Fig. 3.61). La flèche pointe vers le paquetage « propriétaire » des classes utilisées par le paquetage « utilisateur ».

Figure 3.62 — Dépendances entre paquetages.

3.9 LE CONCEPT DE STÉRÉOTYPE

Les concepteurs d'UML ont souhaité donner aux techniques de modélisation un caractère extensible. Cette volonté se traduit par le concept de *stéréotype*, qui permet de définir des types d'éléments ayant des propriétés particulières. Le recours à une classification supplémentaire de différents éléments du modèle permet d'étendre le métamodèle lorsqu'une classification est fréquemment employée.

Lorsqu'on associe un élément de modèle à un stéréotype, cet élément hérite de la description du stéréotype. Si par exemple on référence le fournisseur comme une classe de stéréotype Acteur, le fournisseur hérite de la description de l'acteur que nous avons définie au chapitre 2.

On peut ainsi définir des types sur des classes, des associations, des opérations, des états, des paquetages, etc., pour classifier des éléments et réutiliser les descriptions partagées.

Dans la représentation d'une classe, on indique son stéréotype éventuel, entre doubles guillemets, au dessus du nom de la classe. UML permet également d'associer à un stéréotype une icône spécifique. La figure 3.63 montre les deux représentations du stéréotype Acteur : à gauche au moyen d'une icône proposée par UML, et à droite par la mention du stéréotype.

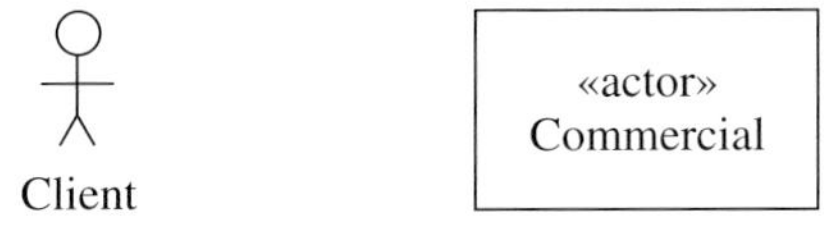

Figure 3.63 — Les deux représentations du stéréotype Acteur.

Il convient d'user du concept de stéréotype avec retenue si on veut lui conserver sa pertinence. Il doit d'abord répondre à un complément sémantique du concept qu'il enrichit. La classification des composants du système peut être visualisée de différentes façons (choix de modélisation, agrégat ou stéréotype). Le choix d'une solution doit répondre à des critères de facilité d'utilisation et d'efficacité. Dans tous les cas, la solution retenue doit être partagée par l'ensemble des analystes d'une même entreprise, d'un même système d'information.

Nous proposons par exemple de traduire en stéréotype la taxinomie des classes que nous avons décrite dans le chapitre 2 (§ 2.3.3) :

- classe de stéréotype Entité ;
- classe de stéréotype Acteur ;
- classe de stéréotype Processus.

On peut envisager de multiplier ces stéréotypes en distinguant les entités de gestion, de référence et de pilotage — d'après la typologie proposée au paragraphe 2.4.3 — et en distinguant les processus de gestion, de support et de pilotage — d'après la typologie proposée au paragraphe 2.6.2. Nous n'avons pas opté pour cet enrichissement, car nous avons pensé que « trop de stéréotypes tue le stéréotype » !

Ainsi s'achève la description des diagrammes UML. Le chapitre suivant propose une utilisation organisée de ces diagrammes pour mener l'analyse d'un système d'information.

4

La démarche d'analyse du système d'information

4.1 LE SCHÉMA GÉNÉRAL DE LA DÉMARCHE D'ANALYSE

L'analyse d'un système d'information s'inscrit dans un processus projet en quatre étapes (Fig. 4.1) :

1. *Analyse*.
   Il s'agit de définir le futur système d'information.
2. *Conception*.
   Il s'agit de concevoir un système informatique pouvant satisfaire les exigences formulées à l'issue de l'étape d'analyse.
3. *Implémentation*.
   Il s'agit de transformer les éléments décrits lors de la conception en éléments du langage cible.
4. *Mise en œuvre*.
   Il s'agit de mettre en place le nouvel outil informatique, dûment initialisé, accompagné de la nouvelle organisation du travail pour rendre opérationnel le nouveau système d'information.

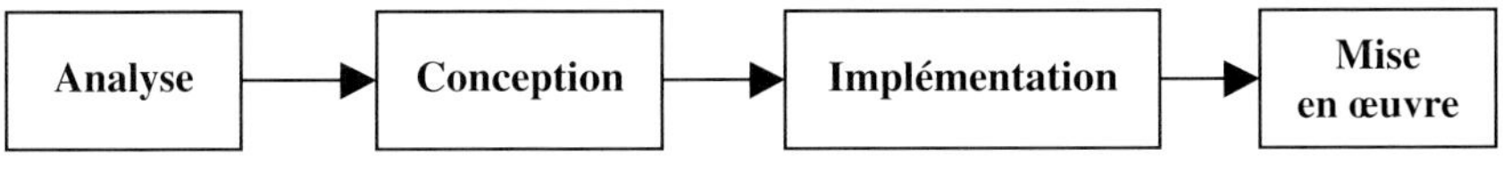

Figure 4.1 — Le processus général de développement.

Ce processus général est ensuite décliné selon les différents modèles de développement[1]. Par exemple, si l'on adopte un modèle en spirale, on mènera plusieurs cycles analyse-conception-implémentation avant de passer à la mise en œuvre (Fig. 4.2).

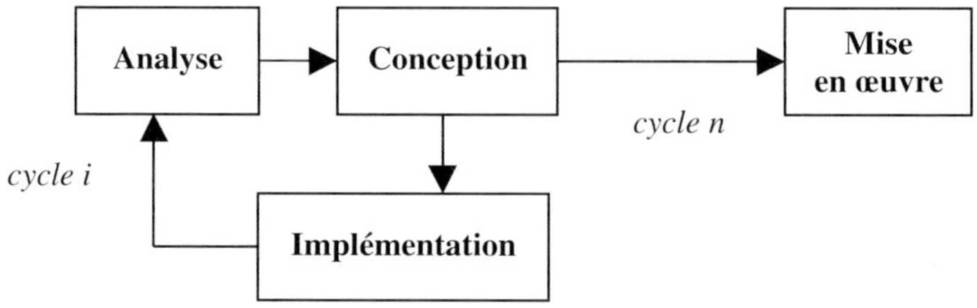

Figure 4.2 — Le processus de développement avec un modèle en spirale.

Le chapitre 5 présente l'adaptation au modèle RAD et dans le cas d'utilisation d'un progiciel intégré (ERP).

L'objectif de l'analyse est donc de construire un nouveau système d'information et de le décrire dans un cahier des charges en vue de la conception et du développement du système informatique correspondant. Pour cela, nous proposons une démarche en sept phases (Fig. 4.3) :

- Phase 1 : *Repérage du domaine*, principalement les frontières et les acteurs.
- Phase 2 : *Découverte des informations*, notamment des grands concepts d'information.
- Phase 3 : *Modélisation du workflow*, les principaux flux actuels d'information entre les acteurs.
- Phase 4 : *Diagnostic*, pour évaluer le système actuel.
- Phase 5 : *Reconfiguration du système d'information*, pour jeter les bases du futur système.
- Phase 6 : *Modélisation du futur système d'information*, sous ses différentes facettes.
- Phase 7 : *Rédaction du cahier des charges*, structuré de façon standard.

Chaque phase aboutit à la production d'un résultat.

Les trois premières phases (Repérage du domaine, Découverte des informations et Modélisation du workflow) doivent permettre de comprendre le projet, c'est-à-dire la finalité du système actuel, ses acteurs, son fonctionnement global, ainsi que les carences et les problèmes perçus. Elles sont nécessaires pour acquérir la connaissance du domaine et prendre la mesure des changements envisagés. Trois des diagrammes UML sont utilisés (diagramme de classes, diagramme de collaboration et diagramme de séquence).

1. Pour une description des différents modèles de développement, voir [Morley, 2001], chapitre 2.

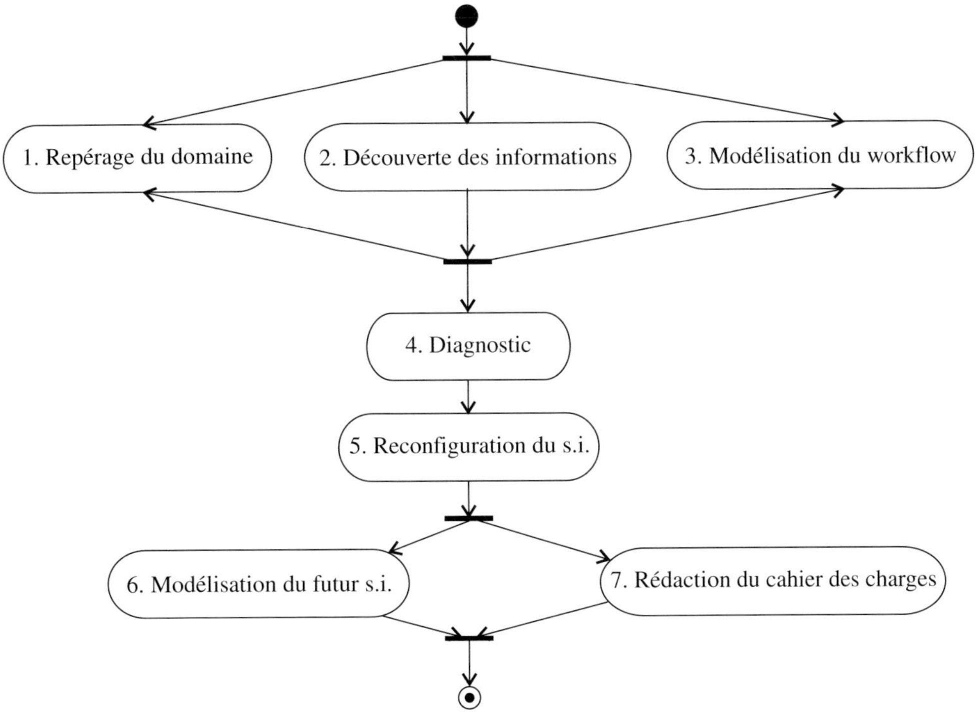

Figure 4.3 — Le schéma général de la démarche d'analyse.

Les deux phases suivantes (Diagnostic et Reconfiguration du SI) ont pour objectif de formaliser un diagnostic et de concevoir l'assise du nouveau système d'information permettant de répondre aux dysfonctionnements et/ou aux attentes.

Les deux dernières phases (Modélisation du futur SI et Rédaction du cahier des charges) représentent plus de la moitié du travail total. Le but est de décrire de façon précise le futur système, structuré conformément à ce qui a été arrêté à la phase 5. On se sert de la plupart des diagrammes UML (diagrammes de classes, d'états-transitions, de cas d'utilisation, de séquence, d'activités et de collaboration).

Comme on le voit sur la figure 4.3, certaines phases peuvent être menées en parallèle. Cependant, il faut bien noter que ce parallélisme :

- ne signifie pas que les phases sont indépendantes,
- mais qu'elles ont des sources communes.

Par exemple, lors du repérage du domaine, on peut recueillir des éléments touchant également aux entités gérées. De même, au fur et à mesure que l'on achève certains des modèles du futur système d'information, on peut enrichir le cahier des charges qui sera transmis aux informaticiens. Par conséquent, des phases parallèles ne doivent pas être confiées à des analystes différents.

Nous allons maintenant décrire les phases d'un projet d'analyse et l'utilisation des diagrammes UML. Certains sont employés pour des usages différents. C'est notamment vrai pour le diagramme de classes, qui permet de représenter aussi bien les acteurs que les entités.

La démarche est illustrée par le cas Gruyère SA. Les diagrammes ont été élaborés avec l'atelier de génie logiciel Objecteering, de la société Softeam[1].

4.2 LE CAS GRUYÈRE SA

Gruyère SA est un grossiste en produits laitiers qui fournit quotidiennement des détaillants — crémeries ou fromageries — et des supérettes. Il est installé à ZIC, zone industrielle proche d'une grande ville, *BigCity*. Le système d'information Distribution gère les commandes et les livraisons ; il a été mis en place plus de dix ans auparavant. Sa rigidité et ses limites conduisent aujourd'hui à définir un nouveau système.

Le siège de l'entreprise comprend les services administratifs et commerciaux. Trois dépôts, situés autour de la ville, assurent les livraisons aux clients (Fig. 4.4).

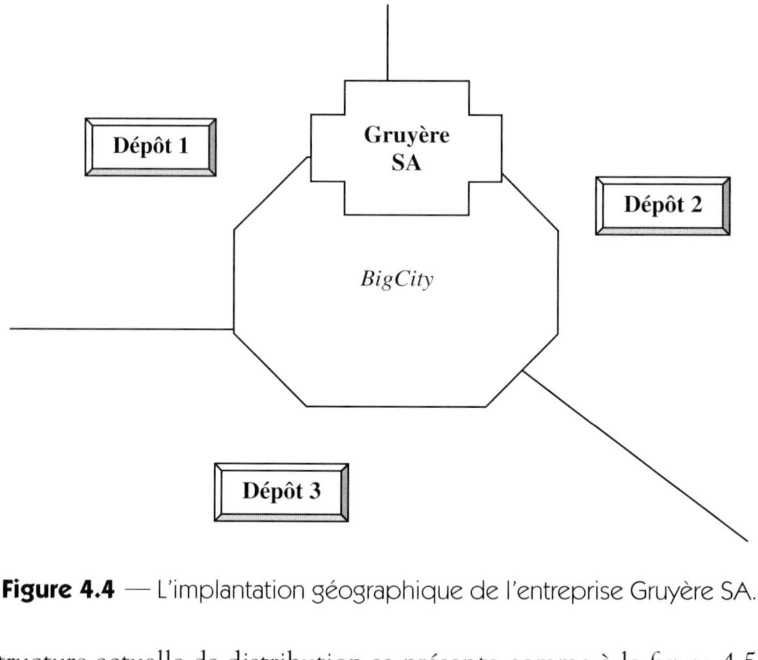

Figure 4.4 — L'implantation géographique de l'entreprise Gruyère SA.

La structure actuelle de distribution se présente comme à la figure 4.5. Le département commercial gère les relations avec les clients ; le département livraisons organise la mise à disposition des produits commandés, en s'appuyant sur les dépôts et sur le garage ; ce dernier gère l'ensemble des véhicules ; le département achats est responsable de l'approvisionnement des dépôts.

1. Le logiciel Objecteering 5.1.1 (UML Modeler, Personal Edition) est téléchargeable gratuitement à l'adresse : *www.objecteering.com*. Cette édition est mono-utilisateur.

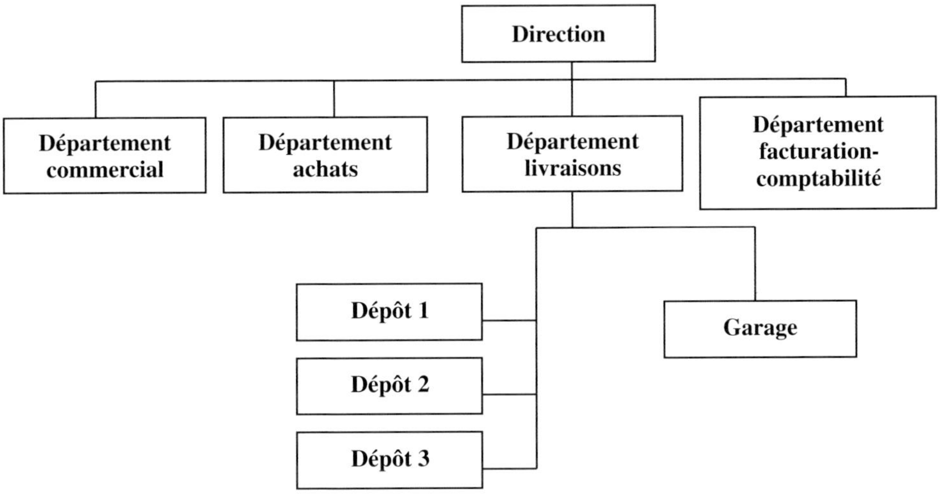

Figure 4.5 — La structure de distribution de l'entreprise Gruyère SA.

Chaque dépôt est organisé de la même façon (Fig. 4.6). Le service préparation s'occupe des livraisons aux clients ; le service réception gère les marchandises entrant en stock ; le magasin est responsable du stock et du chargement des camions.

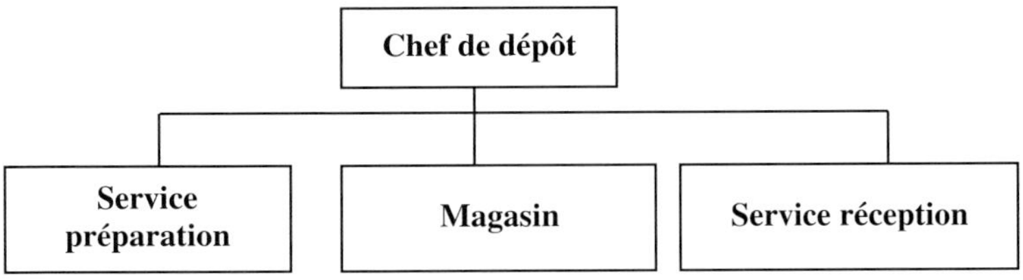

Figure 4.6 — La structure des dépôts de l'entreprise Gruyère SA.

4.3 PHASE 1 : REPÉRAGE DU DOMAINE

4.3.1 *L'objectif de la phase 1 (Repérage du domaine)*

La première phase correspond à une prise de connaissance du projet. Elle s'appuie souvent sur des entretiens avec un ou plusieurs cadres de l'entreprise qui ont une vue globale du domaine et qui fixent les orientations générales. Ces entretiens sont parfois appellés les « interviews de direction ».

L'objectif de cette phase est de déterminer les finalités du projet et ses limites, ainsi que les acteurs concernés. Ces derniers peuvent, à des degrés divers, participer à l'analyse et/ou à la mise en œuvre du futur système.

Certains des éléments recueillis lors de la phase 1 peuvent alimenter les résultats à produire dans la phase 2 (Découverte des informations) ou la phase 3 (Modélisation du workflow).

4.3.2 Le contenu et le résultat de la phase 1 (Repérage du domaine)

Il s'agit tout d'abord de comprendre pourquoi on a décidé d'investir dans un nouveau système d'information.

Dans certains projets, cette première phase fait suite à ce que l'on appelle une *étude d'opportunité*, dont l'objectif est de formaliser la pertinence du projet. On a alors fait une première estimation des charges, généralement au moyen de la méthode Delphi[1], afin de mettre en balance l'intérêt du projet et son coût probable.

S'il n'y a pas eu d'étude d'opportunité, la réflexion sur la décision d'investissement est nécessaire en début de phase 1. En effet, les *objectifs* ne sont pas toujours énoncés clairement ; ils sont parfois mélangés. Il faut donc identifier le type d'avantages que le maître d'ouvrage compte obtenir en échange des efforts consentis pour mener le projet.

On rencontre souvent les grandes catégories suivantes :

- *Productivité administrative* : la rentabilité du capital investi est recherchée dans la diminution de main d'œuvre grâce à l'automatisation d'une partie des tâches.
- *Aide au management* : l'objectif majeur du projet est l'amélioration des prises de décision au moyen d'un observatoire au service du management. On va bâtir une mémoire de l'organisation et de ce qui l'entoure, à partir de laquelle on pourra construire des tableaux de bord, faire des analyses, assurer une veille concurrentielle.
- *Efficacité opérationnelle* : on attend un meilleur fonctionnement opérationnel par un usage créatif des technologies de l'information et de la communication.
- *Évolutivité* : on cherche à obtenir un système flexible pouvant être modifié rapidement en cas d'évolution des contraintes et/ou de la stratégie et sachant prendre en compte des adaptations ou des personnalisations non encore identifiées au moment du projet. Cet objectif s'inscrit dans une meilleure maîtrise des investissements informatiques.
- *Utilisation d'une nouvelle technologie* : le but principal du projet est d'expérimenter une nouvelle technologie, pour voir ce que l'on peut en tirer ou pour obtenir un « effet vitrine » vis-à-vis de l'extérieur.

Il s'agit ensuite de repérer les *limites* du projet, en identifiant ses frontières avec d'autres domaines. Chaque domaine est un composant du système d'information, dont la finalité est la gestion d'un ensemble cohérent d'informations ; il est basé sur une application informatique, elle-même décomposée en modules.

Quel diagramme UML peut-on utiliser pour représenter les relations entre domaines ?

Une première solution consiste à définir une classe Domaine et à créer autant d'instances de cette classe qu'il y a de domaines — ou de domaines connexes si

1. Pour une présentation de la méthode Delphi, voir dans [Morley, 2001], le chapitre 3 consacré aux méthodes d'estimation des charges.

on ne veut pas représenter tous les domaines. Puis on établit un *diagramme de collaboration* entre les objets domaines.

Une seconde solution est de considérer chaque domaine comme un *paquetage*. Rappelons qu'un paquetage est un mécanisme permettant d'introduire une organisation dans un modèle général en regroupant certains éléments. On peut ainsi rassembler dans un paquetage Domaine tous les éléments qui lui appartiennent en propre, en particuliers les entités gérées et les processus qui relèvent de ce domaine.

Toutefois, on ne peut pas faire de diagramme de collaboration entre paquetages. Pour faire apparaître le champ de l'étude et les interfaces avec d'autres domaines, on peut utiliser les *liens de dépendance* entre les domaines.

Il s'agit enfin de repérer les acteurs concernés. On les représentera sous forme d'un *diagramme de classes*, avec des classes de stéréotype Acteur. Les échanges entre acteurs seront modélisés dans la phase 3 (Modélisation du workflow), c'est-à-dire dans le cadre d'une finalité de gestion. On peut également utiliser des paquetages, contenant les acteurs, si l'on veut représenter l'organigramme de l'entreprise. Toutefois, il faut noter qu'un acteur ne pourra appartenir qu'à un seul paquetage.

4.3.3 Illustration de la phase 1 (Repérage du domaine) par le cas Gruyère SA

La première phase doit permettre de rencontrer, en entretiens particuliers ou en session participative[1], au moins un représentant des acteurs clés du domaine Distribution. Il s'agit d'un représentant de la direction et des quatre responsables de département (commercial, achats, livraisons, facturation/comptabilité), ainsi que le responsable informatique.

Il en ressort que l'*objectif* majeur est l'amélioration de l'efficacité opérationnelle. Gruyère SA a déjà informatisé le domaine Distribution, mais celui-ci n'offre pas suffisamment de souplesse aux clients. Les capacités logistiques de l'entreprise permettent de traiter 20 à 30 % de clients supplémentaires. Le nouveau système d'information doit donc participer à l'effort de fidélisation des clients actuels et de développement commercial.

Le projet comprend toute la gestion des demandes des clients.

Les limites du projet sont représentées par ses frontières avec les autres *domaines*.

Le système d'information de Gruyère SA est représenté par le paquetage GruyèreSA de plus haut niveau. Ce dernier est composé de six paquetages correspondant aux six domaines que nous voulons représenter (Fig. 4.7). On indique les domaines avec lesquels le domaine Distribution est en relation par un lien de dépendance. Cela signifie notamment que l'on fera référence dans nos diagrammes à un ou plusieurs éléments décrits dans les autres paquetages.

1. Cette approche est présentée au chapitre 5, dans le paragraphe traitant d'UML et de RAD.

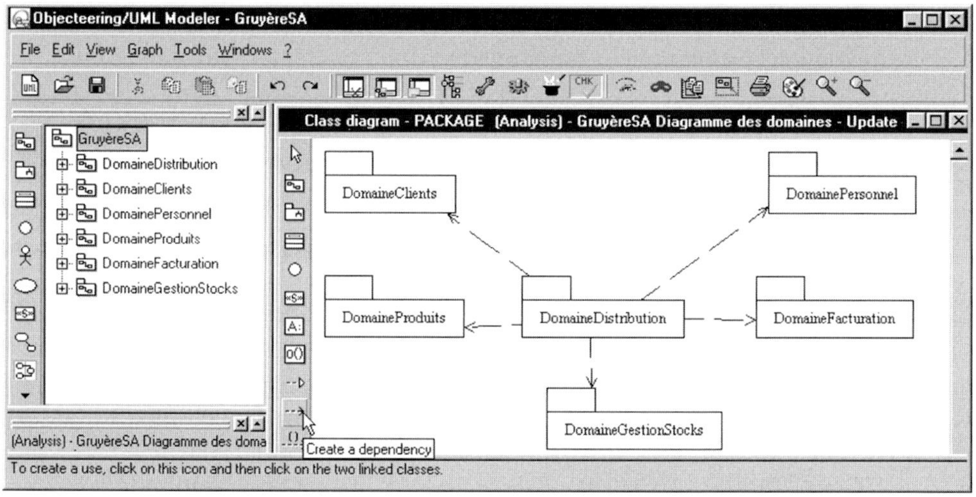

Figure 4.7 — Le domaine Distribution comme paquetage et ses dépendances avec les autres domaines.

On voit que la gestion des produits et des stocks ne relève pas du projet, pas plus que la gestion des clients. Il faudra cependant pouvoir créer ou modifier un client à partir du domaine Distribution ; inversement, le domaine Clients pourra avoir besoin d'informations sur l'activité commerciale des clients. La facturation est effectuée sur demande du domaine Distribution, mais n'en relève pas. De même, la gestion des chauffeurs est une partie du domaine Personnel ; seule l'affectation à une tournée fait partie du projet.

En plus des liens de dépendance entre domaines, on a représenté, par un diagramme de collaboration, les liens entre les applications qui devront être interfacées avec l'application Distribution. Pour cela, on a créé une classe Application, ainsi que six instances de cette classe correspondant à l'application Distribution et aux cinq applications connexes. On a fait figurer les six objets dans un diagramme d'objets, avec les liens partant de l'application Distribution. On a complété ces liens par des messages (Fig. 4.8).

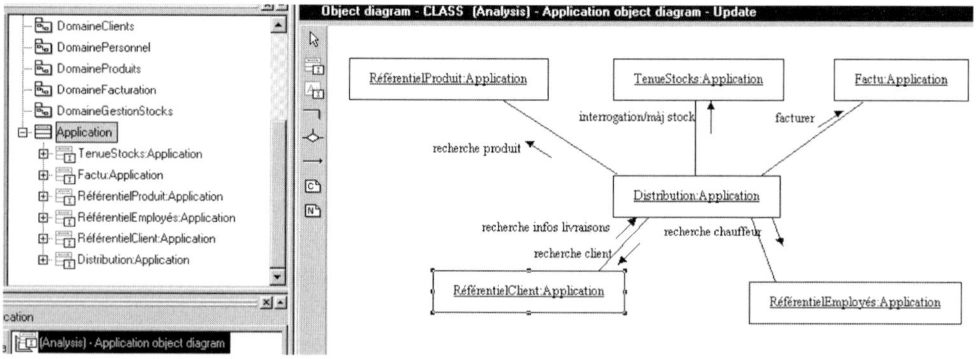

Figure 4.8 — L'application Distribution et les applications connexes.

Les *acteurs* concernés par le système d'information sont ceux qui interviennent dans le système existant. Ils ont été identifiés au cours du premier recueil d'informations. En général, on en rencontre des représentants lors des phases 2 (Découverte des informations) et 3 (Modélisation du workflow), afin de comprendre la façon dont ils collaborent.

Avec l'atelier de génie logiciel Objecteering, on a représenté l'organigramme avec des *classes de stéréotype* Acteur.

On peut en obtenir un schéma en créant un *diagramme de classes* ne contenant que les acteurs. Par exemple, à la figure 4.9, on a fait apparaître la structure d'un dépôt, en créant les liens de dépendance entre les acteurs ainsi que le Département commercial, le garage et le client.

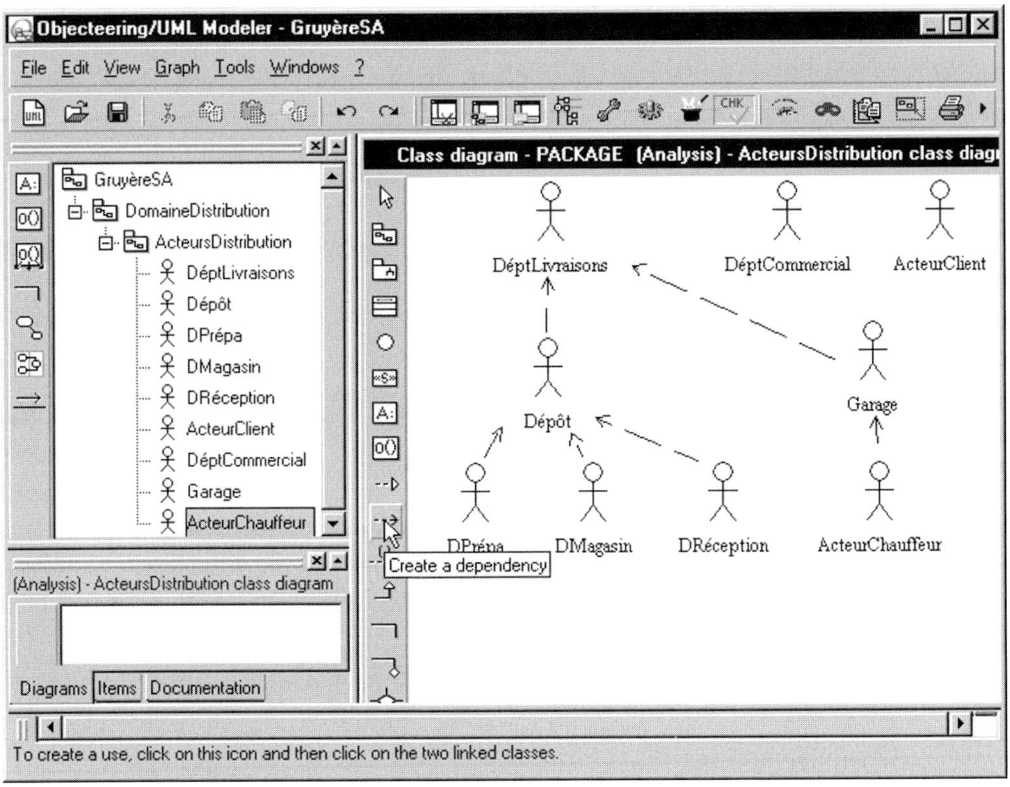

Figure 4.9 — L'organigramme d'un dépôt de l'entreprise Gruyère SA.

4.4 PHASE 2 : DÉCOUVERTE DES INFORMATIONS

4.4.1 L'objectif de la phase 2 (Découverte des informations)

Cette deuxième phase est menée en parallèle avec la phase 1 (Repérage du domaine) et la phase 3 (Modélisation du workflow). L'objectif global est de comprendre les différentes facettes du système d'information existant. L'objectif plus précis de la phase 2 est de repérer les grands concepts d'information gérés dans le domaine.

4.4.2 Le contenu et le résultat de la phase 2 (Découverte des informations)

La phase 2 s'alimente à différentes sources, qui ont chacune leur utilité.

- Le discours des acteurs de l'entreprise, notamment de ceux repérés en phase 1 (Repérage du domaine), est une première source. Elle est aléatoire, puisque dépendante des personnes, mais elle renseigne au mieux sur la familiarité des concepts gérés et sur les problèmes rencontrés.
- Le modèle statique élaboré jadis lors de l'analyse qui a conduit au système actuel est intéressant, en particulier s'il s'accompagne d'un dictionnaire de données contenant les définitions des informations. Il faut toutefois repérer si ces modèles sont encore pertinents ou bien si les concepts représentés n'ont plus la même signification pour les acteurs du domaine.
- Si quelqu'un dans l'entreprise occupe la fonction d'administrateur des données, il est nécessaire de prévoir une séance de travail avec cette personne.
- Les interfaces homme-machine des applications existantes sont également une source indispensable. L'observation d'une utilisation opérationnelle de ces IHM est conseillée, pour détecter si l'outil actuel est familier et apprécié ou s'il fait l'objet de critiques spontanées.
- Les documents utilisés, avec les informations qui y figurent, sont précieux. On s'appuie, si possible, sur des documents opérationnels, pour discerner les informations effectivement utilisées et celles qui ne le sont guère.
- La structure des fichiers ou des bases de données actuellement utilisés n'est pas indispensable à court terme. Il est toutefois utile de vérifier l'existence d'un modèle statique de niveau physique. S'il n'existe pas, ou plus, il faut parfois lancer une opération de rétroconception, c'est-à-dire reconstituer les modèles physiques, notamment si le contenu de ces fichiers ou bases de données est destiné à être récupéré.

Ces différentes sources permettent d'élaborer un *diagramme de classes* mettant en évidence les entités ainsi que leurs associations. Il ne s'agit pas de faire un modèle détaillé avec toutes les informations élémentaires, mais de voir les grands concepts d'information.

Le diagramme élaboré aura ensuite une double utilité :

1. Il permettra, lors de la phase 4 (Diagnostic), de porter un jugement sur les informations actuellement gérées : il faut donc recueillir auprès des acteurs rencontrés d'éventuelles doléances sur l'absence, le retard ou l'indisponibilité de certaines informations.
2. Il représentera une base de départ pour reconstruire le modèle statique détaillé du futur système.

4.4.3 Illustration de la phase 2 (Découverte des informations) par le cas Gruyère SA

Nous avons rencontré de façon plus approfondie des acteurs du département commercial et du département livraisons, ainsi que des acteurs d'un des trois dépôts — le chef du dépôt, le chef du service préparation, le chef du service réception, le chef du magasin et un chauffeur.

Nous avons analysé les différents écrans de l'application actuelle et les documents opérationnels — bon de commande, bon de livraison et bordereau de tournée.

Nous pouvons alors représenter les entités gérées.

Avec l'atelier Objecteering, on commence par créer les classes entités dans leur domaine de rattachement, c'est-à-dire dans le paquetage correspondant. Par exemple, l'entité Client relève du domaine Clients.

On peut ensuite dessiner le diagramme de classes des entités du domaine Distribution. Le résultat est donné à la figure 4.10. Il est volontairement simplifié. Il n'est pas utile de représenter tous les attributs de chaque classe, mais uniquement ceux qui structurent le modèle ou qui posent problème.

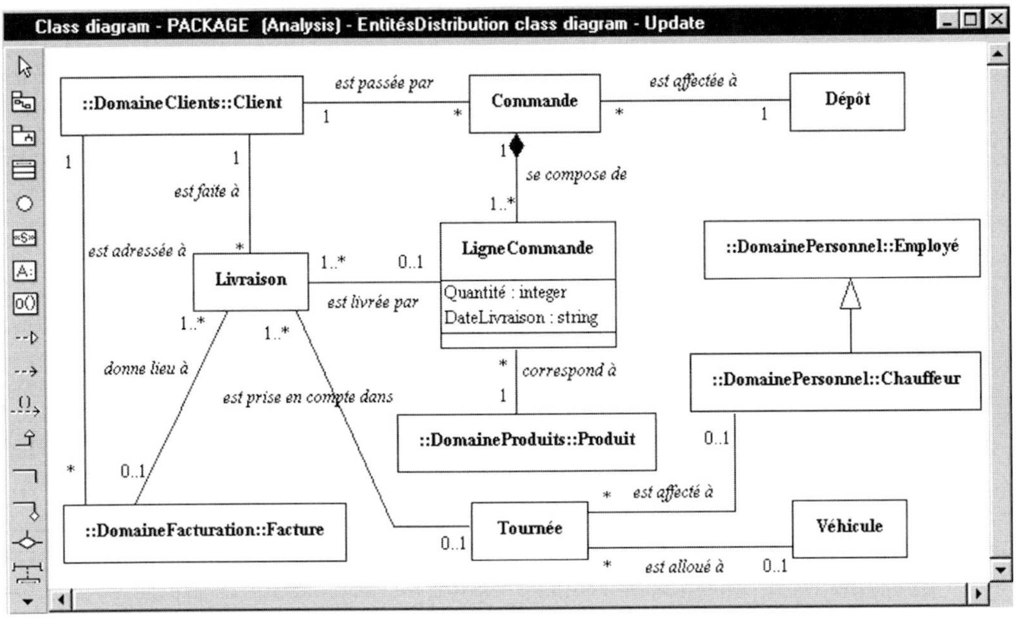

Figure 4.10 — Le diagramme des classes existantes du domaine Distribution.

Ainsi, il est important :

- de faire apparaître la structure d'une commande qui rassemble, à travers ses lignes de commande, des produits à livrer à des dates différentes ;
- d'expliciter le fait qu'une livraison rassemble différentes lignes de commandes et ne concerne qu'un seul client ;
- de montrer que chaque commande est affectée à un dépôt.

4.5 PHASE 3 : MODÉLISATION DU WORKFLOW

4.5.1 L'objectif de la phase 3 (Modélisation du workflow)

Cette troisième phase est menée en parallèle avec la phase 1 (Repérage du domaine) et la phase 2 (Découverte des informations). Les résultats de ces trois phases permettent de comprendre le fonctionnement existant. Ils seront exploités dans la phase 4 lors de l'établissement d'un diagnostic. L'objectif plus précis de la phase 3 est d'identifier le rôle des différents acteurs du domaine couvert et la façon dont ils jouent ensemble pour atteindre les finalités du domaine.

4.5.2 Le contenu et le résultat de la phase 3 (Modélisation du workflow)

Le mot *workflow* réunit deux termes qui caractérisent bien la phase 3 : flux et travail. Le mot est parfois employé dans le sens limité de « circulation électronique de documents ». Il faut le comprendre ici dans le sens, plus large, des « activités organisées de l'entreprise mettant en œuvre des communications, des collaborations et des coordinations ».

Pourquoi s'y intéresser ?

Toute répartition du travail, pour des raisons géographiques ou de spécialisation des compétences, génère des risques de non-qualité : incohérence, allongement de la durée des cycles et déperdition d'informations. Les systèmes d'information existants doivent donc être analysés sous l'angle des flux entre acteurs en relation avec les entités gérées, en vue d'une amélioration.

Cependant, la modélisation du système en cours ne doit pas être une tâche trop lourde. Il est doublement inutile de représenter en détail un système que l'on veut remplacer :

- d'une part à cause des efforts nécessaires, qui ont un coût ;
- d'autre part, pour éviter une familiarité avec l'existant telle que l'on risque de perdre le recul indispensable à une amélioration en profondeur.

On évite donc un descriptif fin des activités et on s'attache à représenter les flux entre acteurs, c'est-à-dire le workflow du domaine.

Pour modéliser ce workflow, on s'appuie sur les perceptions qu'ont les acteurs de leurs diverses utilisations du système existant. Cependant, il est intéressant de les guider en les interrogeant sur les *types d'événements* qui sont pris en compte par le domaine et qui sont à l'origine d'un processus.

Rappelons qu'un événement à l'origine d'un processus est quelque chose :

- qui se passe ;
- qui est reconnu par l'entreprise ;
- et qui provoque une réponse, en général organisée ; souvent, la réponse se traduit par la naissance d'un flux, c'est-à-dire d'une circulation d'informations, accompagnée de transformations.

L'origine de l'événement se situe à l'extérieur du domaine : l'événement n'est pas la conséquence organisée d'une activité interne. Il peut s'agir d'un événement causé par un acteur extérieur ou provenant d'un autre domaine. Cette définition comprend des événements temporels ainsi que des initiatives de gestionnaires. Elle inclut aussi bien les événements considérés comme « normaux » que les aléas.

On utilise dans la phase 3 (Modélisation du workflow) deux types de diagrammes UML.

1. *Le diagramme de cas d'utilisation*. Ce diagramme permet de représenter l'ensemble des utilisations du système, c'est-à-dire ses processus. Chaque cas d'utilisation correspond à un type d'événement reconnu. Celui-ci peut parfois présenter des caractéristiques variées suscitant des réponses particulières dans l'organisation, notamment dans les rôles des acteurs et dans leurs échanges.

L'événement doit être caractérisé de façon précise, pour que l'on repère ses différentes formes. Chacune déclenche une réponse organisée qui lui est spécifique et que l'on appelle *variante* du cas d'utilisation.

2. *Le diagramme de séquence*. À chaque cas d'utilisation, on associe au moins un diagramme de séquence. En théorie, il y a autant de diagrammes de séquence potentiels qu'il existe de variantes du cas d'utilisation. Toutefois, il y a lieu d'économiser nos efforts pour décrire l'existant. On se bornera à modéliser le scénario des quelques variantes les plus courantes, notamment en termes de volume et d'importance pour l'entreprise.

Le choix de ces deux types de diagrammes se justifie de la façon suivante.

Les cas d'utilisation sont un bon support pour faire participer les utilisateurs et pour recueillir une description générale de leurs activités.

Le diagramme de séquence est axé sur les échanges au cours d'un scénario et non pas sur la description fine des activités de chacun. Il permet de représenter le temps, donc de mettre en évidence des problèmes de file d'attente ou de longueur de cycle. Il peut donner une vue synthétique de l'organisation du domaine considérée sous l'angle des missions à accomplir.

4.5.3 Illustration de la phase 3 (Modélisation du workflow) avec le cas Gruyère SA

Le diagramme des cas d'utilisation, attaché au paquetage DomaineDistribution, est donné à la figure 4.11.

On a ensuite élaboré un diagramme de séquence pour un scénario correspondant à la variante la plus courante de chacun des cas d'utilisation. Ils sont représentés aux figures 4.12, 4.13, 4.14 et 4.15. Ces diagrammes sont un bon support pour recueillir des appréciations sur les forces et faiblesses du workflow existant.

Le cas d'utilisation NouvelleCommande (Fig. 4.12) a fait l'objet de critiques ou de remarques. Seuls le département commercial et le chauffeur sont en relation avec le client, mais ils n'ont pas de communication entre eux.

Les acteurs internes sont nombreux. Le département livraisons affecte les commandes aux dépôts et organise les tournées. Les dépôts n'ont pas toujours les mêmes clients. Ils se plaignent d'être avertis parfois tardivement de leur plan de charge.

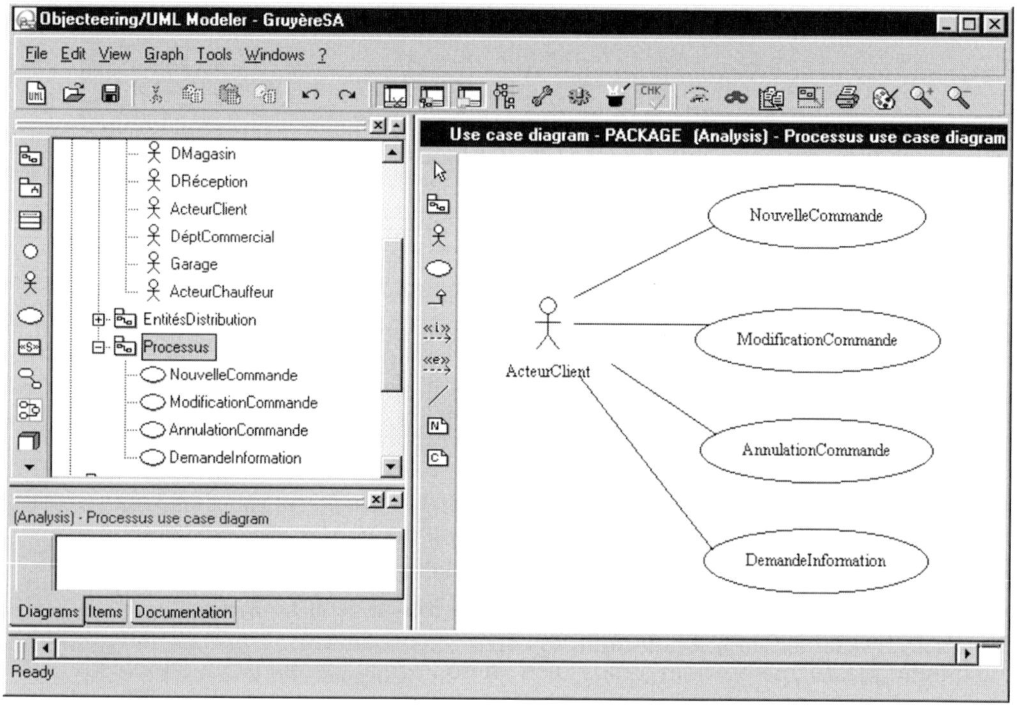

Figure 4.11 — Le diagramme des cas d'utilisation existants du domaine Distribution.

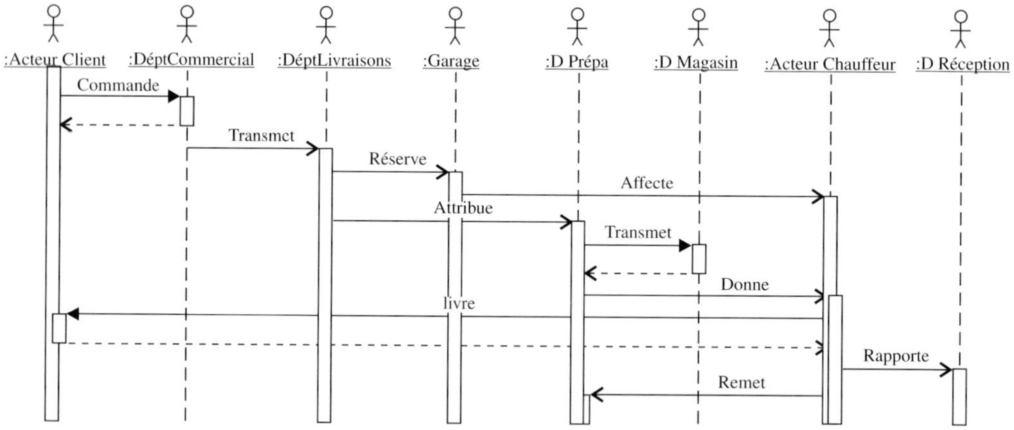

Figure 4.12 — Le diagramme de séquence illustrant le cas d'utilisation NouvelleCommande.

Parfois, des commandes urgentes sont transmises par le département commercial directement aux dépôts, sans passer par le département livraisons.

De fréquentes difficultés ont été évoquées autour du cas d'utilisation ModificationCommande (Fig. 4.13). Une même commande peut comporter des lignes ayant des dates de livraison différentes. Cela permet au client de faire ses prévisions à la quinzaine, par exemple. Malheureusement, la pratique montre que cela génère ensuite de nombreuses modifications, notamment sur les quantités. Ces demandes de modification arrivent souvent au dernier moment. Elles sont donc traitées dans l'urgence directement, entre le département commercial et le dépôt. Parfois, les modifications ne peuvent pas être prises en compte avant la livraison, ce qui provoque la restitution de produits au moment de la livraison. Ceci retarde les tournées et génère du travail supplémentaire quand le camion revient au dépôt.

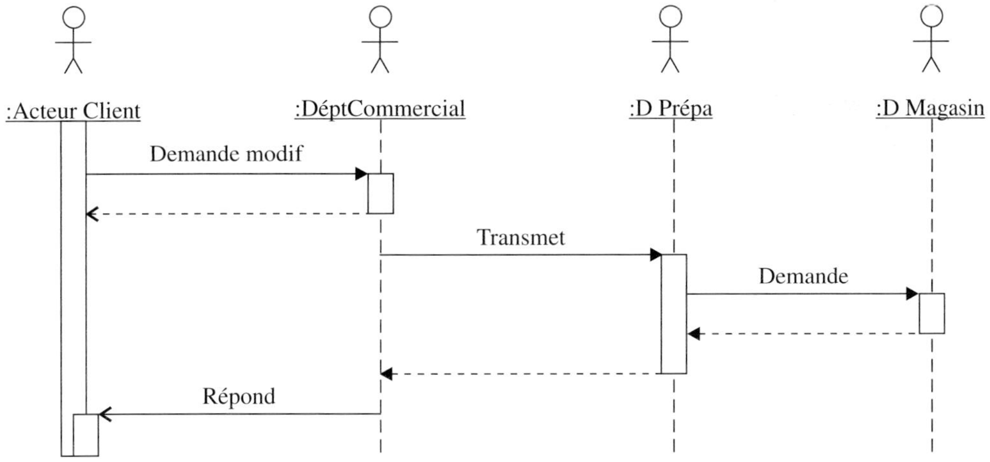

Figure 4.13 — Le diagramme de séquence illustrant le cas d'utilisation ModificationCommande.

Le cas d'utilisation AnnulationCommande (Fig. 4.14) a donné lieu à des remarques semblables à celles exprimées pour le cas d'utilisation ModificationCommande. Les demandes d'annulation arrivent souvent au dernier moment. Elles portent généralement non sur toute la commande, mais uniquement sur quelques lignes. Elles génèrent aussi des perturbations, notamment dans le dépôt, car il faut aller voir si la livraison correspondante est déjà emballée ou même chargée. Si c'est le cas, il est impossible d'annuler et le chauffeur rapportera la marchandise.

Le cas d'utilisation DemandeInformation (Fig. 4.15) est aussi l'objet de critiques. Certains clients contactent le département commercial pour avoir un récapitulatif de ce qui a été livré sur une commande, pour connaître l'heure de la prochaine livraison prévue ou parfois pour demander s'ils peuvent venir enlever directement la marchandise. En général, le département commercial s'adresse alors au service livraisons du dépôt concerné.

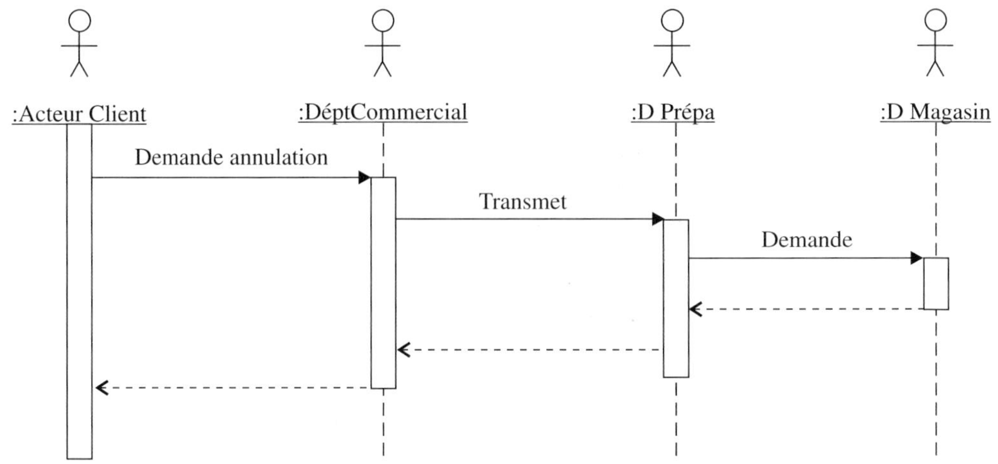

Figure 4.14 — Le diagramme de séquence illustrant le cas d'utilisation AnnulationCommande.

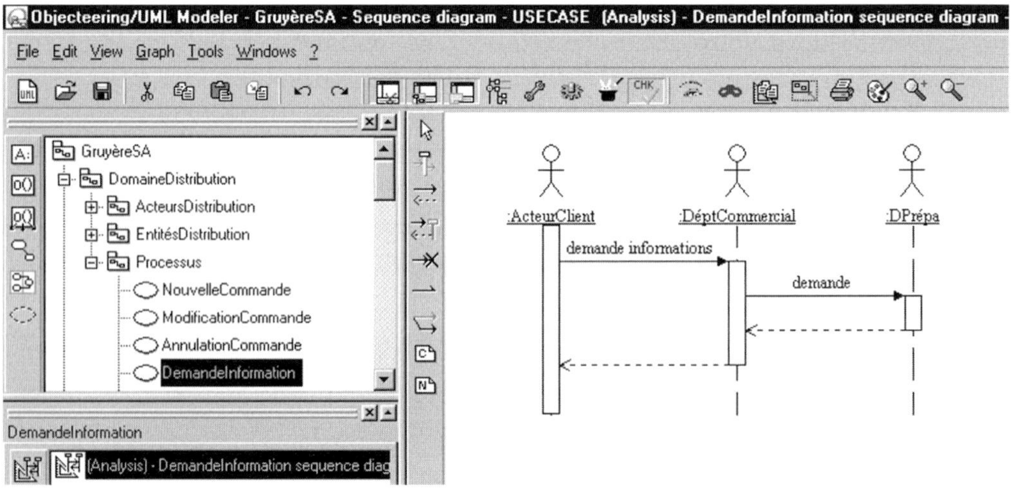

Figure 4.15 — Le diagramme de séquence illustrant le cas d'utilisation DemandeInformation.

4.6 PHASE 4 : DIAGNOSTIC

4.6.1 L'objectif de la phase 4 (Diagnostic)

L'objectif de la phase 4 est de porter une appréciation sur la gestion des informations comme sur les processus. La formalisation du diagnostic doit permettre de construire un accord entre les acteurs sur les forces et les faiblesses du système existant.

4.6.2 Le contenu et le résultat de la phase 4 (Diagnostic)

Si un bilan des informations et du workflow a été fait au cours des phases 2 (Découverte des informations) et 3 (Modélisation du workflow), il reste à en faire une synthèse. Il faut ensuite obtenir un accord sur le diagnostic porté avant de proposer des orientations.

Le résultat de la phase 4 peut être présenté en deux parties. Le diagnostic général donne une évaluation du système existant et de la maîtrise des processus. Il est suivi d'une étude précise des carences et des dysfonctionnements.

Le diagnostic général

Cinq aspects sont à prendre en compte pour porter un diagnostic général. Celui-ci doit mettre en évidence la raison d'être du système, ainsi que les forces et les faiblesses de sa gestion.

1. En premier lieu, on rappelle la *mission* actuelle du système telle qu'elle est perçue et vécue par les différents acteurs. La mission principale peut se décliner en missions plus précises assignées aux différents rôles. D'éventuels écarts de perception entre les acteurs sont à relever. Parfois, il faut souligner un besoin de redéfinir la ou les missions à cause de l'évolution de l'environnement.
2. Ensuite, on apprécie l'*importance stratégique* du domaine, et plus particulièrement de certains processus. Cette évaluation porte d'une part sur l'importance actuelle, d'autre part sur l'importance dans le futur. Cela permettra, dans les phases 5 (Reconfiguration du SI) et 6 (Modélisation du futur SI), de porter une attention proportionnée à l'importance accordée.
3. En troisième lieu, on s'interroge sur la façon dont on juge le *succès* du système. Il s'agit ici de préciser la mission, non pas sous l'angle des attendus, mais sous celui des résultats. L'explicitation des critères de succès orientera la construction du nouveau système. Les éventuelles forces du système existant seront soulignées.
4. Le quatrième aspect touche au degré de contrôle que l'on a sur le système existant. Il s'agit de rechercher les critères de *performance*. En particulier, comment peut-on mesurer les volumes d'activité, les coûts et les délais demandés ? Tout besoin d'amélioration de la maîtrise des processus sera souligné.
5. Enfin, on s'interroge sur les *connaissances* mises en œuvre dans le système existant et éventuellement sur d'autres connaissances qui seraient nécessaires. On recense également les savoir-faire acquis par les acteurs.

L'étude des carences et des dysfonctionnements

Cette seconde partie du diagnostic vise à souligner les ruptures ou les améliorations nécessaires. Elles peuvent être recensées sous quatre aspects : informations, fragmentation des processus, efficience des processus et visibilité.

1. La phase 2 (Découverte des informations) a permis de dégager les grands concepts d'*information*. Lors de la phase 3 (Modélisation du workflow), on a pu voir leur utilisation et d'éventuels problèmes. Il s'agit d'en faire la synthèse et de porter un jugement sur le diagramme de classes représentant les entités gérées. Plusieurs questions doivent être posées. Les grands concepts sont-ils pertinents ? Autorisent-ils suffisamment de souplesse ? Les associations sont-elles bien placées ? A-t-on signalé des informations inutiles ou manquantes ?
2. Ensuite, on s'interroge sur la *fragmentation des processus*. Bien sûr, les processus n'ont pas été décrits dans le détail des activités ; cependant, la phase 3 (Modélisation du workflow) a permis de recueillir les différentes appréciations des acteurs sur le fonctionnement existant. La modélisation, notamment les diagrammes de séquence, fournissent également des éléments. Il s'agit d'estimer si la division du travail et les tâches de coordination associées ne pèsent pas trop sur les processus. Les décisions opérationnelles sont-elles prises au plus près du terrain ? Le nombre de cellules et d'acteurs impliqués dans un processus pourrait-il être réduit ? La communication entre acteurs est-elle efficace ? Y a-t-il des interactions de peu d'utilité ?
3. En troisième lieu, on évalue l'*efficience des processus*. Il s'agit de distinguer le travail directement lié à la réalisation de la mission et celui qui est périphérique. De façon plus précise, on peut se poser les questions suivantes. La part des activités créant de la valeur ajoutée est-elle majeure ? Les tâches de contrôle ou de support ne sont-elles pas trop importantes ? Quelle est la part de temps productif dans le temps total de déroulement d'un processus ? Y a-t-il des temps d'attente ? Quelle en est la cause ?
4. Enfin, on estime la *visibilité* externe du système. Cette notion contient deux volets. D'une part, dispose-t-on à tout moment des informations sur le système qui peuvent être demandées par des acteurs externes ? D'autre part, assure-t-on la mise à disposition de ces informations ?

L'ensemble du diagnostic fait l'objet d'une expression écrite pour pouvoir être approuvé. Ce peut être un compte rendu de session participative si le diagnostic a été consolidé et validé par ce moyen.

4.6.3 Illustration de la phase 4 (Diagnostic) par le cas Gruyère SA

Le diagnostic général du système Distribution de Gruyère SA se présente comme suit.

La *mission* actuelle du système Distribution de Gruyère SA est de livrer les clients en fonction de leurs demandes. Cependant, les dépôts considèrent qu'ils doivent avant tout respecter le plan des tournées, mis à disposition chaque semaine par le département livraisons. La prise en compte de modifications devrait rester exceptionnelle. En revanche, le département commercial souhaite offrir souplesse et réactivité aux clients. Il apparaît nécessaire de revoir les règles générales de gestion des commandes, afin de rétablir une perception commune.

Le domaine Distribution est un domaine clé pour Gruyère SA. Lors de la phase 3 (Modélisation du workflow), on s'est attaché uniquement à décrire les processus mettant en jeu le client. Tous sont de grande *importance*, car ils engagent l'image de la société.

Le système actuel a été installé près de quinze ans auparavant. L'objectif majeur était de pouvoir absorber une croissance du marché et des parts conquises. Le jugement porté sur son *succès* était donc basé sur sa capacité à traiter un nombre accru de commandes. Aujourd'hui, le marché est stabilisé, la concurrence est plus rude, il s'agit de fidéliser les clients.

Le système actuel est principalement tourné vers l'opérationnel et ne fournit pas de *tableaux de bord* permettant de mesurer la performance du système, à part des statistiques mensuelles sur l'activité : nombre de commandes, nombre de lignes de commandes, nombre de livraisons, nombre de tournées. Il apparaît nécessaire de développer cet aspect.

Le département livraisons a acquis un *savoir-faire* dans la constitution et l'équilibrage des tournées. Les chauffeurs savent optimiser les itinéraires. Le département commercial a une bonne connaissance des clients.

L'étude des carences et des dysfonctionnements a fait ressortir les points suivants.

En ce qui concerne les *informations*, le principal problème identifié est celui de la commande. Une même commande peut contenir des ordres pour des dates différentes, sur un horizon qui peut être de plusieurs semaines. Cette structure était adaptée à des clients aux besoins prévisibles. Elle devient une source de perturbation car l'horizon de prévision s'est raccourci. Les modifications sont traitées au cas par cas et sont coûteuses pour Gruyère SA. De plus, la commande est une unité de facturation. Celle-ci peut donc être retardée si la commande a une durée de vie longue. Enfin, ce choix de gestion oblige à gérer le concept de livraison, qui regroupe toutes les lignes de commande à livrer à un client lors d'une tournée.

Un deuxième problème est celui de l'affectation des commandes au dépôt. Dans la pratique, on a pu observer une grande régularité, puisqu'un critère privilégié d'affectation est la proximité géographique entre un client et un dépôt. Certains clients sont livrés soit par l'un, soit par l'autre dépôt. Cela ne présente pas d'avantage particulier pour eux mais perturbe un peu les chauffeurs.

En ce qui concerne la *fragmentation des processus*, on voit que la gestion de bout en bout d'une livraison met en jeu sept types d'acteurs, y compris le client. Ces acteurs sont répartis géographiquement sur trois sites : le siège de Gruyère SA, le dépôt et le lieu d'implantation du client. Le département livraisons est court-circuité dès que l'on rencontre un aléa ou une urgence. Le département commercial et les chauffeurs sont les seuls à être en contact direct avec le client ; en revanche, ils ne communiquent jamais directement. Les modifications ou annulations de commande qui sont traitées par le département commercial sont mal reçues par les dépôts.

Les processus sont plutôt *efficients* si l'horizon de livraison est éloigné au départ et si aucune perturbation n'intervient. En revanche, quand il s'agit de réagir rapidement, on sort du système organisé pour résoudre chaque cas. Or, les commandes urgentes représentent aujourd'hui 10 % des commandes, et les modifications de dernière minute touchent 20 % des commandes. Trop de temps est passé en ajustements entre le siège et les dépôts pour les traiter. La quasi-totalité des refus de marchandise par le client correspond à des commandes annulées tardivement, et dont l'annulation a été acceptée par le département commercial mais n'a pu être prise en compte par le dépôt. Par ailleurs, les chauffeurs ont repéré des itinéraires leur faisant gagner du temps ; il leur arrive de modifier l'ordonnancement des livraisons d'une tournée. Les heures de livraison ne correspondent plus à ce qui est mémorisé dans le système, et le département commercial ne peut pas renseigner le client si ce dernier appelle.

Le système offre peu de *visibilité* à l'extérieur. Les demandes d'information sont de plus en plus nombreuses. Le client est complètement dépendant du département commercial, aussi bien pour passer commande que pour s'informer sur les livraisons prévues ou en cours.

4.7 PHASE 5 : RECONFIGURATION DU SYSTÈME D'INFORMATION

4.7.1 *L'objectif de la phase 5 (Reconfiguration du SI)*

L'objectif de la phase 5 est d'utiliser le diagnostic produit à la phase 4 (Diagnostic) pour arrêter de nouveaux principes. Ceux-ci portent sur la gestion des informations et sur la configuration des processus. Ces principes serviront de référence pour les choix de modélisation que l'on fera apparaître à la phase suivante.

4.7.2 *Le contenu et le résultat de la phase 5 (Reconfiguration du SI)*

Pour proposer des orientations répondant aux problèmes soulevés, on peut s'inspirer de principes généraux proposés par le courant du BPR. Ces propositions sont ensuite examinées et consolidées par les utilisateurs participant au projet.

La reconfiguration vise quatre grands objectifs : améliorer les informations, régénérer les processus, ouvrir le système et renforcer le pilotage.

1. Améliorer les informations

Les informations sont une ressource. Si on veut pouvoir les traiter, les partager et les analyser, il est nécessaire de les structurer. Cela n'empêche pas que certaines informations élémentaires soient de type texte riche, image ou son.

Cependant, la structure ne doit pas être un facteur de rigidité. Il est parfois important de prendre en compte la flexibilité du futur système en autorisant une certaine variété, et de permettre la réactivité, c'est-à-dire une réponse rapide de l'organisation face à des demandes imprévues. Pour cela les techniques de généricité et de paramétrage pourront être utilisés lors de la modélisation du futur SI.

On va également organiser le partage des informations et répartir les responsabilités de gestion entre les acteurs.

2. Régénérer les processus

Il s'agit de répondre aux problèmes de fragmentation et d'efficience évoqués précédemment. On va notamment chercher à :

- réduire le nombre d'acteurs intervenant dans le processus ;
- élargir le champ des acteurs ;
- réduire les interfaces entre fonctions, ainsi que d'éventuelles files d'attente ;
- augmenter la proximité géographique des intervenants ;
- accélérer la prise de décision, en diminuant le nombre d'échelons ;
- regrouper les activités au plus près de la sortie.

3. Ouvrir le système

La technologie Internet offre des possibilités accrues de communication vers l'extérieur. Il s'agit de décider ce qu'il est opportun de mettre en place : quels accès à quelles informations, quels services en ligne, quelles fonctionnalités offertes ?

L'ouverture à des acteurs externes peut être plus ou moins grande. Elle s'accompagne d'une réflexion sur le degré de protection nécessaire.

4. Renforcer le pilotage

Pour renforcer le pilotage, il faut en particulier définir les informations nécessaires au contrôle du système.

Il s'agit notamment :

- de déterminer la nature et le mode de calcul des critères de performance ;
- de choisir une mesure du succès ;
- de donner les moyens d'anticiper.

4.7.3 Illustration de la phase 5 (Reconfiguration du SI) par le cas Gruyère SA

La reconfiguration du système d'information de Gruyère SA a donné lieu aux décisions suivantes.

1. Améliorer les informations de Gruyère SA

- L'entité Commande est modifiée : une commande ne portera qu'une seule date de livraison demandée.
- L'entité Livraison est remplacée par un état particulier de la commande. Les ruptures de stock sont pratiquement inexistantes. On ne fait donc pas de livraison partielle.
- Les clients sont répartis entre les trois dépôts de façon permanente.
- Une commande est passée en facturation dès que la livraison est effectuée.
- Toute commande passée la veille du jour de livraison portera le statut de commande urgente, et donnera lieu à une surfacturation.

2. Régénérer les processus de Gruyère SA

On transfère aux dépôts certaines activités et responsabilités commerciales.

- Les tournées sont organisées directement dans les dépôts.
- Chauffeurs et véhicules sont répartis dans les dépôts. Le garage ne gère que l'entretien.
- Le département commercial est recentré sur des tâches de marketing.
- Le département livraisons est ventilé dans les dépôts, pour renforcer le service préparation.

3. Ouvrir le système de Gruyère SA

- Le client doit pouvoir saisir directement ses commandes par Internet. Une aide à la saisie sera fournie. Toutefois, le client peut toujours faire parvenir sa demande par les moyens traditionnels (courrier, téléphone ou fax).
- Les commandes urgentes sont reçues par fax ou par téléphone et saisies par le dépôt.
- Un serveur d'appels doit pouvoir aiguiller l'appel du client en fonction de sa demande. Si celle-ci porte sur une commande, c'est le service préparation de son dépôt de rattachement qui reçoit la demande ; si elle concerne une facture, c'est le département facturation/comptabilité ; s'il s'agit d'une demande d'information, c'est le département commercial.
- Le client doit pouvoir consulter l'état de ses commandes, y compris l'heure de livraison prévue des commandes en cours.
- Les chauffeurs informent le dépôt à intervalles réguliers de l'avancement de la tournée, pour mise à jour de la base de consultation accessible par les clients.

4. Renforcer le pilotage

- Le département commercial a besoin d'informations sur les ventes et sur les clients.
- Les dépôts ont également besoin d'un tableau de bord pour mesurer leurs performances.

4.8 PHASE 6 : MODÉLISATION DU FUTUR SYSTÈME D'INFORMATION

4.8.1 *L'objectif de la phase 6 (Modélisation du futur SI)*

L'objectif de la sixième phase est de modéliser les différentes facettes du futur système d'information, en s'appuyant sur les principes et les règles arrêtés à la phase 5 (Reconfiguration du SI). Au fur et à mesure de l'élaboration des modèles, on peut commencer à alimenter le cahier des charges, dont la rédaction fait l'objet de la phase 7.

4.8.2 Le contenu et le résultat de la phase 6 (Modélisation du futur SI)

On utilise six types de diagrammes UML :

1. Le diagramme de classes.
2. Le diagramme de collaboration.
3. Le diagramme de cas d'utilisation.
4. Le diagramme d'états-transitions.
5. Le diagramme d'activités.
6. Le diagramme de séquence.

Le *diagramme de classes* expose la structuration des entités et des opérations qu'elles portent. Ce diagramme est également utilisé pour représenter les acteurs si l'organisation a été modifiée.

Le *diagramme de collaboration* a une utilité semblable à celle qu'il a dans la phase 1 (Repérage du domaine) : il montre les interfaces entre le futur SI et les autres domaines.

Le *diagramme de cas d'utilisation* montre l'ensemble des processus du domaine d'étude. Chaque processus, ou plus précisément chaque variante de processus, sera modélisé au moyen d'un diagramme d'états-transitions et/ou d'un diagramme de séquence et/ou d'un diagramme d'activités.

Le *diagramme d'états-transitions* a une double utilisation. D'une part, il met en évidence les différents états d'une entité ; chaque état a une signification pour les gestionnaires et on peut y attacher des règles de gestion. D'autre part, le diagramme d'états-transitions permet de représenter les différentes étapes d'un processus, ainsi que les événements ou les décisions faisant passer d'une étape à l'autre.

Le *diagramme de séquence* fait apparaître les échanges des acteurs entre eux ou avec le système informatique, ainsi que leur ordonnancement dans le temps. On peut visualiser le déroulement temporel d'un scénario du processus, ainsi que les points d'utilisation du système informatique. Ces derniers se retrouveront sur le diagramme d'activités, dans des activités mettant en jeu une entité.

Le *diagramme d'activités* représente la répartition des rôles entre les acteurs et permet de décrire les activités du processus. Une activité peut mettre en jeu une ou plusieurs entités — éventuellement dans un état particulier de l'entité. Dans ce cas, l'activité fait appel à une opération de l'entité. Si l'entité fait partie du domaine d'étude, l'opération doit se retrouver sur le diagramme d'états-transitions de cette entité. Si l'entité ne fait pas partie du domaine d'étude, cela signifie que l'activité fait appel à un service d'un autre domaine. On doit retrouver cet appel sur le diagramme de collaboration entre domaines.

Les différents modèles sont élaborés en parallèle, avec une consolidation continue.

On modifie, si nécessaire, le *diagramme de classes* des acteurs.

On ajuste, le cas échéant, le *diagramme de collaboration* entre les applications.

On fait un nouveau *diagramme de classes* pour représenter les entités.

On répartit les entités selon la typologie : entités de gestion — on veut gérer plusieurs états —, entités de référence — qui ont vocation à être stables — et entités de reporting — pour le pilotage. Ces dernières sont généralement définies en dernier.

Pour chaque entité de gestion, on élabore un *diagramme d'états-transitions*. Celui-ci permet de définir les états que l'on veut gérer. Il favorise la consolidation des règles de gestion de l'entité. Les opérations identifiées sur les différents états viennent enrichir le *diagramme de classes*.

On peut éventuellement faire un diagramme d'états-transitions pour les entités de référence ou les entités de reporting, afin de mettre en évidence les opérations attachées à ces entités.

On détermine les types d'événements à prendre en compte, avec une éventuelle variété.

À partir des événements et des missions redéfinies, notamment les responsabilités de pilotage, on dresse une liste des processus, que l'on répartit selon la typologie : processus métier, processus support et processus de pilotage. On représente l'ensemble des processus sur un *diagramme de cas d'utilisation*. Chaque processus est considéré comme un cas d'utilisation.

Pour chaque processus, on détermine les variantes que l'on veut gérer.

On modélise chaque processus — et chaque variante significative — à l'aide d'un ou de plusieurs des trois diagrammes : le *diagramme d'états-transitions* permet de faire apparaître les étapes ; le *diagramme de séquence* traduit, pour un scénario, le workflow et la communication entre les acteurs ; le *diagramme d'activités* détaille les activités des étapes et les entités utilisées. Une activité peut être :

- interactive : elle est sous la responsabilité d'un acteur et met en jeu une ou plusieurs entités ;
- manuelle : elle ne fait référence à aucune entité ;
- automatique : elle n'est pas sous la responsabilité d'un acteur — mais d'une machine — et met en jeu une ou plusieurs entités.

On fait une maquette ou un prototype pour toutes les activités interactives.

On dessine les format des éditions.

4.8.3 Illustration de la phase 6 (Modélisation du futur SI) par le cas Gruyère SA

Nous n'avons pas représenté la nouvelle structure, car tous les acteurs concernés par le futur système d'information existent déjà.

Le diagramme de classes des entités

Avec l'atelier de génie logiciel Objecteering, on reprend le diagramme de classes représentant les entités et on introduit les modifications de modélisation. Le nouveau modèle est donné à la figure 4.16. Pour améliorer la lisibilité, on a réduit certaines classes en masquant leurs attributs.

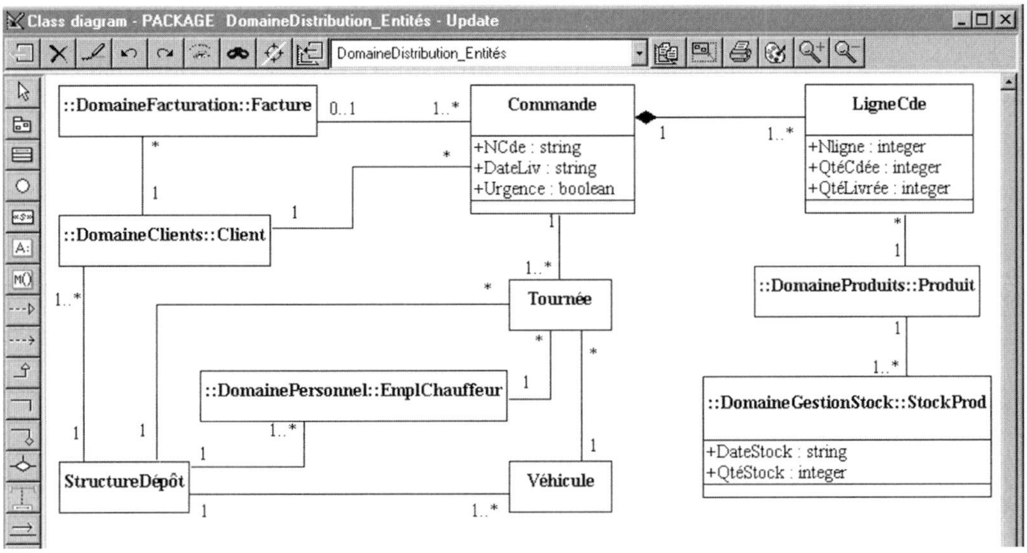

Figure 4.16 — Le nouveau diagramme de classes représentant les entités du domaine Distribution.

Les diagrammes d'états-transitions des entités de gestion

Les entités gérées par le domaine Distribution sont donc : Commande, LigneCommande, Tournée, Dépôt et Véhicule. La répartition de ces cinq entités internes au domaine Distribution se présente de la façon suivante.

- Les trois entités de gestion, pour lesquelles on veut gérer plusieurs états, sont Commande, LigneCommande et Tournée. On choisit de faire un diagramme d'états-transitions uniquement pour Commande et Tournée, car, du point de vue des règles de gestion, LigneCommande est alignée sur Commande.
- Les deux entités de référence, qui ont vocation à être stables, sont Dépôt et Véhicule.
- Trois entités de reporting sont nécessaires au pilotage : TabBordDépôt, RécapClient et RécapVentes. Elles seront définies simultanément à l'étude des processus de pilotage.

Pour les deux entités de gestion, on élabore un diagramme d'états-transitions, qui nous permet de préciser les règles de gestion attachées aux différents états (Fig. 4.17 et 4.18).

La construction d'un diagramme d'états-transitions se fait de la façon suivante.

D'abord, on choisit les *états* que l'on veut gérer : ils ont un sens pour les acteurs, on veut avoir une visibilité sur ces états, ils conditionnement des règles de gestion.

Par exemple, l'état Planifiée de l'entité Commande signifie que la livraison est à moins de trois jours. La commande a été incluse dans une tournée. Aucun des événements de demande de modification de cette commande n'est reconnu : la commande n'est plus modifiable.

Ensuite, on indique les *transitions* faisant passer d'un état à l'autre.

Ce peut être un simple signal. Par exemple, BlocageCde est un signal envoyé par l'entité Tournée à toutes les commandes incluses dans la tournée, au moment du passage à l'état de Tournée EnPréparation. Ce signal fait passer la commande de l'état Planifiée à l'état EnTraitement.

Ce peut être l'appel d'une opération. Par exemple, dans l'état Ouverte, la demande de création d'une ligne de commande — DdeNelleLigne — provoque la création d'une instance de LigneCommande.

Les transitions permettent d'enrichir les règles de gestion. Par exemple, en ce qui concerne l'entité Tournée, dès que l'on quitte l'état Prévue par une validation, il devient impossible d'annuler la tournée.

Enfin, on détermine les *activités* durables dans un état donné, ainsi que les *événements* à prendre en compte lorsque l'entité est dans cet état et les actions en réponse.

Par exemple, quand la tournée est dans l'état Prévue, on peut lui associer deux événements : SélectionCde et DdeSupRatttach, qui vont se traduire respectivement par le rattachement et la suppression de rattachement d'une commande à cette tournée.

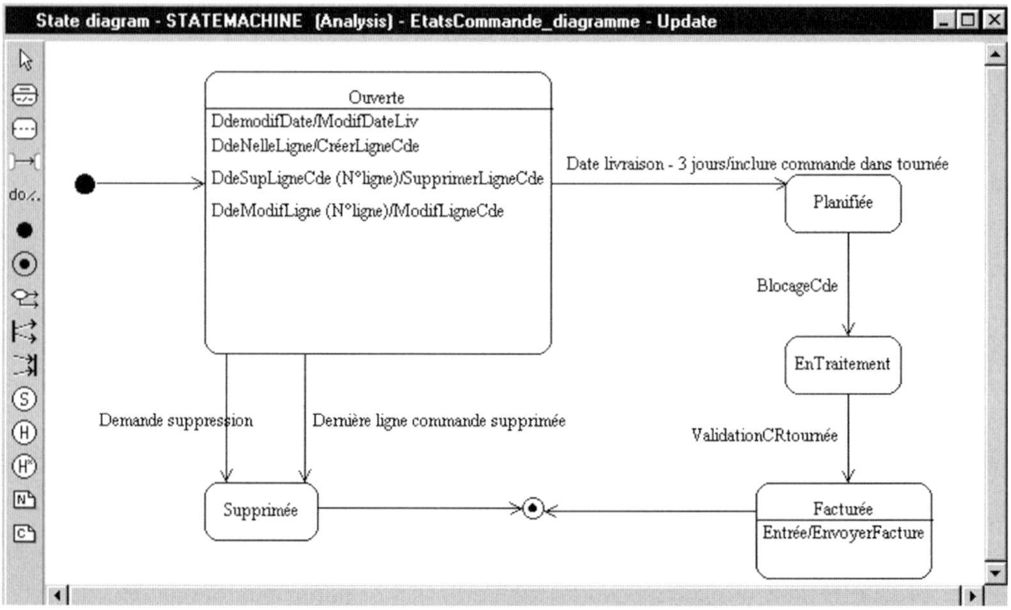

Figure 4.17 — Le diagramme d'états-transitions de la classe Commande.

On peut distinguer trois cas de figure lorsque l'on attache une opération à une entité.

1. L'opération n'utilise que l'entité en question et n'a aucun impact sur les autres entités. C'est notamment le cas, pour l'entité Commande en l'état Ouverte, de l'opération ModifDateLiv, qui permet de modifier la date de livraison.
2. L'opération n'utilise que l'entité en question et ses associations, mais elle a un impact sur une autre entité. Dans ce cas, elle comprendra l'envoi d'un signal à une autre entité. Par exemple, l'action EnvoyerBlocageCde, en entrée de l'état Préparation de l'entité Tournée, consiste à envoyer à toutes les instances de Commande figurant dans la tournée un signal qui les fait passer de l'état Planifiée à l'état EnTraitement.
3. L'opération utilise d'autres entités. Dans ce cas, elle envoie l'appel d'une opération à une autre entité. Par exemple, l'opération CréerLigneCde, sur l'entité Commande à l'état Ouverte, se retrouve sur l'entité LigneCde.

Une action peut parfois être placée indifféremment à plusieurs endroits dans le modèle. Par exemple, sur l'entité Commande, l'action EnvoyerFact, qui transmet la commande à un processus de facturation, peut être attachée à la transition ValidationCRtournée ou à l'événement d'entrée dans l'état Facturée. Le choix se fait en estimant les possibilités d'évolution des règles de gestion. Si, un jour, une nouvelle transition permet de passer de l'état Planifiée à l'état Facturée — si le client enlève lui-même sa commande —, il vaut mieux attacher l'action à l'entrée dans l'état. Cela évitera de la retrouver sur deux transitions différentes.

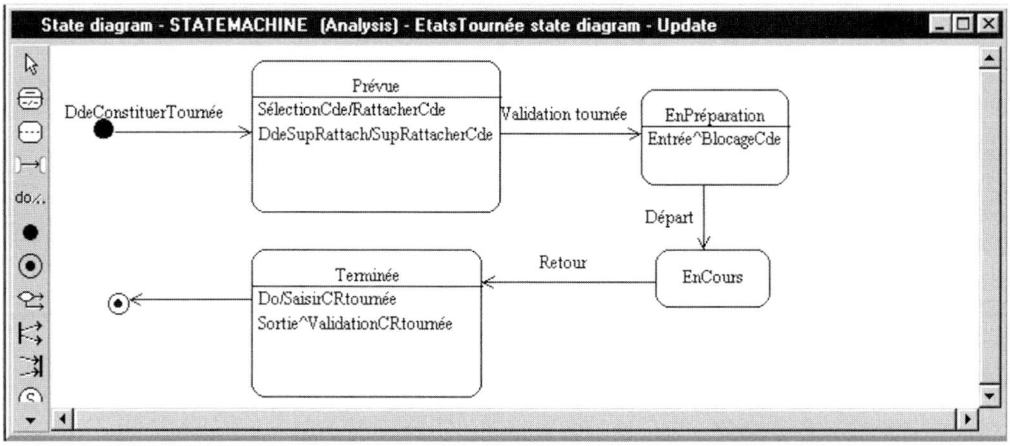

Figure 4.18 — Le diagramme d'états-transitions de la classe Tournée.

Le diagramme de cas d'utilisation des processus

Cinq processus ont été identifiés : GestionCommande, ConsultationCommande, RéférentielDépôt, PilotageDépôt et PilotageMkg. On les répertorie dans un nouveau diagramme de cas d'utilisation (Fig. 4.19).

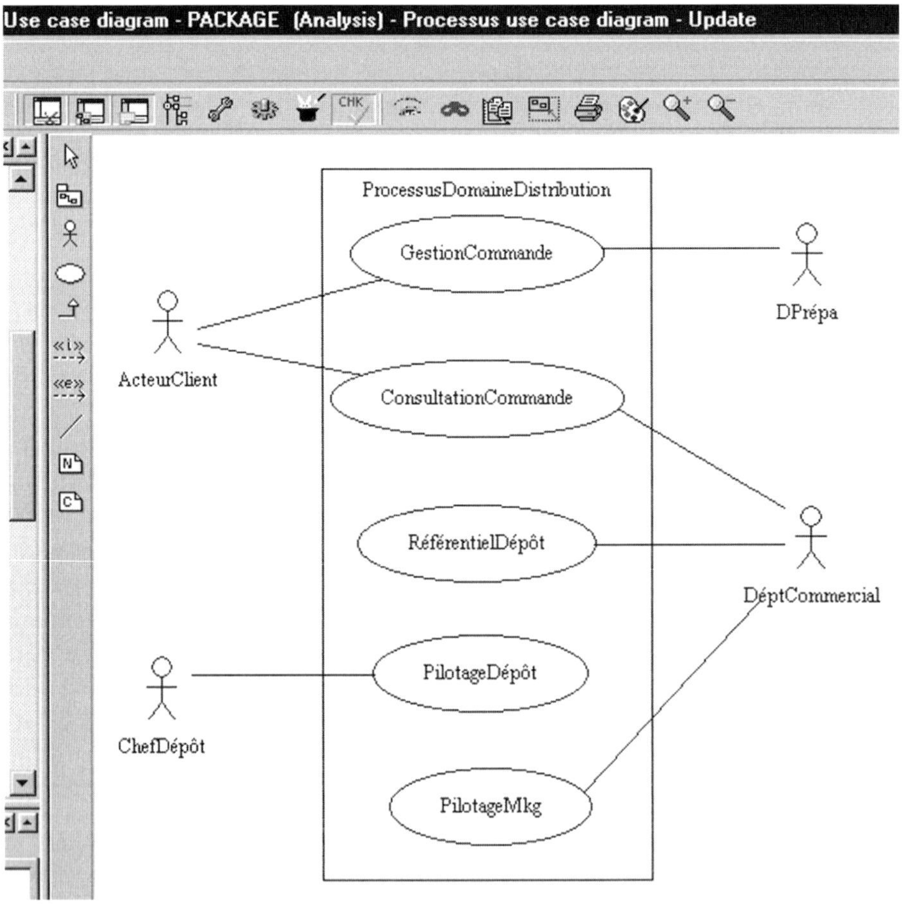

Figure 4.19 — Le diagramme de cas d'utilisation du futur SI.

1) Le processus GestionCommande est un processus métier.

Il comprend le traitement d'une commande de bout en bout, y compris ses éventuelles modifications. L'événement initiateur est Demande client.

Le processus comporte trois variantes :

- commande directe, saisie par le client lui-même ;
- commande indirecte, saisie par le dépôt ;
- commande urgente, saisie par le dépôt avec affectation immédiate à une tournée.

2) Le processus ConsultationCommande est un processus métier.

Il permet de consulter les commandes :

- passées (en l'état Facturée ou Annulée) sur les trois derniers mois ;
- en cours (en l'état Planifiée ou EnTraitement) ;
- à venir (en l'état Ouverte).

L'événement initiateur est Demande information commande.

Le seul critère de variance est l'acteur demandeur : les commandes peuvent être consultées aussi bien par le client que par le dépôt ou le département commercial.

3) Le processus RéférentielDépôt est un processus support.

Il permet de mettre à jour les entités Dépôt et Véhicule, et de rattacher un véhicule, un chauffeur ou un client à un dépôt.

Il n'est accessible qu'au département commercial.

L'événement initiateur est Demande référentiel.

4) Le processus PilotageDépôt est un processus de pilotage.

Il permet de constituer, de visualiser, d'éditer et d'historiser le tableau de bord périodique de chaque dépôt.

Il n'est accessible qu'au chef de dépôt.

L'événement initiateur est Demande chef dépôt.

5) Le processus PilotageMkg est un processus de pilotage.

Il permet de constituer, de visualiser, d'éditer et d'historiser les deux tableaux de bord du département commercial :

- suivi des clients ;
- suivi des ventes.

Il n'est accessible qu'au département commercial.

L'événement initiateur est Demande département commercial.

Les diagrammes d'états-transitions, de séquence et d'activités des processus

Les différents processus du futur système d'information ont été modélisés ci-dessous.

Le processus GestionCommande

Ce processus, qui met en jeu différents acteurs et un déroulement séquentiel, est représenté à l'aide d'un diagramme d'activités (Fig. 4.20). Nous n'avons représenté ici que la première variante.

Le processus ConsultationCommande

Le processus de consultation des commandes par le client ou en interne est plus simple que le processus de gestion des commandes. Il n'y a pas, à proprement parler, de déroulement procédural et d'étapes. Il n'est donc pas nécessaire de le représenter au moyen d'un diagramme d'états-transitions. Les acteurs concernés sont peu nombreux et ne communiquent pas entre eux. Le diagramme de séquence n'est donc pas indispensable. On peut se contenter d'un diagramme d'activités (Fig. 4.21).

Dans la description qui accompagne le diagramme, chaque activité est décrite, avec ses particularités :

- selon le demandeur (client, dépôt ou département commercial) ;
- en fonction des paramètres.

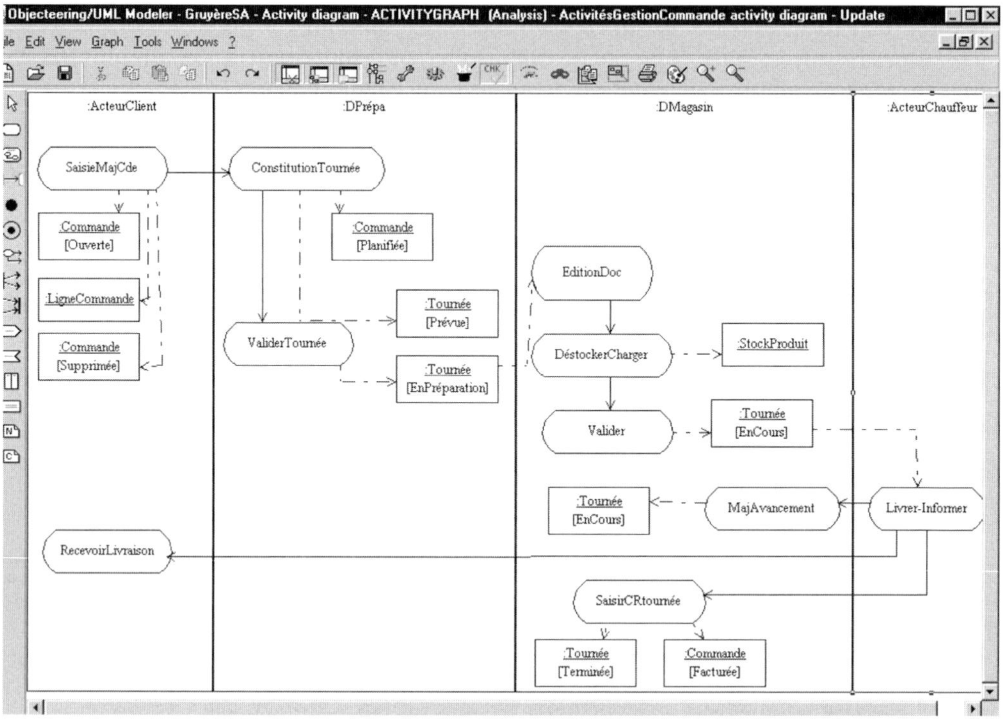

Figure 4.20 — Le diagramme d'activités du processus GestionCommande.

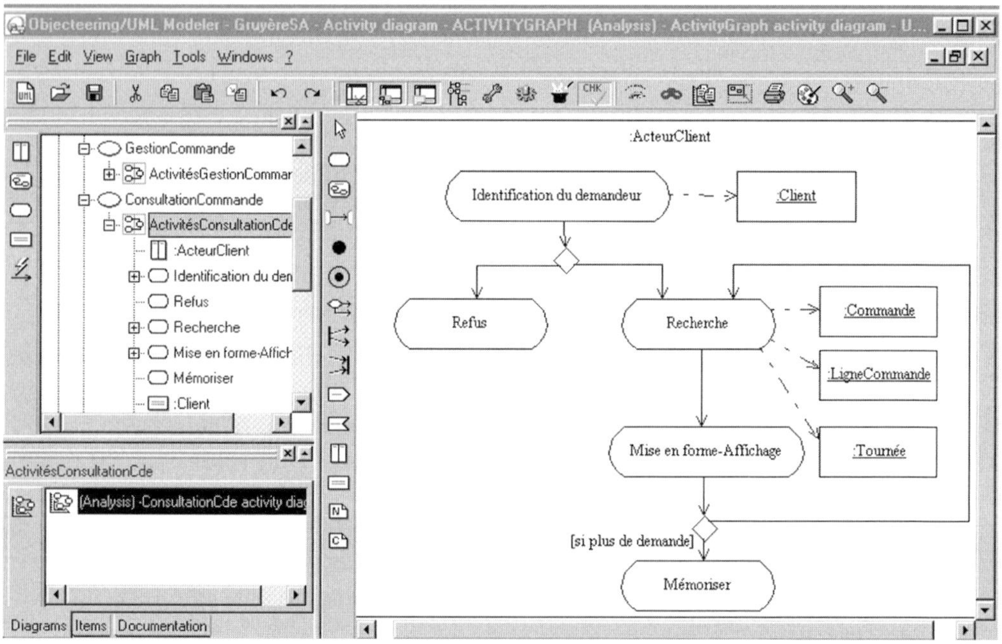

Figure 4.21 — Le diagramme d'activités du processus ConsultationCommande.

Le processus RéférentielDépôt

Le processus de tenue des référentiels par le département commercial ne présente pas de complexité. Il n'y a pas, à proprement parler, de déroulement procédural et d'étapes. Il n'est donc pas nécessaire de le représenter au moyen d'un diagramme d'états-transitions. Un seul acteur est concerné. Le diagramme de séquence n'est donc pas indispensable. On peut se contenter d'un diagramme d'activités (Fig. 4.22).

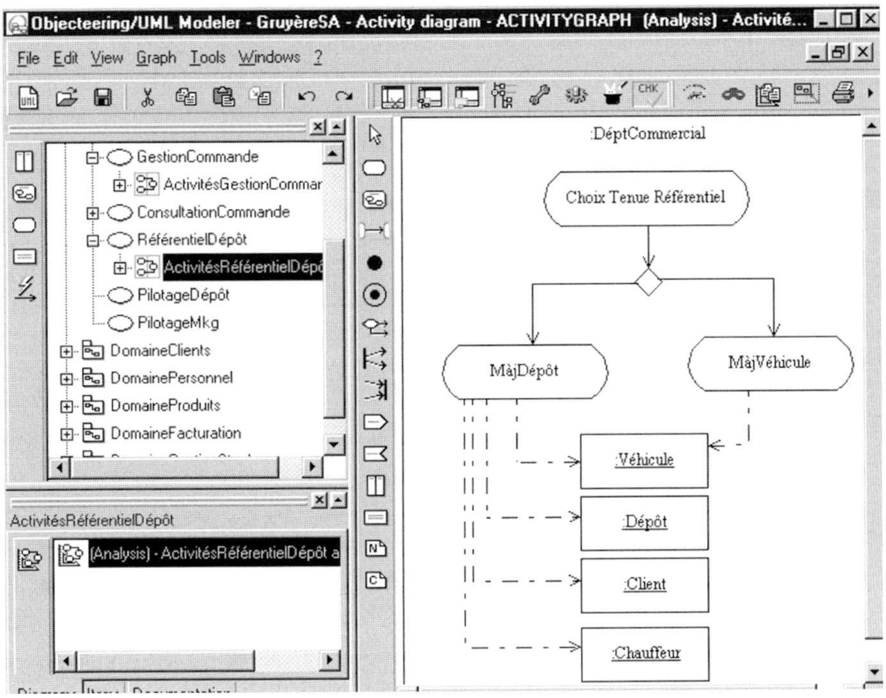

Figure 4.22 — Le diagramme d'activités du processus RéférentielDépôt.

Le processus PilotageDépôt

L'entité TabBordDépôt doit être décrite avec ses attributs (Fig. 4.23). La majorité d'entre eux sont calculés : il convient d'en indiquer le mode de calcul.

Le tableau de bord destiné au chef de dépôt a été structuré en quatre parties, comportant chacune des indicateurs : suivi de l'activité, suivi des coûts, suivi de l'efficience et suivi de l'activité des chauffeurs. Le tableau de bord est paramétré en fonction de la période de référence choisie.

Le processus de constitution, visualisation, édition et historisation du tableau de bord peut se représenter au moyen d'un diagramme d'états-transitions[1] (Fig. 4.24), qui montre les transitions possibles. Les événements déclenchant les

1. Les états du diagramme d'états-transitions associé à un processus n'ont pas la même signification que les états d'une entité. Ils représentent des étapes, dans lesquelles on entre en fonction de l'occurrence de certains événements et au cours desquelles on peut accomplir certaines opérations.

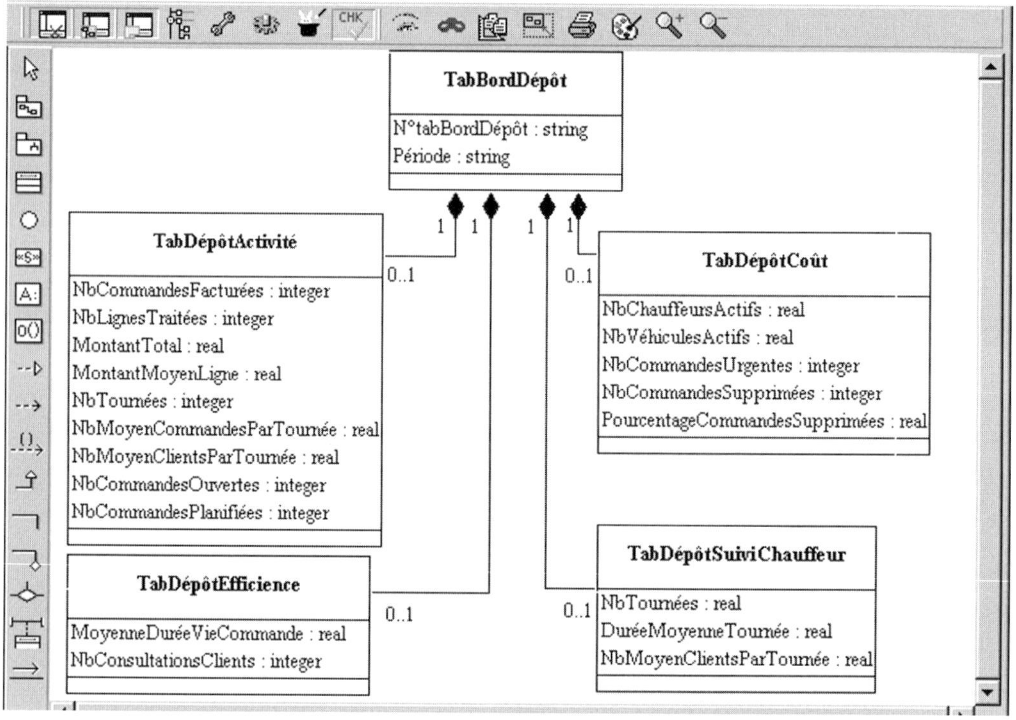

Figure 4.23 — L'entité de reporting TabBordDépôt.

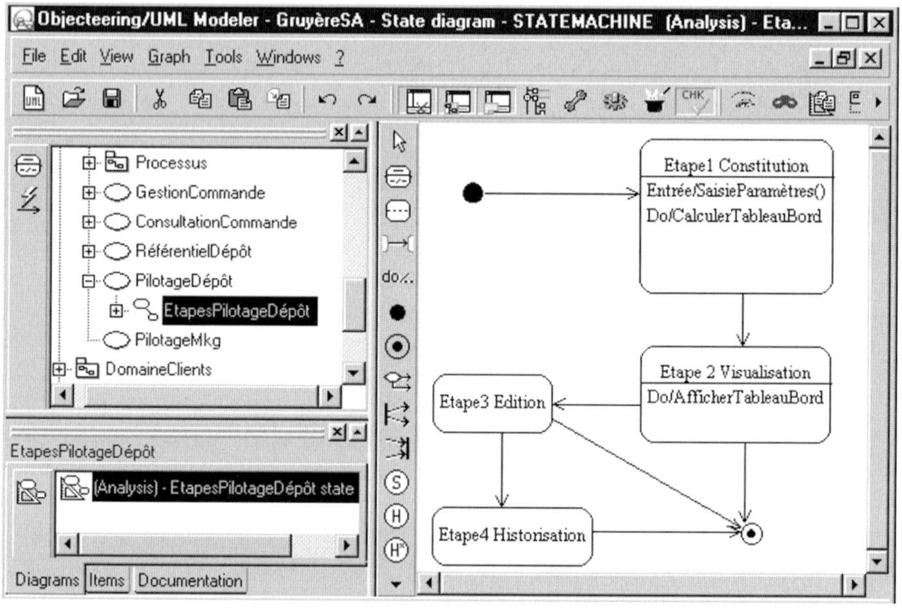

Figure 4.24 — Le diagramme d'états-transitions du processus PilotageDépôt.

transitions sont toujours une demande de l'utilisateur. En revanche, ni le diagramme de séquence, ni le diagramme d'activités ne sont indispensables, car seul le chef de dépôt est concerné.

Le processus PilotageMkg

Les entités RécapClient (Fig. 4.25) et RécapVentes (Fig. 4.26) doivent être décrites avec leurs attributs et le mode de calcul de ces derniers. Elles ont toutes deux été structurées selon le temps : passé, présent et futur.

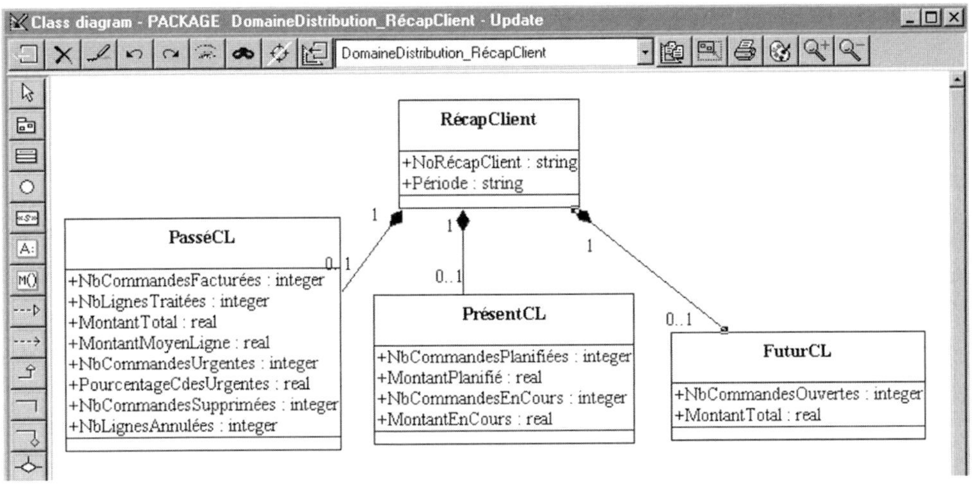

Figure 4.25 — L'entité de reporting RécapClient.

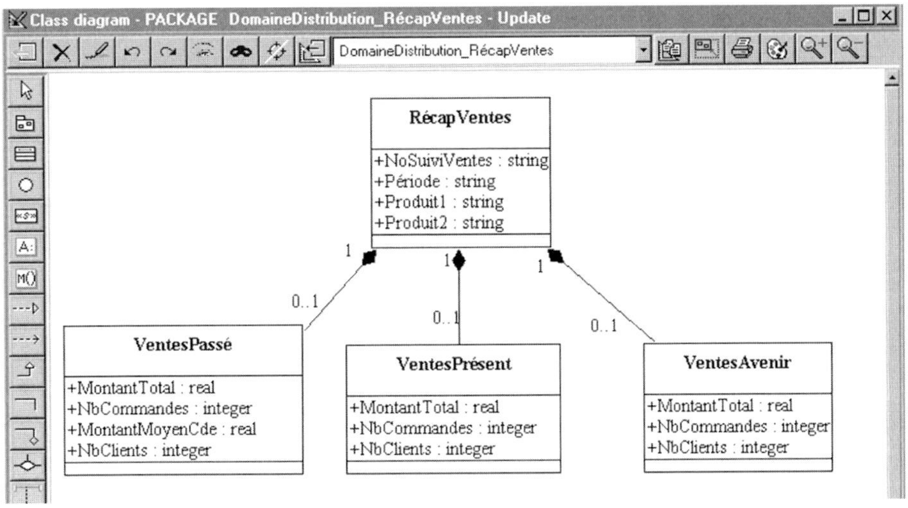

Figure 4.26 — L'entité de reporting RécapVentes.

L'entité RécapClient concerne toujours un client.

L'entité RécapVentes peut inclure les ventes d'un ou de plusieurs produits, voire de tous les produits confondus.

Nous avons choisi de représenter le processus de constitution, visualisation, édition et historisation des tableaux de bord marketing au moyen d'un diagramme d'activités parce que la plupart des activités s'enchaînent (Fig 4.27). Par exemple, l'édition et l'historisation sont systématiques, contrairement à ce que l'on a choisi de faire pour le tableau de bord destiné au chef de dépôt (Fig. 4.24). Ni le diagramme de séquence, ni le diagramme d'états-transitions ne sont donc indispensables.

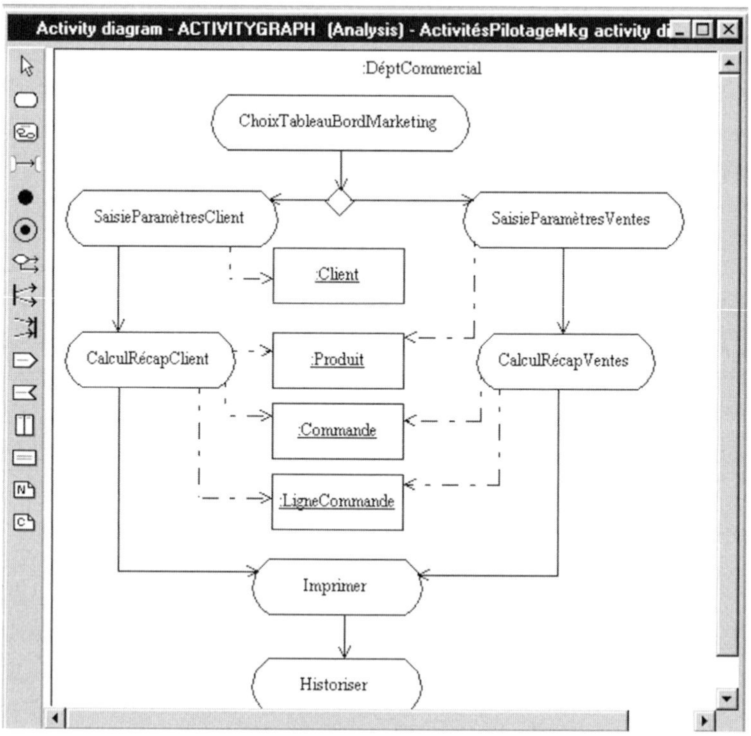

Figure 4.27 — Le diagramme d'activités du processus PilotageMkg.

En fin d'étude, on enrichit le diagramme de classes des entités des différentes opérations que l'on a mises en évidence sur les diagrammes d'états-transitions de ces entités et sur les diagrammes d'activités des processus.

4.9 PHASE 7 : RÉDACTION DU CAHIER DES CHARGES

4.9.1 L'objectif de la phase 7 (Rédaction du cahier des charges)

L'objectif de la dernière phase de la démarche d'analyse est de produire un cahier des charges du futur système d'information. Celui-ci sera remis au maître d'œuvre pour qu'il développe le système informatique. Cette phase peut être menée en parallèle avec la phase 6 (Modélisation du futur SI).

4.9.2 Le contenu et le résultat de la phase 7 (Rédaction du cahier des charges)

Le contenu du cahier des charges doit être orienté vers le futur. La description de l'existant n'y a donc pas sa place[1].

La structure proposée est la suivante.

Première partie : description générale du futur système d'information

- Les objectifs du futur système d'information.
- La cartographie du système d'information de l'entreprise, en particulier les frontières du domaine d'étude avec d'autres domaines.
- Les diagrammes de collaboration entre domaines et entre applications illustrent les interfaces à prévoir.
- L'organisation du futur système d'information.
- Un diagramme de classes montre les différents types d'acteur et éventuellement leurs relations hiérarchiques.
- Les principes de reconfiguration du système d'information.

Deuxième partie : description détaillée du futur système d'information

- Les entités, classées selon la typologie : entités de gestion, entités de référence et entités de reporting.
- Un diagramme de classes des entités montre la structure statique. Chaque attribut est décrit finement, notamment les attributs calculés des entités de reporting.
- Chaque entité de gestion est accompagnée d'un diagramme d'états-transitions, sur lequel figurent notamment les états gérés.
- Les différents processus, rassemblés dans un diagramme de cas d'utilisation.
- Chaque processus est qualifié selon le type auquel il appartient : processus métier, processus support ou processus de pilotage.
- Toutes les variantes et leurs caractéristiques sont indiquées.
- La description de chaque processus, avec en général un diagramme d'activités décrivant les opérations avec les entités utilisées.

Troisième partie : description des interfaces homme-machine

La description se fait sous forme de maquettes ou de prototype, réalisés de préférence à l'aide d'un outil.

1. En cas de reprise des données, il est préférable de rédiger un cahier des charges séparé et de mener la reprise comme un projet en soi.

4.10 RÉCAPITULATIF DE LA DÉMARCHE D'ANALYSE

Le schéma de la figure 4.28 propose une vue synoptique des diagrammes UML utilisés dans les différentes phases de la démarche d'analyse.

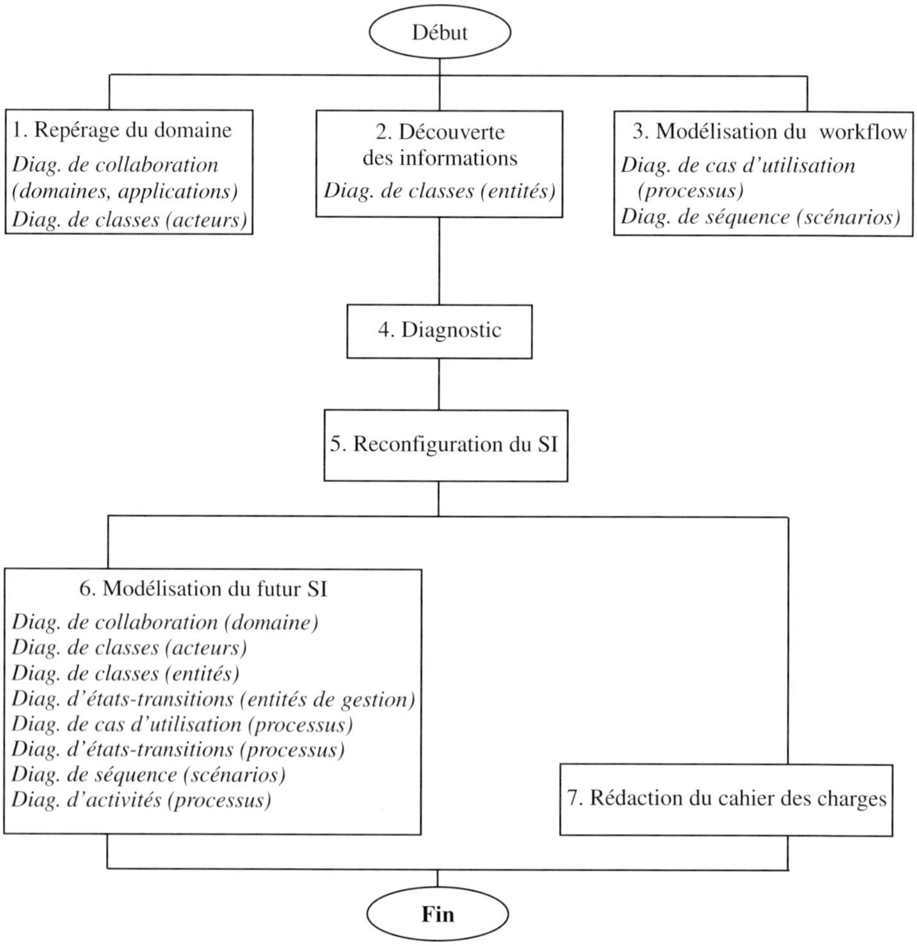

Figure 4.28 — L'utilisation des diagrammes UML dans la démarche d'analyse.

Une autre illustration de la démarche d'analyse avec UML est proposée dans la troisième partie, au chapitre 6.

5

UML et la conduite de projet

5.1 INTRODUCTION

On peut mettre en évidence, dans l'offre méthodologique récente, une double facette.

Une première catégorie de l'offre cherche à apporter des solutions aux travaux d'analyse du système d'information en proposant essentiellement des techniques de représentation et de modélisation. On trouve par exemple dans cette catégorie UML, Merise, SADT et d'autres. Si ces techniques apportent aussi des propositions en termes de démarches, elles sont généralement insuffisantes et demandent à être complétées. C'est ainsi que dans le chapitre 4 nous avons décrit une démarche pour accompagner les techniques de modélisation développées au chapitre 3. Nous avons cherché à garder dans cette démarche les caractéristiques de l'approche objet. Ainsi, notre proposition est proche de propositions faites par d'autres auteurs. Mais il n'existe toutefois pas de démarche UML de référence.

Une seconde catégorie de l'offre méthodologique cherche à apporter des solutions en termes de pilotage, de management et de conduite de projet. Ainsi se présentent MCP à la RATP, MCPSI à La Poste, MCPC au Crédit agricole. La liste de ces exemples montre que la distinction entre deux catégories est un avantage. En effet, si les solutions de modélisation sont indépendantes de l'environnement dans lequel elles sont utilisées, en revanche les méthodes de conduite de projet en sont dépendantes. Certes ces différentes méthodes présentent un noyau commun important, mais elles l'enrichissent par la prise en compte de spécificités. La démarche proposée au chapitre 4 veut être une proposition de noyau commun limité à la description du système d'information. L'offre méthode se décline aussi par des propositions de conduite de projet prenant en compte non les spécificités de l'entreprise, mais les spécificités du projet. Ainsi, la méthode RAD se définit comme une méthode de conduite de projet permettant de développer rapidement des applications de qualité. Le choix de plus en plus fréquent d'une solution progiciel intégré (ERP) a fait apparaître des propositions de conduite de projet spécifiques à la mise en œuvre de ces solutions.

Si ces offres, méthode d'analyse et méthode de conduite de projet sont distinctes, elles sont aussi complémentaires et il convient à chaque entreprise ou méthodologue d'effectuer des associations.

RAD, par exemple, est proposé par son auteur, James Martin[1], associé aux techniques de modélisation d'IE[2]. Nous en avons proposé une version avec Merise[3]. Nous allons, dans ce chapitre, montrer comment UML peut également être utilisé avec une démarche RAD.

Certains[4] ont élaboré une technique spécifique de modélisation à utiliser dans les projets de mise en place d'un progiciel intégré. Nous allons voir l'intérêt d'utiliser les techniques UML dans ce type de projet.

Pour chacune de ces approches, nous proposons d'exposer d'abord les caractéristiques essentielles de la méthode et de conclure par le caractère complémentaire des techniques UML.

5.2 UML ET LA MÉTHODE RAD

5.2.1 Présentation de RAD

RAD (*Rapid Application Development*, développement rapide d'application) est une méthode de conduite de projet permettant de développer rapidement des applications de qualité.

Pour illustrer la différence entre une approche classique et la méthode RAD, on peut opposer la démarche de construction d'un pont et la mise au point d'un prototype de formule 1. Dans le premier cas, on ne commence à poser des pierres que lorsque plans et maquettes sont totalement terminés ; les usagers n'essaient le pont qu'après l'achèvement complet des travaux. À l'inverse, la mise au point du prototype d'une voiture de compétition se déroule sur le circuit, elle est basée sur une collaboration étroite entre le pilote d'essai et les ingénieurs.

De plus, la contrainte de temps pèse lourdement : le prototype doit impérativement être au point pour la prochaine course ou la prochaine saison, car la concurrence est très forte.

La méthode RAD poursuit ainsi un double objectif, de collaboration et de rapidité. Elle part du constat que la participation des utilisateurs est parfois formelle, souvent difficile à mettre en œuvre. La scission entre informaticiens et utilisateurs se traduit par des engagements différents et une répartition inégale de la maîtrise du projet. Ce sont, en général, les informaticiens qui mènent le projet

1. James Martin, *Rapid Application Development*, MacMillan Publishing Company, 1991.
2. James Martin, *Information Engineering*, Englewood Cliffs, Prentice Hall, 1989.
3. *RAD, Une méthode pour développer plus vite*, InterEditions/Dunod, 1997.
4. Voir par exemple J.-L. Lequeux, *Manager avec les ERP*, Les Éditions d'Organisation, 1999.

du début à la fin, car ils en ont une meilleure connaissance. Pour combler ce fossé, RAD intègre les utilisateurs dans le projet, en leur donnant des rôles opérationnels — c'est-à-dire des responsabilités de production. Pour que l'engagement des utilisateurs soit efficace, le projet ne peut pas se prolonger dans le temps, sinon on retrouve des phénomènes classiques de démotivation, de rotation des participants ou d'arrivée de nouveaux responsables ayant d'autres visions du système à construire. On est donc conduit à concevoir et à développer l'application sur une durée volontairement limitée.

5.2.2 Les principes de RAD

Les fondements méthodologiques de la méthode RAD peuvent être exprimés à travers dix principes (Fig. 5.1).

1. Confier l'expression des besoins aux utilisateurs.
2. Organiser l'expression des besoins.
3. Introduire une dimension temporelle dans l'expression des besoins.
4. Ajuster les besoins.
5. Raccourcir les circuits de décision.
6. Structurer les problèmes selon la structure de décision.
7. Utiliser des techniques existantes.
8. Travailler en session participative.
9. Anticiper
10. Utiliser des outils performants.

Figure 5.1 — Les dix principes de base de RAD.

1. *Confier l'expression des besoins aux utilisateurs.*
   Même si l'on veut aller vite, il est nécessaire de déterminer ce que l'on attend du futur système avant de commencer à le construire. Cela permet de gagner du temps en évitant les retours en arrière. L'originalité de RAD est de confier la responsabilité et la description de ces attentes aux utilisateurs.
2. *Organiser l'expression des besoins.*
   RAD reconnaît que les besoins ne sont pas donnés, qu'il ne suffit pas de les recueillir ou d'observer un fonctionnement existant. Les exprimer requiert un travail de distanciation et d'imagination de la part des utilisateurs. La méthode les aide sans leur demander un apprentissage spécifique. RAD permet par ailleurs de gérer la diversité des points de vue, car les besoins exprimés peuvent être multiples et contradictoires.
3. *Introduire une dimension temporelle dans l'expression des besoins.*

Il est souvent difficile, voire périlleux, d'arrêter l'expression des besoins au terme d'un délai réduit. RAD permet d'affiner progressivement les besoins, par une organisation adéquate, suffisamment souple pour prendre en compte des modifications. La méthode prévoit des garde-fous pour éviter le « syndrome de Pénélope » : défaire la nuit ce qui a été fait le jour...

4. *Ajuster les besoins.*
   RAD propose un renversement dans la définition du périmètre de l'application. Classiquement, le recensement des fonctions du futur système permet de déterminer la charge de réalisation. RAD offre une perspective inverse : on limite volontairement la durée du développement et on ajuste le contenu de l'application. Cela conduit les utilisateurs à faire des choix. Ils se centrent sur les fonctions essentielles. D'autres, jugées secondaires, sont réduites, abandonnées ou différées.
5. *Raccourcir les circuits de décision.*
   Sans décision, l'avancement du projet est fictif. L'expérience montre que les décisions se prennent difficilement dans les projets qui mettent en jeu de nombreux utilisateurs. Ceci pénalise la durée du projet. C'est pourquoi RAD organise le projet de façon à y intégrer les décideurs. Les modalités de conception et de développement sont adaptées à des décisions rapides.
6. *Structurer les problèmes selon la structure de décision.*
   Pour aller vite, il faut pouvoir partager le travail. Le découpage du domaine se base en grande partie sur la structure de décision de l'entreprise. Chaque élément du domaine relève d'un décideur pertinent qui participe au projet.
7. *Utiliser des techniques existantes.*
   RAD ne mise pas sur l'invention d'une technique « miracle ». La réussite réside dans l'assemblage de différentes techniques, utilisées de façon judicieuse.
   RAD s'appuie sur quatre techniques spécifiques :
   - JRP[1] : cette technique est une aide à l'expression des besoins par les utilisateurs ;
   - JAD[1] : cette technique organise le processus de conception de façon à y faire participer les utilisateurs ;
   - Time-box[2] : cette technique limite la durée de la réalisation à une enveloppe-temps maximale ;
   - pilotage RAD : cette technique permet de placer le projet sous contrôle, pour en garder la maîtrise.

   La méthode structure par ailleurs l'utilisation du prototypage.
   Enfin, deux techniques complémentaires, l'estimation des charges et l'organisation de la réutilisabilité, favorisent la réussite d'un projet RAD.
8. *Travailler en session participative.*

1. IBM Overview Pamphlet, *JAD, Joint Application Design*, White Plains, New York, 1984.
2. Du Pont de Nemours Company, *Information from Scott Schulz, Manager, Information Engineering*, Wilmington, Delaware, 1989.

Le travail en session participative est un mode de travail collectif, intense et limité dans le temps. Il réunit utilisateurs et informaticiens. Il permet aux utilisateurs de faire une coupure dans leur activité opérationnelle, pour prendre des décisions à moyen terme. Par ailleurs, il favorise la constitution d'une équipe et accompagne la recherche de consensus.

9. *Anticiper.*
   Si l'on veut aller vite tout en conservant le principe du travail en groupe, il est nécessaire d'organiser rigoureusement les travaux préparatoires aux sessions. Toute réunion doit être préparée. La charge de préparation est répartie entre différents acteurs. Cela permet d'engager chaque participant et d'alléger le poids du travail en groupe.
10. *Utiliser des outils performants.*
    Les outils allègent le travail. L'outil de prototypage s'accompagne en général d'une aide à la conception et d'un référentiel, facilitant la documentation et la réutilisation.

5.2.3 Le cycle RAD

La méthode RAD propose de remplacer le cycle de vie classique par un autre découpage temporel (Fig. 5.2).

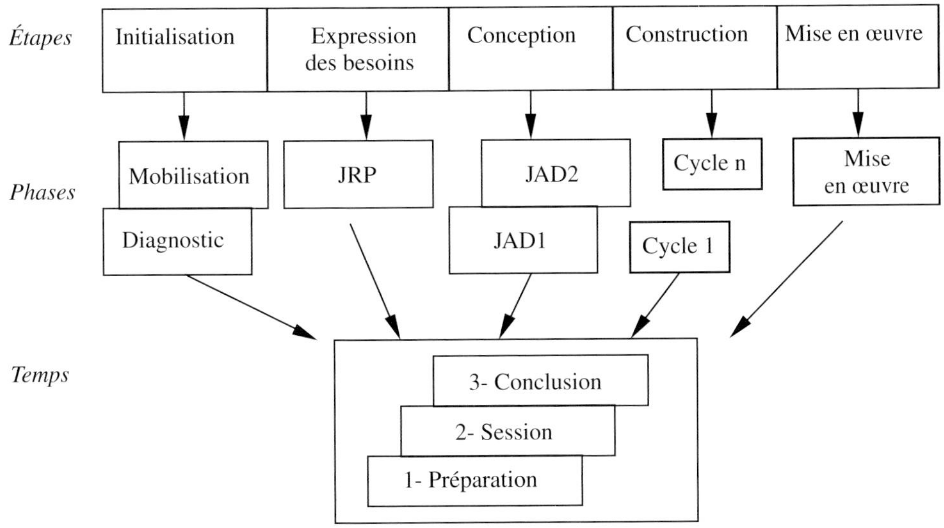

Figure 5.2 — Le cycle de vie RAD.

Le déroulement est d'abord linéaire, puis il suit le modèle de la spirale. Les étapes sont au nombre de cinq :

1. Initialisation.
2. Expression des besoins.
3. Conception.
4. Construction.

5. Mise en œuvre.

Les trois premières étapes se déroulent successivement. L'étape Construction se compose d'un nombre variable de cycles de prototypage.

Le déroulement d'une étape comprend une ou plusieurs phases. Chaque phase présente une structure à trois temps, dans laquelle la session participative joue un rôle central :

1. Les travaux préparatoires rassemblent et construisent le matériau qui sera présenté, discuté et modifié en session.
2. La session participative rassemble les différents acteurs pour ajustement et décision.
3. Les travaux de conclusion mettent en forme le résultat de la session.

Une étape est caractérisée par :

- un objectif, un acteur responsable ;
- une durée maximum à ne pas dépasser ;
- la fourniture d'un résultat ;
- un déroulement.

Une phase est caractérisée par :

- un objectif ;
- des acteurs impliqués ;
- des techniques utilisées.

Les caractéristiques des étapes sont les suivantes :

Étape Initialisation : l'objectif est de sélectionner les acteurs pertinents, de structurer le travail en thèmes et d'amorcer une dynamique. Elle ne dépasse pas 15 jours. Elle comprend deux phases : Diagnostic et Mobilisation.

Étape Expression des besoins : l'objectif est de mettre à jour ce qui sera utile aux utilisateurs. On utilise la technique du JRP, qui organise le travail en session. La durée de cette étape est fonction du nombre d'utilisateurs concernés. Elle ne dépasse pas 30 jours. Elle n'est composée que d'une seule phase : JRP.

Étape Conception : l'objectif est de concevoir une solution. Les techniques utilisées sont le JAD et le prototypage. L'étape ne dépasse pas 60 jours. On y trouve deux phases, correspondant à deux niveaux de conception : JAD1 et JAD2.

Étape Construction : il s'agit, fonction par fonction, de construire un système viable. Les techniques utilisées sont la Time-box et le prototypage. Cette étape ne dépasse pas 120 jours. Le nombre de phases est variable : il y a autant de phases que l'on a défini de cycles de prototypage à l'étape précédente.

Étape Mise en œuvre : des recettes partielles ont été faites à l'étape Construction. Il s'agit ici d'officialiser une livraison globale, de l'optimiser éventuellement, d'installer le nouveau système et de faire le bilan du projet.

L'objectif-délai de RAD porte principalement sur les quatre premières étapes : le but est d'obtenir un système en état de marche, dans un délai réduit et qui sera impérativement respecté.

5.2.4 Les acteurs d'un projet RAD

RAD propose une organisation du projet fondée sur une répartition précise du travail entre les différents acteurs. La responsabilité de chacun dépend du rôle qu'il joue. La méthode distingue principalement cinq types de rôles : binôme chef de projet, utilisateur, expert RAD, prototypeur et propriétaire.

- Le *binôme chef de projet* se compose d'un chef de projet utilisateur (CPU) et d'un chef de projet informatique (CPI). Chacun doit avoir autorité et légitimité dans l'entreprise.
  Ce binôme intervient dès le démarrage et tout au long du projet. Selon les étapes, soit leur responsabilité s'exerce conjointement, soit l'un des deux est dominant. Ainsi, l'étape Expression des besoins est sous la responsabilité première du CPU, l'étape Construction est sous la responsabilité première du CPI.
- L'*utilisateur* est un gestionnaire qui a une bonne connaissance du système de gestion et qui peut se prononcer sur son évolution. Il ne s'agit donc pas, en général, de l'utilisateur final, mais d'un utilisateur décideur. Les utilisateurs vont fonctionner en équipe : *équipe JRP* pour l'expression des besoins, *équipe JAD* pour la conception, *équipe de construction* et *équipe de mise en œuvre*.
- L'*expert RAD* ne doit pas être confondu avec un chef de projet. Il assiste le binôme chef de projet. Il joue un triple rôle : préparer les sessions, les animer et apporter un soutien méthodologique, notamment dans le pilotage RAD. Dans la préparation des sessions, il intervient auprès des utilisateurs non sur le fond, mais sur la forme (documents, présentations, etc.). Lors de sessions, il favorise les travaux de groupe. Il est multiprojet, car il n'est pas engagé en permanence sur un seul projet.
- Le rôle du *prototypeur* est un rôle qui évite la coupure traditionnelle entre concepteur et développeur. Il intervient à l'étape Conception et à l'étape Construction.
- Le *propriétaire* finance le projet. Il porte parfois le nom de directeur d'application.

Le comité de pilotage est plus en retrait que dans un projet classique. Il donne au projet sa légitimité et intervient en dernier recours comme arbitre.

5.2.5 UML dans un projet RAD

Nous allons reprendre chacune des étapes et phases d'un projet RAD et nous allons voir comment les techniques de modélisation UML peuvent être utilisées.

Étape Initialisation

Dans la phase *Diagnostic*, deux diagrammes peuvent être utilisés.

Le *diagramme de collaboration* permet de faire apparaître les domaines connexes, en vue d'évaluer leur stabilité. Il s'agit en effet d'un des critères permettant de décider s'il est opportun ou non de mener un projet en RAD.

Le *diagramme de classes* permet de représenter les principaux types d'acteurs concernés par le domaine, dans le but de rechercher des utilisateurs susceptibles de constituer l'équipe JRP.

Dans la phase *Mobilisation*, avant la session réunissant l'équipe JRP, on élabore un *diagramme de classes*, représentant les principales entités. La *typologie des entités* peut guider le découpage en thèmes, donc le partage des travaux au sein de l'équipe JRP. Ainsi, certains traiteront des entités de gestion, d'autres des entités de référence, d'autres encore des entités de reporting. Ce découpage favorisera la transversalité.

Par ailleurs, on identifie les différents *cas d'utilisation* à partir des événements reconnus et on répartit le travail de présentation des scénarios correspondants entre les membres de l'équipe JRP.

Chacun est donc responsable de la présentation en session :

- d'un ou plusieurs cas d'utilisation ;
- et/ou d'une ou plusieurs entités.

Étape Expression des besoins

Chaque utilisateur présente en session JRP le (ou les) cas d'utilisation dont il est chargé. Il peut se servir pour cela de *diagrammes de séquence*, représentant un ou plusieurs scénarios.

Étape Conception

Après les carences, attentes et besoins exprimés en phase JRP, le binôme chef de projet doit modéliser le futur système d'information. Il utilisera pour cela les différents diagrammes permettant de représenter aussi bien les aspects statiques que les aspects dynamiques. Il s'agit en particulier :

- du *diagramme de collaboration*, montrant le nouveau périmètre et les domaines connexes ou les nouveaux acteurs externes impliqués ;
- du *diagramme de classes* mettant en évidence les nouveaux rôles des acteurs ;
- du *diagramme de classes* représentant les entités gérées ;
- du *diagramme d'états-transitions*, afin de définir pour chaque entité gérée — et en particulier pour les entités de gestion — leur cycle de vie et les règles de gestion associées à chaque état ;
- du *diagramme de cas d'utilisation*, pour mettre en évidence les processus ;
- du *diagramme de séquence*, pour visualiser les scénarios.

En *session JAD1*, on présentera principalement le *diagramme d'états-transitions* des entités de gestion, le nouveau *diagramme de cas d'utilisation* et les *diagrammes de séquence* des scénarios.

En *session JAD2*, on présentera un découpage en cycles, en se basant sur les *cas d'utilisation* et sur la *typologie des processus* : processus métier, processus support et processus de pilotage.

Étape Construction

Les prototypes construits seront présentés en session aux utilisateurs, selon la perspective des *cas d'utilisation*.

Étape Mise en œuvre

Les manuels utilisateurs seront structurés selon la perspective des *cas d'utilisation*.

Nous avons récapitulé l'utilisation des diagrammes UML à la figure 5.3.

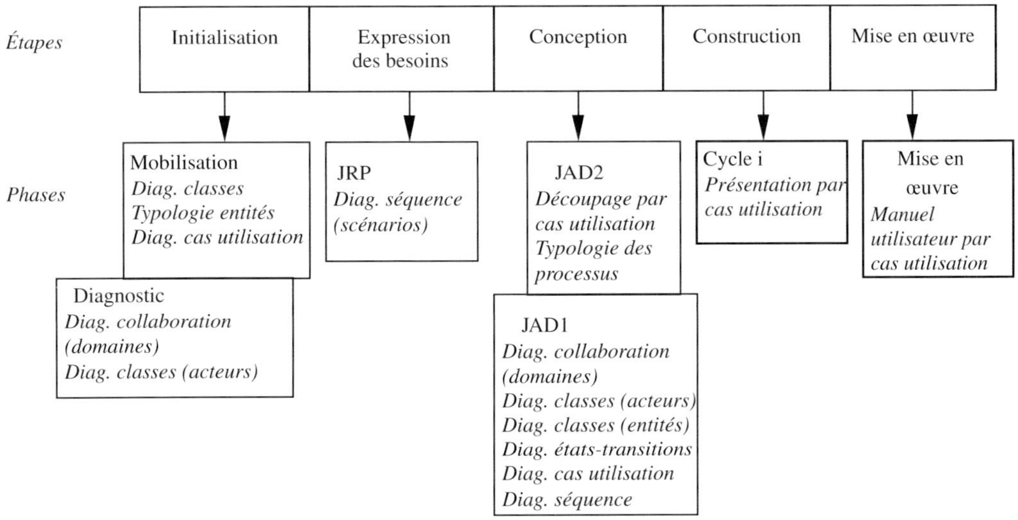

Figure 5.3 — L'utilisation des diagrammes UML dans RAD.

En conclusion, il apparaît que les modèles UML peuvent être utilisés avec une démarche RAD. Ils sont compatibles avec une approche participative et une construction modulaire.

5.3 UML ET LES ERP

5.3.1 Présentation des ERP

L'ERP (*Enterprise Resource Planning*) est le type de progiciel intégré le plus complet. Il est composé d'un ensemble de modules applicatifs qui visent — à terme pour certains — à couvrir l'ensemble des fonctions de l'entreprise[1]. Une étude sur les principaux acteurs de l'ERP montre une diffusion non négligeable (Fig. 5.4).

1. Pour une description détaillée, voir l'ouvrage de J.-L. Tomas, *ERP et progiciels intégrés*, Dunod, 2e édition, 1999.

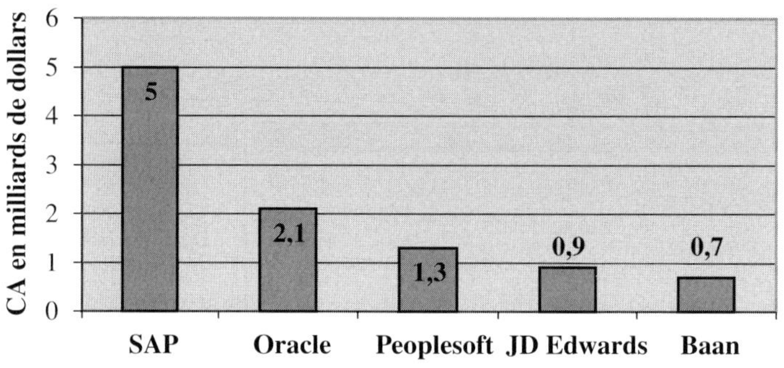

Figure 5.4 — Classement mondial des éditeurs d'ERP en 1998 (source : *Informatique Magazine*, avril 1999).

L'offre actuelle séduit de plus en plus d'entreprises. On peut identifier différentes raisons à cet attrait :

- on espère en retirer une économie par rapport à une solution spécifique, généralement plus coûteuse ;
- on cherche à s'appuyer sur un schéma sous-jacent des flux, propre à un ERP, pour mener une opération de reconfiguration des processus ;
- on cherche à limiter la redondance des informations et leur gestion à de multiples endroits en visant l'unicité de l'information ;
- on veut généraliser les mises à jour en temps réel ;
- on recherche un logiciel garantissant une totale traçabilité des informations ;
- on attend une couverture fonctionnelle importante et cohérente.

Les études de marché récentes confirment ce mouvement. Les prévisions annoncent un marché en expansion (Fig. 5.5).

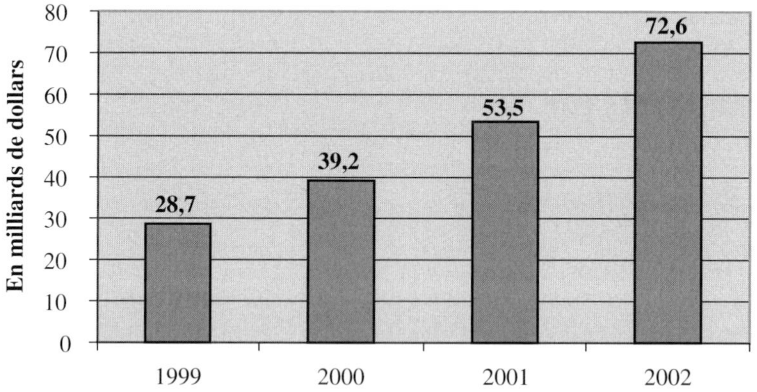

Figure 5.5 — Le marché mondial des progiciels d'entreprises (source : *Informatique Magazine*, avril 1999).

Pour choisir puis mettre en place un ERP, l'entreprise devra rechercher une adéquation entre les fonctions proposées par les progiciels et les processus de son système d'information. Pour cela, il convient d'accompagner une solution ERP d'une conduite de projet adaptée. Cette conduite de projet se définit par des acteurs et des étapes originales.

5.3.2 Le cycle ERP

Le cycle de vie d'un projet de mise en place d'un ERP se décompose en trois étapes (Fig. 5.6).

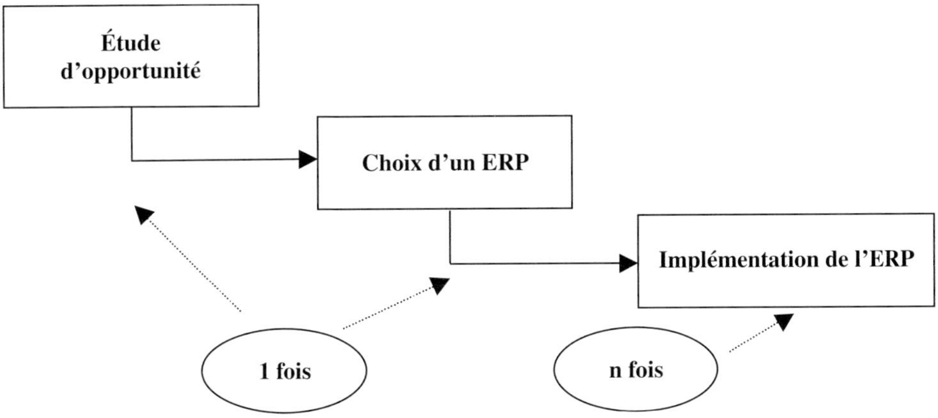

Figure 5.6 — Les étapes d'un projet ERP.

L'étape Étude d'opportunité

Cette étape amorce le début du projet et en définit les grandes lignes.

Il s'agit, tout d'abord, de vérifier l'opportunité d'effectuer un investissement. Cette tâche est classique et non spécifique à un projet ERP.

On définit ensuite le périmètre à couvrir. Dans le cadre d'un ERP, le périmètre se définit généralement par le choix des fonctions à couvrir. On s'appuie, pour cela, sur une liste de fonctions, comme celle de la figure 5.7.

La gestion comptable et financière
Le contrôle de gestion
La gestion de production
La gestion des achats et des stocks
L'administration des ventes
La logistique
La paie du personnel

Figure 5.7 — Les fonctions à choisir (source : J.-L. Tomas, *ERP et progiciels intégrés*, Dunod, 1999).

L'étape Choix d'un ERP

Cette étape doit conduire à la sélection d'un progiciel. En général, celle-ci s'effectue en deux temps.

Dans un premier temps, on effectue une *présélection*. Il s'agit de faire une étude du marché, fondée sur des critères de sélection préalablement établis. Ces critères doivent aborder les caractéristiques stratégiques, fonctionnelles, technologiques, techniques et commerciales du progiciel recherché.

La synthèse des résultats de l'étude du marché doit fournir les éléments de sélection d'une *short list*, comprenant un nombre réduit de fournisseurs potentiels (en général trois ou quatre).

Dans un second temps, on travaille sur la *short list* établie pour effectuer la sélection.

On doit ainsi consolider le sentiment perçu lors de contacts commerciaux par des visites de sites installés.

Il faut également établir un budget précis pour chaque offre.

On termine par l'établissement d'une grille d'appréciation multicritère et d'un dossier de choix. La décision est alors prise.

L'étape Implémentation de l'ERP

Cette étape vise à découvrir, paramétrer, adapter le progiciel retenu en vue de sa mise en œuvre.

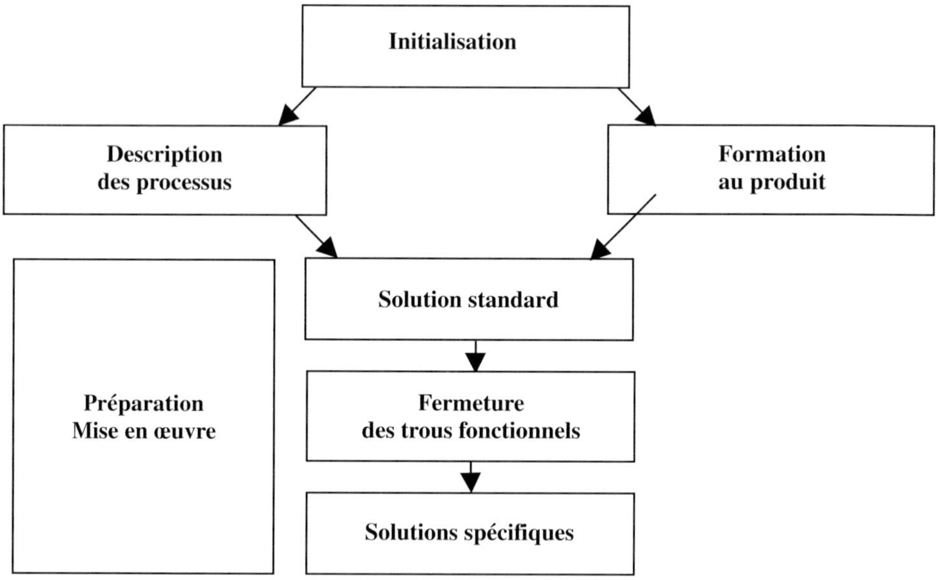

Figure 5.8 — Les étapes de l'implémentation d'un ERP.

C'est dans cette étape que le recours à la modélisation UML est intéressante. Elle se compose de sept phases (Fig. 5.8), que nous allons décrire dans les paragraphes suivants.

5.3.3 La phase Initialisation

Cette phase permet de constituer l'équipe de projet, de répartir le travail et de mettre en place des moyens de coordination et de communication à l'intérieur de cette équipe. Un comité de pilotage est mis en place.

5.3.4 La phase Description des processus

Cette phase vise à décrire les processus que l'on souhaite implémenter. Parfois, elle permet d'engager une réflexion sur la reconfiguration des processus existants. Toutefois cette première description est sommaire, les phases à venir vont l'enrichir.

5.3.5 La phase Formation au produit

Cette phase doit permettre à chaque acteur de l'implémentation de prendre connaissance des solutions proposées par le produit. Cette formation doit être adaptée aux fonctions que chacun doit remplir.

5.3.6 La phase Solution standard

Cette phase peut être décomposée en cinq tâches (Fig. 5.9).

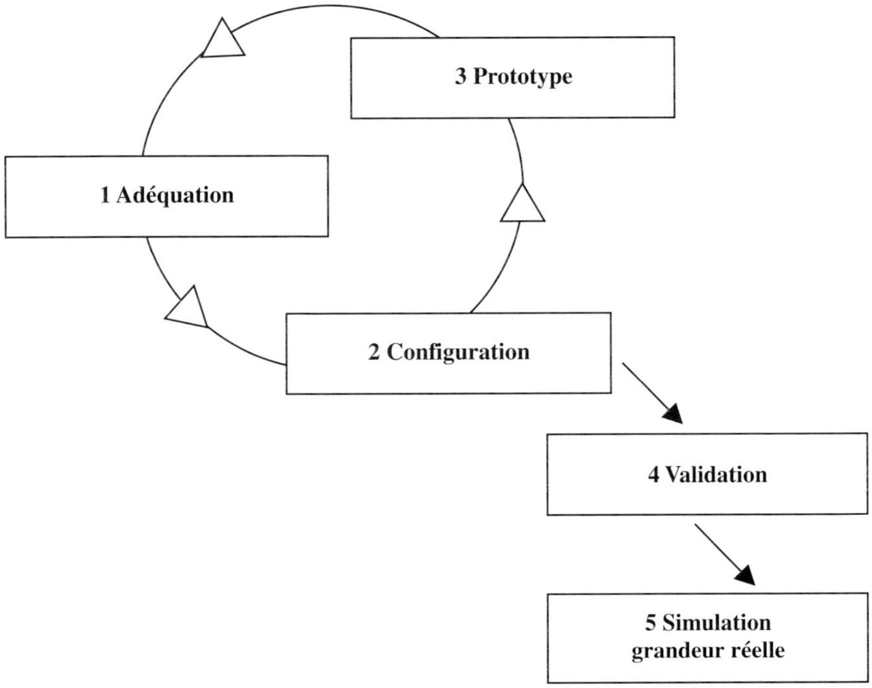

Figure 5.9 — Les tâches de la phase Solution standard.

Les trois premières tâches s'inscrivent dans un cycle en spirale.

La tâche *Adéquation* traduit chaque processus (décrit dans la phase de description des processus) en solution progiciel (découverte au cours de la phase de formation au produit). Le résultat de cette adéquation prend la forme de « scripts fonctionnels » (paramétrages, interface HM) qui couvrent l'ensemble des cas à traiter.

La tâche *Configuration* met en place les scripts fonctionnels. Cette mise en place consiste à paramétrer et à concevoir les tests.

La tâche *Prototypage* permet de vérifier le bon fonctionnement des processus. Dans l'hypothèse où certaines solutions ne sont pas satisfaisantes, plusieurs attitudes sont possibles.

Soit on modifie le processus initial, par une opération de reconfiguration du processus.

Soit on modifie la solution proposée par un retour à la tâche de configuration.

Soit on identifie un « trou fonctionnel », qui sera traité dans la prochaine phase.

La tâche *Validation* permet de sortir de la spirale des précédentes tâches en faisant valider au comité de pilotage du projet les solutions établies, à savoir :

- les solutions « entreprise », obtenues par modification des processus de l'entreprise ;
- les solutions « progiciel », obtenues par paramétrage du progiciel ;
- les absences de solutions, parfois appelées « trous fonctionnels ».

La tâche *Simulation en grandeur réelle* va permettre de vérifier l'intégration fonctionnelle des solutions proposées dans un contexte réel (matériels, bases de données, réseau).

5.3.7 La phase Fermeture des trous fonctionnels

Cette phase vise à trouver des solutions pour répondre aux manques du progiciel.

Chaque trou fonctionnel est défini par un exposé du problème et une proposition de solution.

L'exposé du problème oppose la situation processus à la situation progiciel. Chaque problème est accompagné d'une indication de criticité :

1. Une solution doit obligatoirement être trouvée.
2. La mise en place d'une solution peut être différée.
3. La mise en place d'une solution n'est pas indispensable.

Les solutions proposées doivent envisager systématiquement les trois cas suivants :

- une solution opérationnelle : on modifie le processus ;
- une solution *statu quo* : on attend ;
- une solution spécifique : on modifie le progiciel.

Les avantages et les inconvénients de chaque solution sont à exposer.

Lorsque l'ensemble des trous fonctionnels est documenté, le comité de pilotage doit faire un choix parmi les solutions proposées.

5.3.8 La phase Solution spécifique

Après traitements des trous fonctionnels, si la mise en place de solutions spécifiques a été retenue, il convient de conduire une étape pour décrire et développer ces solutions. Les travaux à conduire dans cette étape sont semblables aux travaux à conduire dans un projet de développement classique.

5.3.9 La phase Préparation de la mise en œuvre

Cette phase est menée parallèlement aux trois phases précédentes. Elle comporte différents travaux classiques dans tout projet : effectuer l'intégration dans l'environnement existant, préparer la mise en exploitation, assurer la reprise des données, organiser la formation des utilisateurs, élaborer les modes opératoires et manuels utilisateurs.

Ces tâches peuvent cependant être parfois délicates dans le cas d'un projet ERP, car le changement introduit peut être important et être mené dans une période relativement courte.

5.3.10 Les acteurs d'un projet ERP

Si, pour les étapes Étude d'opportunité et Choix d'un ERP, la répartition des tâches à effectuer est traditionnelle, en revanche, pour l'étape Implémentation de l'ERP, cette répartition est originale. Chaque intervenant joue un rôle particulier. On distingue le comité de pilotage, le binôme chef de projet, les équipes fonctionnelles, l'équipe technique, l'administrateur des données, les consultants et les assistants méthodes.

Le *comité de pilotage* représente la direction générale, les directions opérationnelles, la direction informatique et la direction du projet. Le rôle du comité est classique ; il est appelé à se prononcer sur chaque choix qui lui est soumis.

Le *binôme chefs de projet* est, comme dans les projets RAD, composé d'un chef de projet représentant la maîtrise d'ouvrage (CPU) et d'un chef de projet représentant la maîtrise d'œuvre (CPI). Le CPU a pour mission d'animer les travaux des équipes fonctionnelles, le CPI anime pour sa part l'équipe technique. Ils sont ensemble responsables du pilotage du projet et, à ce titre, responsables de la qualité des livrables, de l'organisation des ressources et du respect des délais.

Les *équipes fonctionnelles* sont composées d'utilisateurs spécialisés et rendus disponibles. Une équipe est constituée pour chaque métier concerné par le progiciel. Le travail de chaque équipe est animé par un leader. Chaque équipe participe activement aux étapes de l'implémentation. Elle décrit les processus, elle recherche des solutions standard, elle comble des trous fonctionnels et elle participe à la mise en œuvre.

L'*équipe technique* est composée d'informaticiens. Elle argumente les choix de composants techniques, assure le support technique auprès des équipes fonctionnelles et met en place des interfaces avec d'autres applications.

L'*administrateur des données* participe à la description des processus et des solutions à implémenter par des travaux de synthèse et de coordination des différentes équipes qui partagent le même système d'information.

Des consultants participent souvent aux différents travaux. On distingue :

Le *consultant de pilotage*. Il assiste le binôme chefs de projet dans les travaux de planification et de suivi.

Les *consultants fonctionnels*. Spécialistes d'un ou de plusieurs métiers traités, ils assistent les équipes opérationnelles.

Le *consultant technique*. Expert du progiciel choisi, il assiste l'équipe technique. Il peut aussi être sollicité par les équipes fonctionnelles.

Des *assistants méthodes*, spécialisés dans les travaux de modélisation, assistent les équipes fonctionnelles dans leurs travaux de description.

5.3.11 UML dans un projet ERP

Si, comme dans toutes les approches, l'ensemble des modèles UML postulent à la description technique du système d'information à mettre en place, certains modèles et certaines techniques sont plus spécifiquement utiles dans un projet de mise en place d'un ERP.

La phase de description des processus va pouvoir mettre à profit la proposition de description que nous avons faite au chapitre 4.

Par ailleurs, la typologie des processus métier, support et pilotage est tout à fait utile dans ce type de projet. Les processus métier seront définis avec précision et l'équipe fonctionnelle sera plus exigeante sur l'adéquation proposée par le progiciel. En revanche, les processus support seront simplement identifiés et la solution progiciel standard sera souvent retenue.

La taxinomie des entités — gestion, référence et reporting — facilite le découpage en thèmes utilisés pour répartir les travaux entre les différentes équipes fonctionnelles.

Enfin, le recours à des cas d'utilisation peut être envisagé à deux reprises. Dans la tâche Configuration de la phase Définition de la solution standard, la description des scripts fonctionnels peut être complétée par des cas d'utilisation. Les équipes fonctionnelles étant essentiellement composées de non informaticiens devraient être favorables à cette technique.

La tâche Simulation grandeur réelle peut elle aussi s'organiser autour des cas d'utilisation et des scénarios. Il s'agit en effet de « jouer en vrai » un scénario précédemment défini et qui décrit des cas d'utilisation identifiés.

Nous avons récapitulé les apports de la modélisation UML aux différentes étapes et phases d'un projet ERP dans le tableau 5.1.

Tableau 5.1 — Apports d'UML aux différentes étapes, phases et tâches d'un projet ERP.

Étapes, phases et tâches du cycle d'un projet ERP	**Apports d'UML**
Étape Étude d'opportunité	
Étape Choix d'un ERP	
Étape Implémentation de l'ERP	
Phase Initialisation	*Taxinomie des entités*
Phase Description des processus	*Diag. de collaboration* *Diag. de classes (entités)* *Typologie des processus* *Diag. d'états-transitions* *Diag. de séquence* *Diag. d'activités*
Phase Formation au produit	
Phase Solution standard	
Tâche Adéquation	
Tâche Configuration	*Cas d'utilisation*
Tâche Prototype	
Tâche Validation	
Tâche Simulation en grandeur réelle	*Cas d'utilisation* *Scénarios*
Phase Fermeture des trous fonctionnels	
Phase Solution spécifique	
Phase Préparation de la mise en œuvre	

TROISIÈME PARTIE

MISE EN ŒUVRE D'UML POUR L'ANALYSE D'UN SYSTÈME D'INFORMATION

Cette troisième partie a une visée pratique.

Le chapitre 6 offre, avec le cas *CARTEL*, une illustration de l'utilisation d'UML dans l'analyse d'un système d'information. Il apporte un éclairage complémentaire à celui donné par le cas *Gruyère SA* au chapitre 4. Certains choix de modélisation diffèrent.

L'analyse porte ici sur la gestion de la production sur mesure d'une entreprise de cartes électroniques, la société CARTEL. Après une présentation du projet et de son contexte, on déroule les sept phases d'une analyse. Leur description est accompagnée des principaux modèles. Ceux-ci ont été élaborés avec l'atelier Visio 2000 de Microsoft.

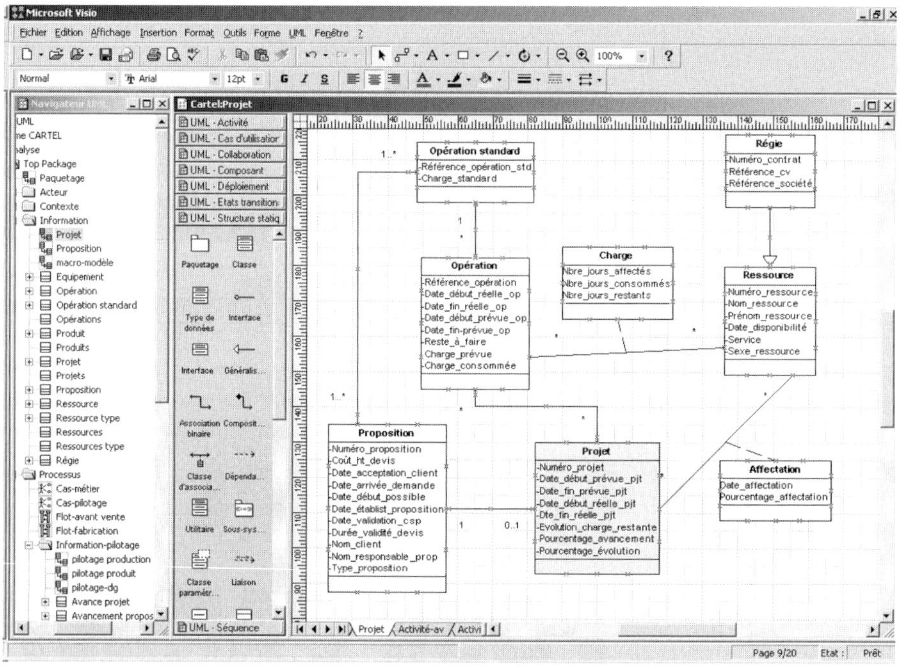

Visio 2000.

Le chapitre 7 s'adresse particulièrement à ceux qui veulent mettre en œuvre UML en utilisant un atelier de génie logiciel. Il propose des règles d'organisation des différents composants de modélisation élaborés au cours d'un projet. Ces règles sont illustrées par la documentation d'un cas réel, le cas Totem, avec l'AGL Rational Rose et avec Power AMC de Sybase.

6

L'analyse du cas CARTEL

6.1 PRÉSENTATION DU CAS CARTEL

La société CARTEL a comme activité la conception et la réalisation de cartes électroniques. Créée en 1972, l'entreprise s'est développée harmonieusement et a toujours privilégié la qualité de ses produits par rapport à la productivité. Bien qu'ayant aujourd'hui environ trois cents salariés, CARTEL fonctionne toujours comme une entreprise artisanale. Le développement de l'activité électronique, la concurrence nationale et internationale accrue ont incité le comité directeur à infléchir sa politique dans le sens de l'industrialisation. Le « plan stratégique CARTEL 2000 » trace les grandes étapes de la transformation.

D'un point de vue informatique, CARTEL a une structure légère de dix personnes, qui ont développé elles-mêmes les applications de l'entreprises. Les principales applications opérationnelles sont :

- la comptabilité ;
- la facturation ;
- le suivi des règlements ;
- la gestion des ressources humaines ;
- la paye ;
- la tenue de la base client.

Dans son activité, l'entreprise utilise des technologies de pointe, il en est de même pour son informatique qui, d'un point de vue technique, n'hésite pas à utiliser les techniques innovantes.

La structure de la société est décrite à la figure 6.1.

Les services de la société sont centralisés dans l'Ouest parisien et CARTEL 2000 ne prévoit pas de changement dans ce sens.

Dans la stratégie CARTEL 2000, il est prévu d'informatiser le domaine Production de l'entreprise. L'opportunité et la faisabilité de ce projet ayant été prouvées dans le plan stratégique, nous nous attachons ci-après à la définition du besoin afin d'arriver à un cahier des charges fonctionnel pour le domaine Production.

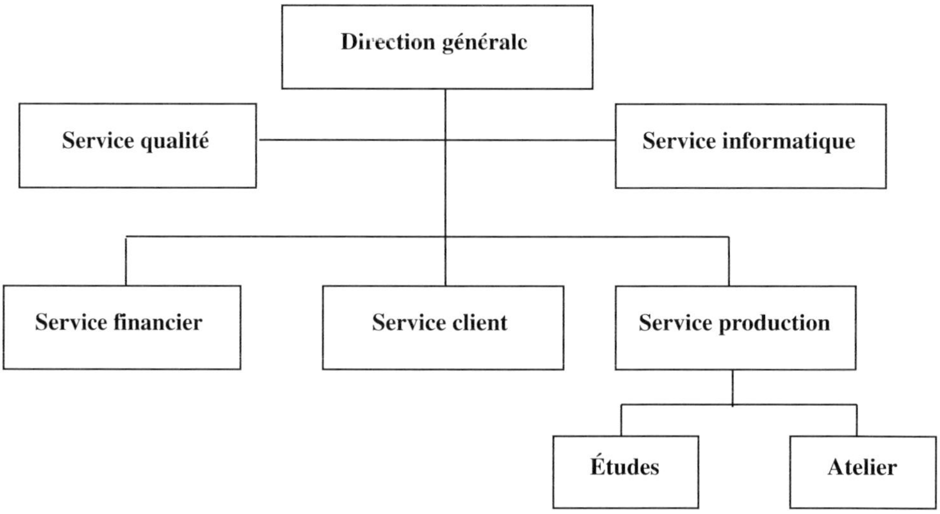

Figure 6.1 — Structure de la société CARTEL.

6.2 PHASE 1 : REPÉRAGE DU DOMAINE

6.2.1 Déroulement de la phase 1

La phase de repérage du domaine s'est appuyée sur une réunion de travail à laquelle participaient le directeur général, le chef du service client, le chef du service production, le responsable produit et le responsable atelier

6.2.2 Résultat de la phase 1

Le projet d'informatisation de la production de CARTEL a comme objectifs :

- d'améliorer l'efficacité opérationnelle de la production de cartes ;
- de donner une image moderne de l'entreprise.

Les limites du projet sont représentées par le diagramme de collaboration de la figure 6.2.

Ce diagramme permet de visualiser les échanges du projet (production) avec les domaines connexes (Facturation, Client), avec des acteurs externes au projet (Direction générale) et des acteurs externes à l'entreprise (Client).

Les événements qui déclenchent l'activité de production sont les suivants.

En avant vente, la demande initiale du domaine Clients déclenche la définition du produit, une estimation de la charge de travail et un devis.

En conception-fabrication, l'acceptation formelle de la proposition par le client lance la fabrication du produit.

Il faut relever certaines particularités.

La production n'est pas maître des coûts standard de production. Elle doit en référer au domaine Clients pour toute demande de rabais.

Ni la facturation des produits ou des prestations, ni même leur déclenchement ne sont du ressort de la production. En revanche, des éléments de facturation sont régulièrement transmis au domaine Facturation.

Bien qu'ayant son propre système de pilotage, un suivi global de la production est effectué par la direction générale, au vue d'indicateurs consolidés.

Le client est géré par le service client.

Les domaines Facturation et Clients sont informatisés.

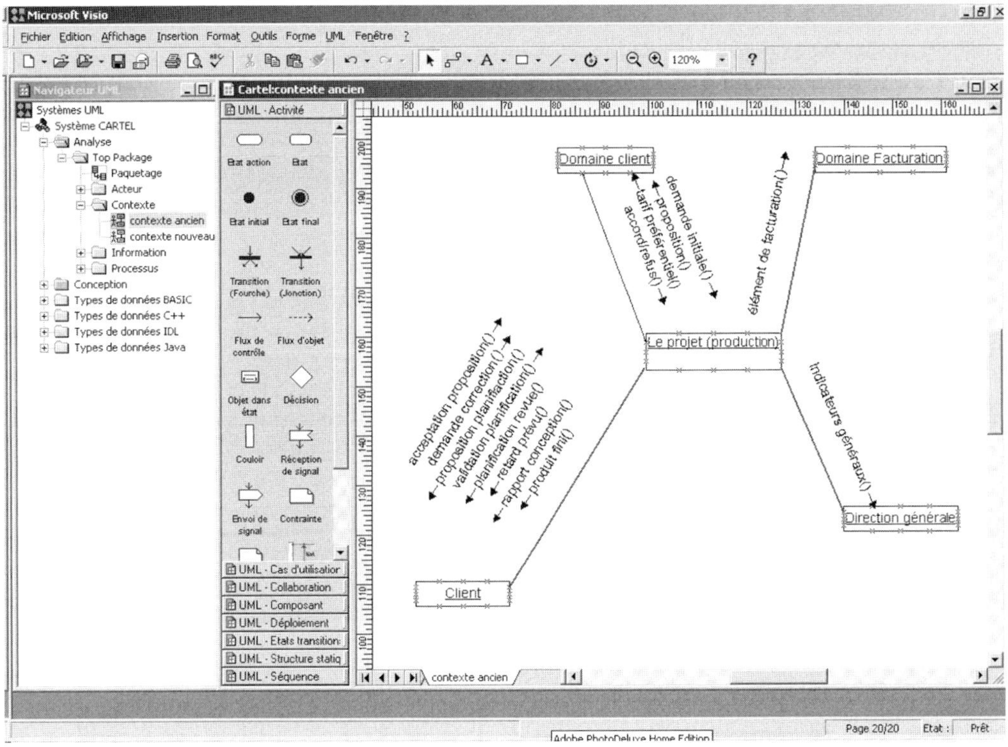

Figure 6.2 — Diagramme de collaboration : le contexte.

Les acteurs concernés par le système d'information sont recensés dans la figure 6.3.

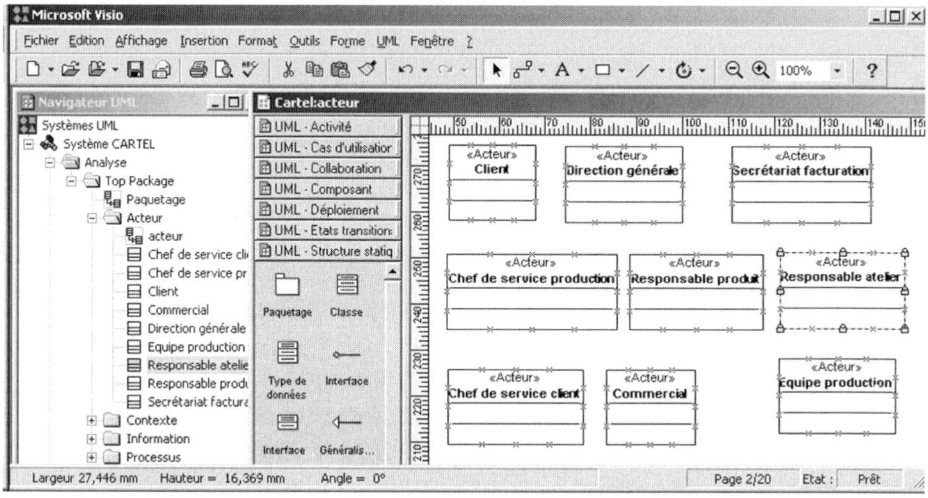

Figure 6.3 — Diagramme de classes : les acteurs.

6.3 PHASE 2 : DÉCOUVERTE DES INFORMATIONS

6.3.1 Déroulement de la phase 2

Cette phase s'est appuyée essentiellement sur un entretien avec le chef du service production, et sur la documentation technique des applicatifs facturation et client.

6.3.2 Résultat de la phase 2

En début d'entretien nous avons eu confirmation que le métier du responsable produit était bien de piloter la production des cartes par projet.

Nous avons dégagé les principales étapes d'un projet Carte électronique :

1. Un projet Carte doit au préalable être défini, puis il doit être accepté par le client.
2. À l'issue de l'acceptation par le client, le responsable produit planifie les opérations à conduire.
3. La fabrication d'une carte se fait en deux temps :
   - d'abord la conception des circuits,
   - puis la réalisation de la carte.
4. Ainsi fabriquée, la carte est fournie au client.

Le reste de l'entretien s'est appuyé sur ce canevas. Le résumé suivant a été rédigé.

Résumé de l'entretien

Tous les travaux de fabrication de cartes sont traités sous la forme de projets. Dès qu'une demande est formulée par le service client, il convient d'établir la liste des opérations à dérouler (la gamme opératoire).

Pour chaque opération, des estimations de charges sont faites et les profils de techniciens compétents sont indiqués.

À partir de ces éléments un devis est établi.

L'ensemble du projet est transmis au service client, qui le communique au client.

Après l'accord du client, le responsable produit va négocier les ressources et planifier l'ensemble des travaux.

Dans la négociation sont pris en compte les souhaits du client et les contraintes de l'atelier. La planification sera définitive à l'issue de la validation par le client.

Lorsque la date de début du projet arrive à échéance, les travaux de conception du produit peuvent commencer. Il convient en premier lieu de communiquer à l'équipe (réunion de lancement) les engagements pris vis-à-vis du client.

Des indicateurs généraux sont mensuellement établis et transmis à la DG. Dans le dernier mois de conception les indicateurs seront aussi communiqués à l'atelier de réalisation.

À l'issue de la conception, un rapport de conception est communiqué pour information à la DG et au client.

La réalisation débute par un examen du cahier des charges. Des compléments d'information peuvent, à cette occasion, être demandés à l'équipe de conception.

Tout au long des travaux de réalisation, le responsable atelier confirme (ou infirme) tous les soirs la date de livraison prévisible du produit.

En fin de réalisation, le produit est « packagé » et remis au client. Un bilan du projet est établi par le responsable produit.

À l'issue de l'étape de définition, le client peut refuser le devis proposé. En accord avec le service client, le responsable produit peut alors proposer un tarif préférentiel. Le responsable produit et le client peuvent également redéfinir certaines fonctions demandées au produit.

Le projet est archivé.

Certains produits ne nécessitent pas l'établissement d'un devis. Des coûts standard sont appliqués. Ces produits sont qualifiés de « produits simples ». Toutefois l'ensemble des travaux de fabrication est effectué.

Les travaux de conception peuvent prendre du retard en fonction de la difficulté à résoudre certaines fonctionnalités. Cette étape étant sur le chemin critique, un retard de livraison au client sera induit. Il convient de l'informer le plus tôt possible.

Suite à cet entretien et en s'appuyant sur la documentation sommaire des applicatifs facturation et client, une ébauche du diagramme de classes des entités a été élaborée (Fig. 6.4).

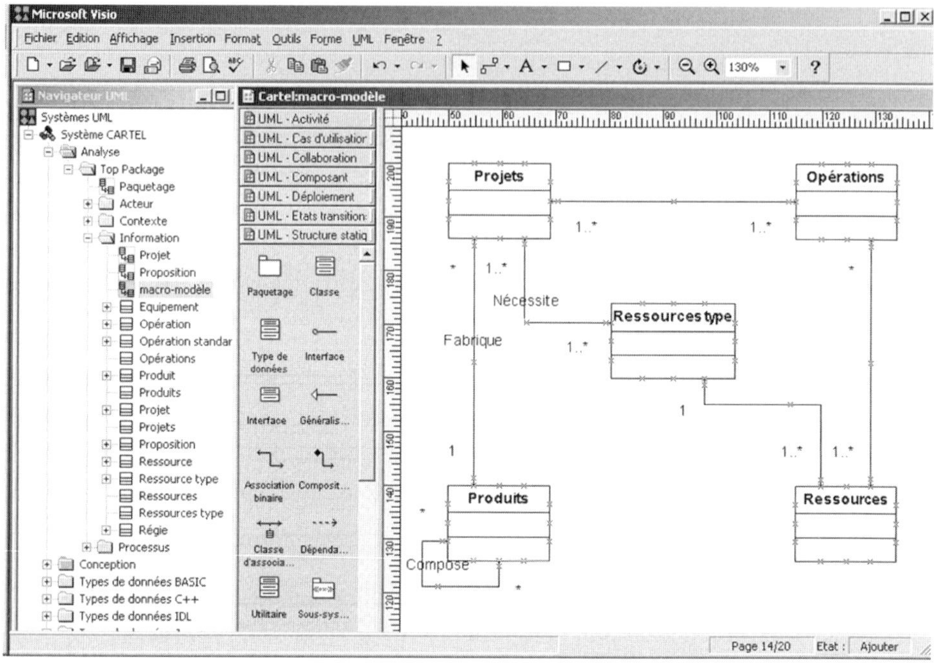

Figure 6.4 — Diagramme de classes : les entités.

6.4 PHASE 3 : MODÉLISATION DU WORKFLOW

6.4.1 Déroulement de la phase 3

Cette phase s'est essentiellement appuyée sur le résultat des entretiens et des réunions menés au cours des deux premières phases, ainsi que sur les diagrammes établis. Toutefois, des réunions complémentaires de validation ont été tenues, notamment avec le chef du service production.

6.4.2 Résultat de la phase 3

On a identifié les processus suivants.

Le *processus Avant vente* est un processus métier, déclenché par la demande initiale du service client et se terminant par la proposition au service production. La classe entité concernée par ce processus est la classe Projet.

Le *processus Fabrication* est un processus métier, déclenché par l'acceptation de la proposition par le client, qui se termine par la livraison du produit fini. La classe entité concernée par ce processus est la classe Projet.

Les indicateurs généraux transmis à la direction générale laissent à penser qu'il existe également un *processus de pilotage de la production*. Ceci a été confirmé par le chef du service.

L'analyse du modèle de classes des entités fait apparaître quatre processus supports : le processus référentiel des ressources types, le processus de gestion des ressources, le processus référentiel des opérations et le processus référentiel des produits.

Le cas courant du processus métier Avant vente a été décrit dans le diagramme de séquence de la figure 6.5.

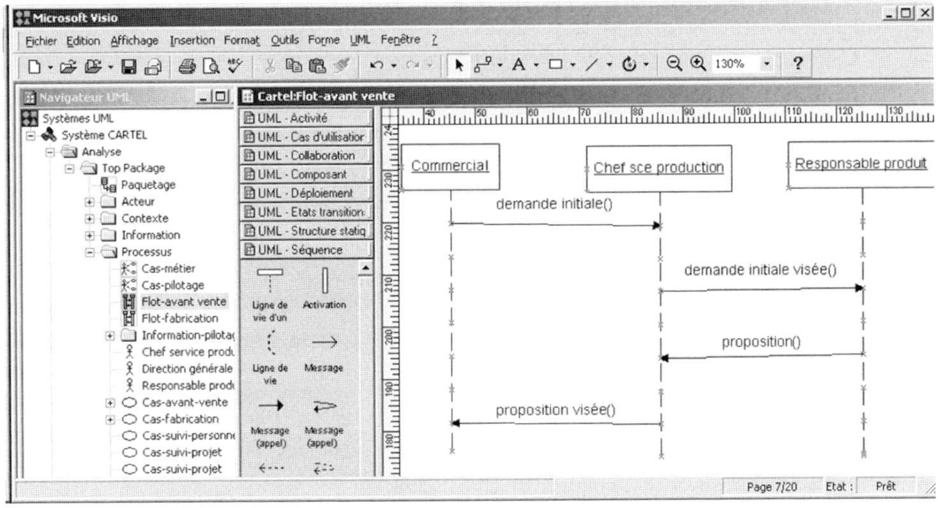

Figure 6.5 — Diagramme de séquence : processus Avant vente.

Le cas courant du processus métier Fabrication a été décrit dans le diagramme de séquence de la figure 6.6.

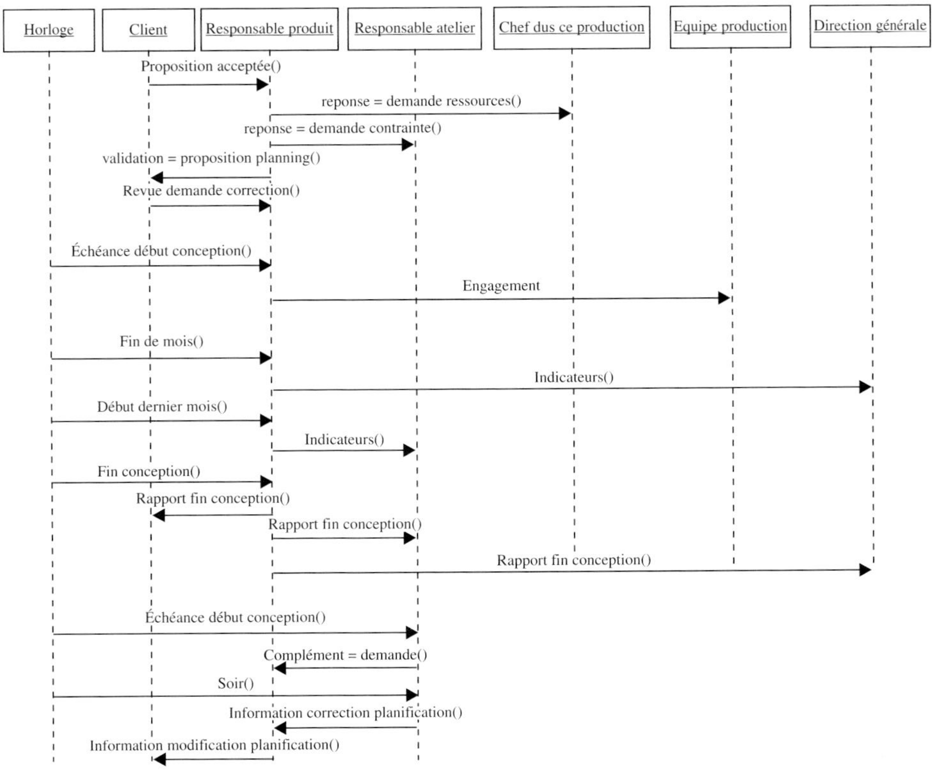

Figure 6.6 — Diagramme de séquence : processus Fabrication.

6.5 PHASE 4 : DIAGNOSTIC

6.5.1 Déroulement de la phase 4

Cette phase s'est déroulée en trois temps

On a d'abord effectué une synthèse des faiblesses du système de gestion actuel, déterminées au cours de la découverte des informations (phase 2) et à la suite de l'analyse du workflow de la phase 3.

On a ensuite cherché un accord sur le diagnostic avec les représentants des utilisateurs et les décideurs.

On a enfin affiné le diagnostic sur les carences et les dysfonctionnements.

6.5.2 Résultat de la phase 4

Le *diagnostic général* qui a été établi se présente comme suit.

Les missions principales du domaine Production sont :

- de concevoir les produits, les cartes électroniques ;
- et de les fabriquer.

Une mission annexe est d'intervenir en « avant vente » et de réaliser des propositions pour le service client.

Le domaine Production a une importance stratégique considérable. C'est le domaine qui concrétise le métier de l'entreprise. L'ensemble des activités annexes de la société gravitent autour de la production, et cette importance ne va pas s'amenuiser à moyen terme, CARTEL n'envisageant pas de nouvelles activités.

Le succès de la production est indiscutable, les produits fabriqués sont reconnus pour être de haute technologie et leur qualité est sans conteste ; la fidélité des clients le prouve. L'équipe de production est réactive et met tout en œuvre pour tenir les délais et pour prendre en compte les contraintes des clients.

La performance est en revanche le point faible du service production. Il fonctionne davantage comme une entité artisanale que comme un système industriel. La prise en compte des contraintes du client (le client est roi), la qualité recherchée et atteinte des produits finis, la volonté de respecter les délais, se font le plus souvent au détriment des coûts effectifs de production.

En terme de communication, il y a une carence entre le service client et la production.

Le diagnostic général a été approuvé dans son ensemble par le directeur général, le directeur général adjoint, le chef du service client, le chef du service production, le responsable produit et le responsable atelier.

L'étude approfondie des carences et des dysfonctionnements a fait apparaître les points suivants.

Les entités gérées mises en évidence dans le diagramme de classes correspondent davantage à une attente qu'à une réalité concrète. Ces informations sont « intériorisées » par le responsable produit et ne sont pas à la disposition de tous. Par ailleurs, les informations sur les charges de travail relatives aux différentes opérations n'existent pas. Aujourd'hui, l'évaluation de la charge est faite globalement par le responsable et basée sur son expérience. D'autre part, il n'y aucune évaluation du prix de revient des produits : il serait intéressant d'attribuer à chaque ressource type un coût standard, et d'avoir les éléments de suivi de leur activité. Il manque aussi des informations sur l'occupation des ressources ainsi que sur les prévisions de leur activité.

En ce qui concerne le processus de fabrication, on peut s'étonner qu'il soit initié par le client. Ceci n'est pas sans dommage pour la maîtrise des contrats et des propositions par le service client, qui n'est le plus souvent au courant de l'aboutissement d'une démarche avant vente que de manière informelle. L'aspect artisanal de la fabrication et le caractère familial de l'entreprise permettent de minimiser ce dysfonctionnement. Mais qu'en adviendra-t-il lorsque CARTEL aura réussi son expansion ?

Le manque de visibilité sur la disponibilité des ressources pour la fabrication des cartes pose également problème. En effet, dans la mesure où aucun système de réservation n'est en place et où la gestion des disponibilités est faite de façon intuitive par le chef de service, il arrive fréquemment que les ressources ne soient pas disponibles au moment prévu, ce qui entraîne une affectation en catastrophe de ressources de « rechange » et un bouleversement continu des plannings qui, suite à un effet « boule de neige », n'ont plus de réalité. En fait, la production est toujours en situation d'urgence.

Le processus Avant vente ne pose pas de problème particulier, si ce n'est qu'il repose entièrement sur la connaissance du chef de produit. La part de ce processus dans l'activité de CARTEL est raisonnable par rapport au processus principal de fabrication. Le garant de cet équilibre est le chef de service, qui en contrôle et l'entrée et la sortie.

Aucune information n'est mise à disposition. Ceci est fort préjudiciable aux évaluations en avant vente, à la production et au pilotage.

6.6 PHASE 5 : RECONFIGURATION DU SYSTÈME D'INFORMATION

6.6.1 *Déroulement de la phase 5*

La part de reconfiguration du système d'information a été réalisée par l'équipe de projet. Elle a été validée, en ce qui concerne le réalisme des solutions, par les représentants des utilisateurs et les décisions ont été prises par les décideurs.

6.6.2 *Résultat de la phase 5*

La circulation des informations est certainement le point essentiel à améliorer. Elle portera sur trois points.

Les informations nécessaires à la production et à l'établissement des propositions seront stockées.

Les actions terminées seront historisées, afin de pouvoir capitaliser l'expérience et rendre l'information accessible à l'ensemble des personnes concernées.

L'échange d'informations entre les divers acteurs du système, notamment entre le service client et la production, sera renforcé.

Les moyens informatiques permettent de prendre en compte les deux premiers points, une modification d'organisation permettra aux différents acteurs de communiquer plus facilement.

La régénération du processus consistera essentiellement à élargir le champ des acteurs et à donner plus de souplesse à l'évaluation des travaux à effectuer, ainsi qu'à l'affectation des ressources disponibles. Par ailleurs, une redéfinition des rôles est à prévoir. Le rôle du service client s'arrête-t-il à l'envoi de la proposition ou couvre-t-il également le suivi commercial de la prestation ?

Le renforcement du pilotage est indispensable ; par pilotage, il faut entendre le pilotage opérationnel au niveau de la production, ainsi que le pilotage stratégique au niveau de la direction générale. Un processus de pilotage devra être mis en œuvre.

6.7 PHASE 6 : MODÉLISATION DU FUTUR SYSTÈME D'INFORMATION

6.7.1 *Déroulement de la phase 6*

À partir des ébauches de diagrammes réalisées dans la phase 3 (Modélisation du workflow), et des résultats de la phase 5 (Reconfiguration du système d'information), nous avons établi les modèles du futur système d'information.

Les différents diagrammes ont été présentés sous une forme plus « communicante » aux utilisateurs et aux décideurs pour approbation.

6.7.2 *Résultat de la phase 6*

Compte tenu du peu d'informations formalisées dans ce domaine et de la redéfinition des rôles, et notamment de celui du service client, nous avons tout d'abord établi un diagramme de collaboration afin de mettre en évidence les modifications de messages échangés entre les différents objets (Fig. 6.7).

La phase 5 (Reconfiguration du système d'information) prévoyait de redéfinir les rôles des acteurs, notamment celui du service client et, par voie de conséquence celui du domaine production.

Le service client sera responsable de toute la relation commerciale avec le client. C'est-à-dire qu'il gérera la proposition sous son aspect financier, de la demande initiale jusqu'à son acceptation ou son refus par le client. À ce titre, c'est lui qui négociera en direct les prix, sans passer par l'intermédiaire de la production. S'il y a des réductions, elles seront faites à titre commercial, mais elles n'interviendront ni sur le temps alloué ni sur les moyens de fabrication. Ce service s'assurera également du bon déroulement du projet (toujours sous l'aspect commercial) ; c'est lui qui lancera le projet après acceptation de la proposition par le client et qui en suivra l'avancement.

Les modifications prises en compte sur le nouveau diagramme de collaboration sont les suivantes.

- Le message Tarif préférentiel a disparu.
- Le message Acceptation proposition a remplacé le message Accord/refus venant du domaine clients.
- Le message Acceptation proposition, venant du client, a été supprimé.

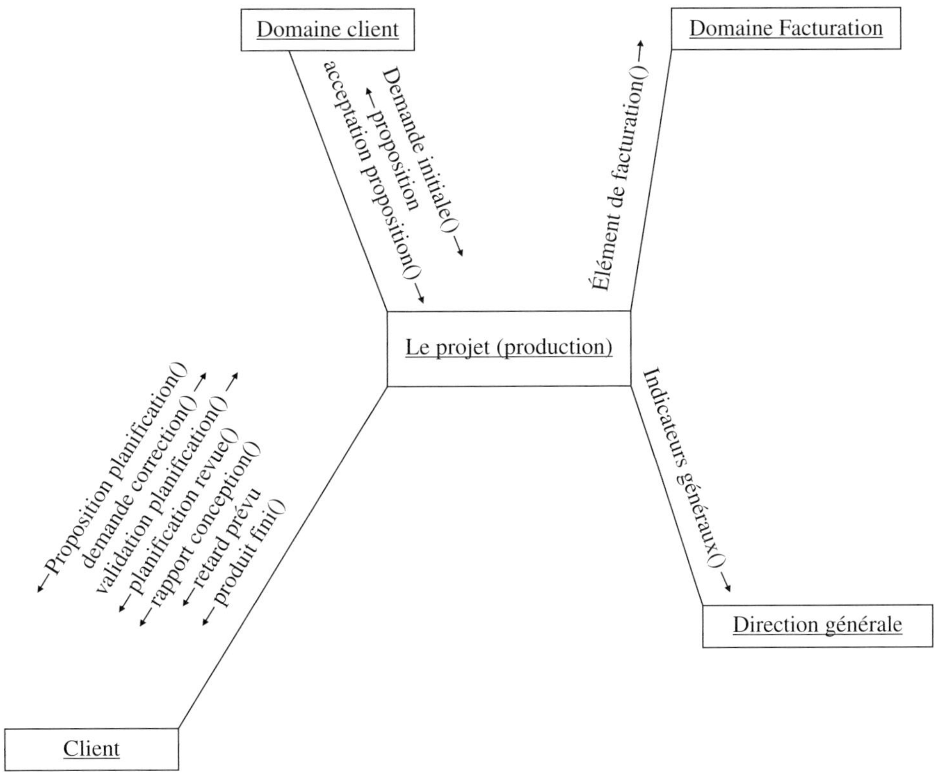

Figure 6.7 — Diagramme de collaboration.

Pour les deux processus métier répertoriés dans la phase 3 (processus Avant vente et processus Fabrication), nous avons établi un diagramme d'activités afin de prendre en compte les conséquences de la reconfiguration du système d'information.

Puis nous avons élaboré le diagramme d'états-transitions des classes Proposition et Projet afin de mettre en évidence les états que l'on veut gérer.

Le diagramme d'activités du processus Avant vente est représenté à la figure 6.8.

Affecter demande initiale : reçue du service client, la demande est prise en charge, c'est-à-dire créée dans le système. Les informations saisies sont la date de la demande, le type de demande, la date limite de réponse et le responsable proposition affecté.

Le système affectera automatiquement un numéro de proposition. Seul le chef du service production est habilité à initialiser les propositions.

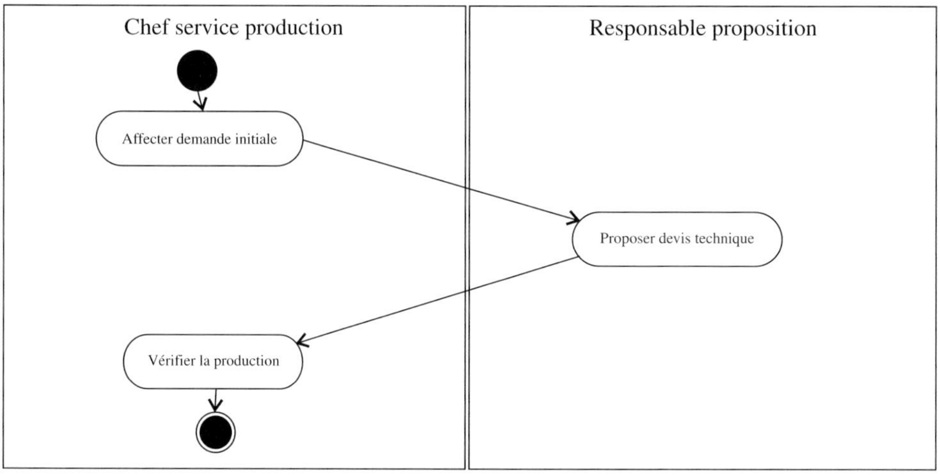

Figure 6.8 — Diagramme d'activités du processus Avant vente.

Proposer devis technique : le responsable de la proposition utilisera le système pour déterminer les opérations nécessaires, les coûts et les moyens supplémentaires. Il pourra en plus du devis, donner une indication sur les délais et sur la planification en fonction de la disponibilité des ressources.

Vérifier la proposition : le chef du service production valide la proposition et la transmet au service client.

Le diagramme d'états-transitions de la classe Proposition est représenté à la figure 6.9.

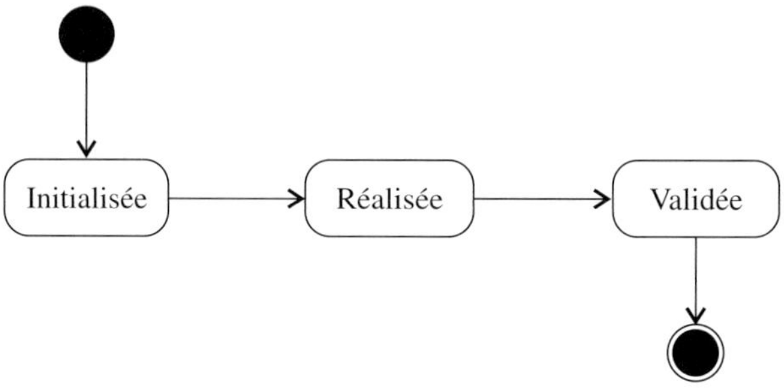

Figure 6.9 — Diagramme d'états : transitions de la classe Proposition.

L'analyse du diagramme d'états-transitions de la classe Proposition a pu aider à identifier les activités du processus Avant vente décrit dans la figure 6.8.

- l'état Initialisé correspond à l'activité Affecter demande initiale ;
- l'état Réalisé correspond à l'activité Proposer devis technique ;
- l'état Validé correspond à l'activité Vérifier la proposition.

Le diagramme d'activités du processus Fabrication est représenté à la figure 6.10.

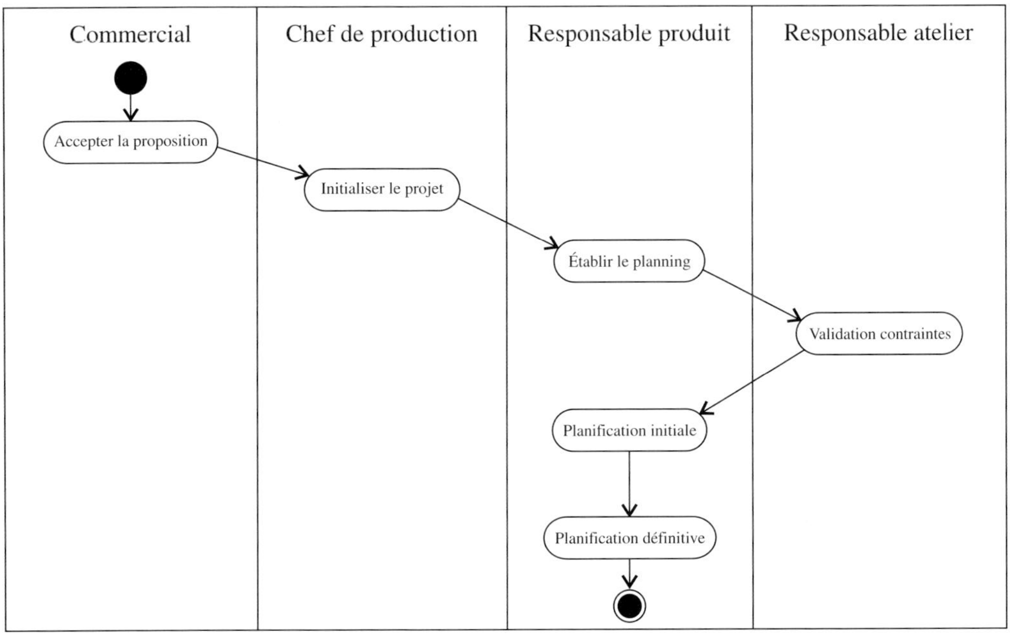

Figure 6.10 — Diagramme d'activités du processus Fabrication.

- *Accepter la proposition* : le service client envoie le message d'acceptation de la proposition au chef du service production.
- *Initialiser le projet* : le service production nomme un responsable produit et lui indique les ressources disponibles affectées au projet, avec leur date de disponibilité et leur pourcentage d'affectation au projet. Il indique également les contraintes client.
  Toutes ces informations sont enregistrées, et le numéro de projet est automatiquement affecté (proposition en racine plus numéro d'ordre). Seul le chef du service production est habilité à initialiser les propositions.
- *Établir le planning* : le projet étant initialisé, le responsable produit établit une première version du planning et la transmet au responsable atelier pour validation sur les contraintes de l'atelier.
- *Validation des contraintes de l'atelier* : le responsable atelier vérifie que le planning est cohérent avec ses propres contraintes. Cette validation est enregistrée. Plusieurs allers-retours peuvent avoir lieu entre le responsable produit et l'atelier afin de faire coïncider planning et contraintes.
- *Planification initiale* : en fonction des remarques du responsable de l'atelier, une planification initiale est réalisée et est transmise au client pour acceptation. La date d'envoi est enregistrée.
- *Planification définitive* : le client valide, ou demande des corrections. Le responsable produit effectue, dans la mesure du possible, les modifications souhaitées et enregistre le planning. Les dates de retour et d'établissement du planning définitif sont enregistrées.

Le diagramme d'états-transitions de la classe Projet est donné à la figure 6.11.

Cette entité passe par les états : Initialisé, Planifié provisoire, En validation, Planifié, Planification modifiée et Accepté par le client.

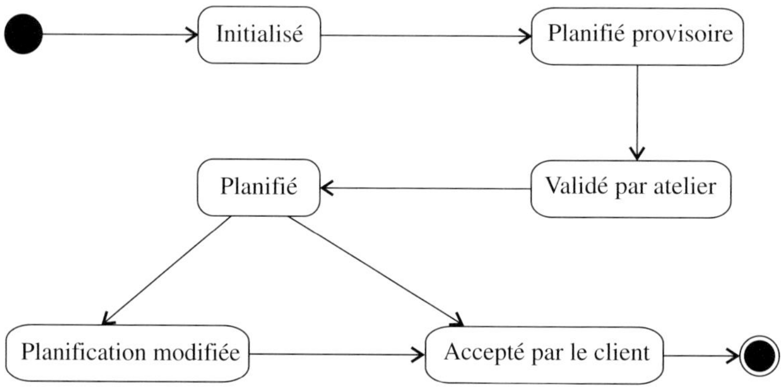

Figure 6.11 — Diagramme d'états-transitions de la classe Projet.

L'analyse du diagramme d'états-transitions de la classe Projet a pu aider à identifier les activités du processus Fabrication décrit dans la figure 6.10 :

- l'état Initialisé correspond à l'activité Initialiser le projet ;
- l'état Planifié provisoire correspond à l'activité Établir le planning ;
- l'état Validé par l'atelier correspond à l'activité Validation contraintes ;
- l'état Planifié correspond à l'activité Planification initiale ;
- l'état Planification modifiée correspond à l'activité Planification définitive ;
- l'état Accepté par le client correspond à l'activité Planification définitive.

À ce stade de l'étude, nous nous limiterons à l'inventaire des *processus support*. Ils sont au nombre de cinq :

- le processus référentiel des ressources types ;
- le processus de gestion des ressources ;
- le processus référentiel des opérations ;
- le processus référentiel des produits ;
- le processus de gestion des équipements.

Ces processus ne font l'objet que d'actions de création, de modification et de suppression qui sont effectuées par un administrateur du logiciel.

En ce qui concerne le *processus de pilotage*, le diagramme de cas d'utilisation Pilotage (Fig. 6.12) formalise le besoin exprimé par les différents pilotes. Ce cas est étendu, selon les besoins, en sept autres cas.

Trois acteurs sont concernés par le processus de pilotage, à un niveau de granularité différent.

Les besoins de la direction générale en terme de pilotage sont de deux ordres.

D'abord, il lui faut pouvoir suivre l'évolution de l'activité de l'entreprise. À ce titre, des indicateurs sur la production effective sont nécessaires.

Ensuite, la direction générale veut suivre l'état de son carnet de commandes, et doit donc avoir des indicateurs sur les propositions en cours, faites et acceptées.

Les besoins du chef de service production sont triples. Ils concernent le suivi de :

- l'avancement des projets ;
- l'avancement des propositions ;
- l'utilisation des ressources.

Les besoins des responsables produit sont ciblés sur leurs responsabilités à un moment donné. Il doivent pouvoir suivre précisément le ou les projets dont ils ont la responsabilité.

Les activités du processus de pilotage sont décrites par le cas Pilotage, lui-même décrit par le diagramme d'activités de la figure 6.13.

Le processus passe par quatre états : Établissement, Visualisation, Historisation, Édition.

Nous avons détaillé ces différents états.

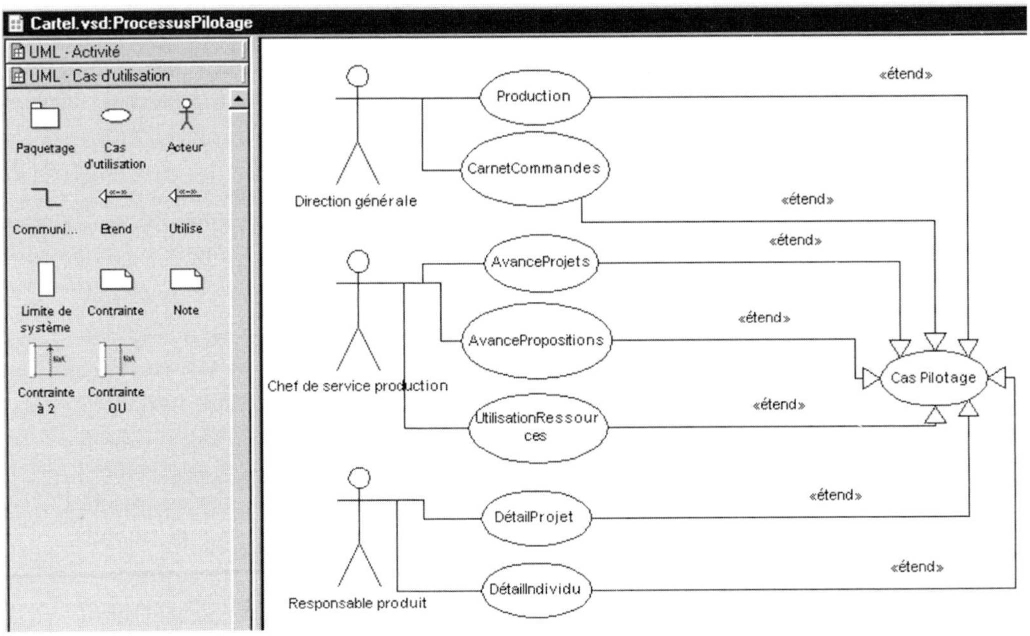

Figure 6.12 — Diagramme des cas d'utilisation du processus Pilotage.

Dans l'activité Établir le tableau de bord, il faut choisir le type de tableau de bord demandé, en cohérence avec les habilitations, et saisir les informations nécessaires à son établissement.

Dans l'activité Visualiser, le tableau de bord est affiché à l'écran. Il est alors possible de l'imprimer, de la mémoriser, ou d'abandonner.

L'édition du tableau de bord est paramétrée et peut ainsi être personnalisée. L'activité Édition permet de saisir ces paramètres avant d'effectuer l'impression.

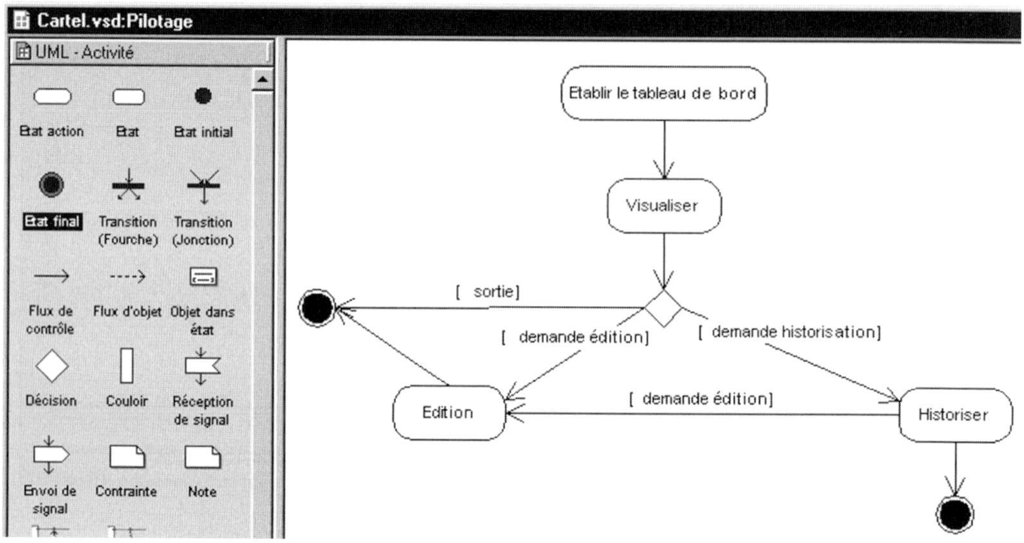

Figure 6.13 — Diagramme d'activités du processus Pilotage.

L'historisation du tableau de bord est paramétrée et peut ainsi être personnalisée. L'activité Historiser permet de saisir ces paramètres avant d'effectuer l'historisation proprement dite.

Les différents tableaux de bord ont été représentés par des diagrammes de classes.

Le tableau de bord de la direction générale est donné à la figure 6.14.

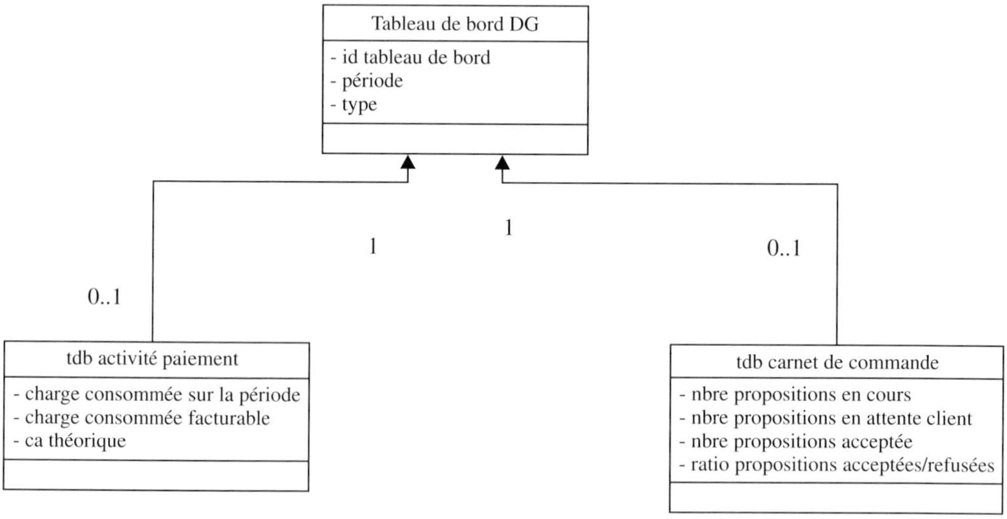

Figure 6.14 — Diagramme de classes du tableau de bord de la direction générale.

Le tableau de bord du chef du service production est donné à la figure 6.15.

Le tableau de bord du responsable produit est donné à la figure 6.16.

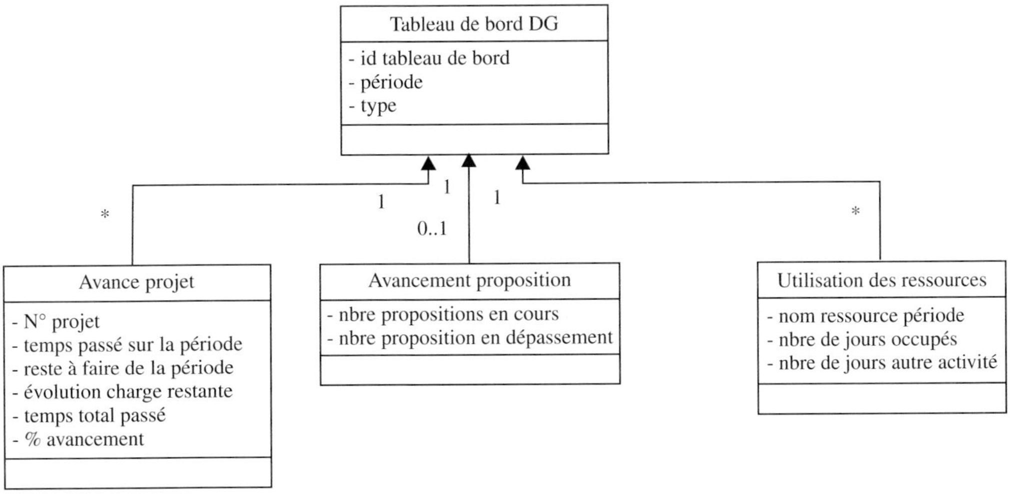

Figure 6.15 — Diagramme de classes du tableau de bord du chef du service production.

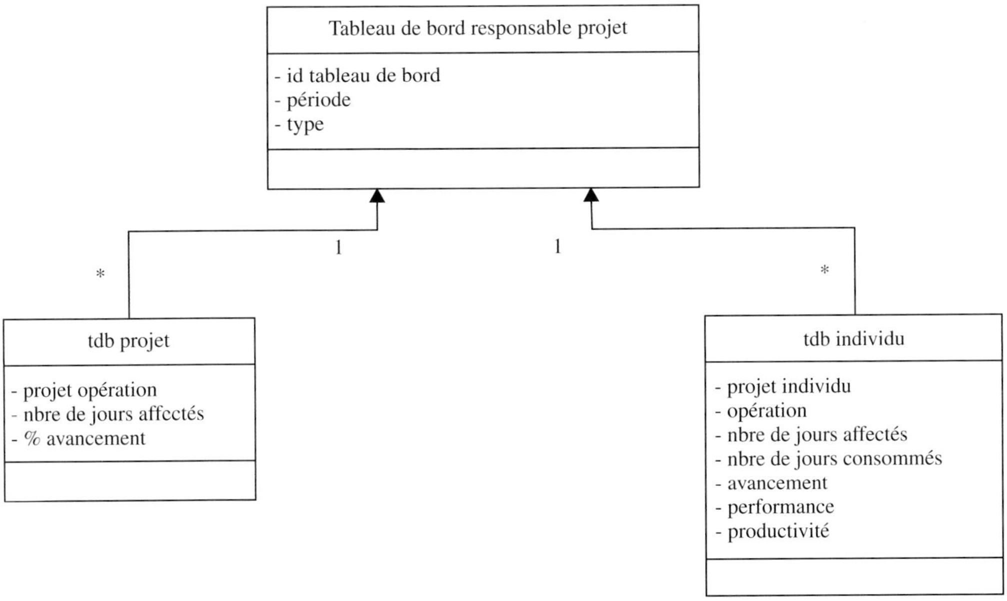

Figure 6.16 — Diagramme de classes du tableau de bord du responsable produit.

Le diagramme de classes des entités du domaine Production (Fig. 6.17) a été établi à partir de l'ébauche réalisée dans la phase 2 du projet, complétée par les besoins détectés au cours des phases suivantes. La documentation associée, issue de Rational Rose 4.5, figure à l'annexe B.

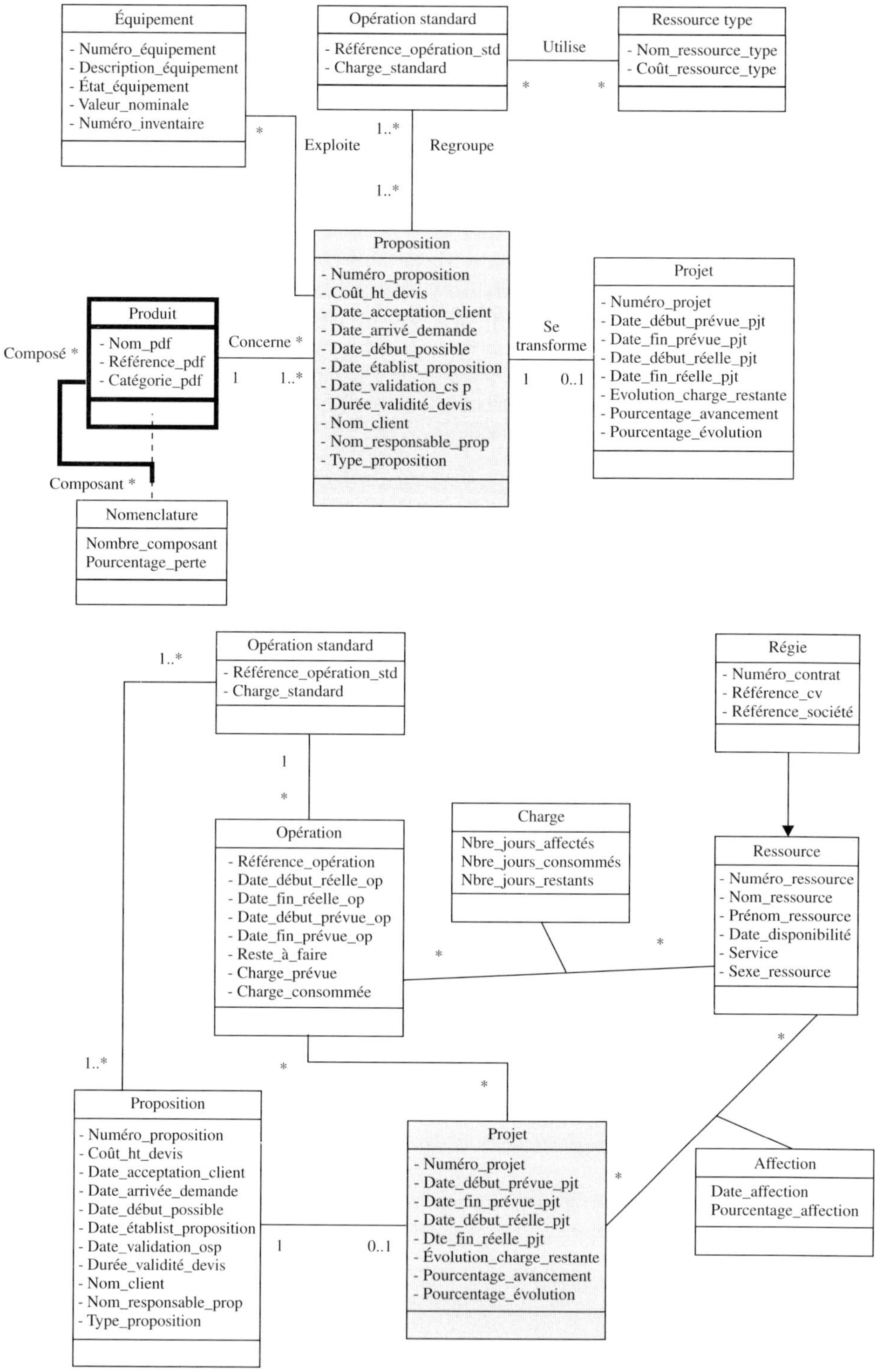

Figure 6.17 — Diagramme de classes des entités.

6.8 PHASE 7 : RÉDACTION DU CAHIER DES CHARGES

6.8.1 Déroulement de la phase 7

Le cahier des charges a été rédigé par le responsable du projet et validé par les décideurs.

6.8.2 Résultat de la phase 7

Nous présentons ci-après le plan commenté du cahier des charges issu de cette étude. Ce cahier des charges doit être complété, en cas de sous-traitance des aspects juridiques et administratifs concernant les partenaires. Ce cahier des charges est de niveau « expression du besoin », ce qui sous-entend que le maître d'œuvre devra proposer une ou des solutions détaillées répondant au besoin décrit. Il s'agit essentiellement de maquettes de fenêtres ou d'états, de transcriptions non ambiguës de règles de gestion ou de calcul, de compléments et d'affinage des différents diagrammes. Après validation par la maîtrise d'ouvrage, ces spécifications feront l'objet d'un développement.

Cahier des charges du projet d'informatisation de la production de l'entreprise CARTEL

1 Champ couvert par le projet

Ce chapitre s'appuie sur les travaux qui ont été réalisés au cours de la première phase de l'étude, Repérage du domaine.

1.1 Rappel des objectifs et des contraintes

Les objectifs du projet d'informatisation de la production de l'entreprise sont l'amélioration de l'efficacité opérationnelle de la production de cartes et la modernisation de l'image de l'entreprise.

La seule contrainte évoquée est d'utiliser les compétences actuelles en évitant de créer de nouveaux postes de travail, quitte à revoir les missions de chacun.

1.2 Périmètre cible

On mettra ici le diagramme de collaboration de la figure. Ce diagramme sera commenté.

2 Description du système futur

2.1 Orientations du système futur

Ce paragraphe sera une synthèse des phases 4, Diagnostic et 5, Reconfiguration du système d'information.

2.2 Diagramme de classes

On mettra ici le diagramme de classe élaboré lors de la phase 6, Modélisation du futur système d'information.

Afin de lever toute ambiguïté, ce diagramme sera complété, au niveau de chaque classe, par une définition sémantique agrémentée d'exemples si nécessaire. On pourra aussi à cet endroit donner des éléments volumétriques. Les attributs feront également l'objet d'une définition sémantique.

2.3 Aspect organisationnel

On mettra ici le diagramme de collaboration du futur système élaboré dans la phase 6, Modélisation du futur système d'information.

Les processus métier

Pour chaque processus métier on mettra les diagrammes d'activité et d'états-transitions élaborés dans la phase 6, Modélisation du futur système d'information.

Les processus support

On indiquera ici la liste des processus support établie dans la phase 6, Modélisation du futur système d'information.

Les processus de pilotage

On intégrera ici les diagrammes des cas d'utilisation, d'états-transitions et de classe élaborés au cours de la phase 6, Modélisation du futur système d'information.

3 Solution technique

La solution organisationnelle envisagée ne s'appuie sur aucun matériel spécifique. Une solution technique sera proposée en même temps que les spécifications détaillées.

4 Sécurité et solutions dégradées

Les spécifications détaillées prévoiront de manière précise les solutions de sécurité en termes de sauvegarde et de restauration de données.

Les habilitations seront prises en compte à partir du produit utilisé pour les autres applications de la société.

En première approche, la pertinence des solutions dégradées ne semblent pas établie. En effet, les pannes matériel ou réseau ne dépassent que très rarement la journée, et l'urgence des processus traités peut supporter ce décalage. Toutefois, une étude plus fine sera réalisée au cours de l'établissement des spécifications détaillées.

5 Aspects de la mise en œuvre

Les aspects de la mise en œuvre étudiés ici portent sur la migration de l'ancien système vers le nouveau système, sur le déploiement et sur la formation.

5.1 Migration de l'ancien système vers le nouveau système.

Les principes de migration sont les suivants :

Pas de « reprise » des projets en cours de réalisation. Une procédure transitoire manuelle sera mise en place afin de prendre en compte l'impact de ces projets sur le processus de pilotage.

À la date de démarrage, les nouveau projets seront traités dans le système informatisé. Les propositions relatives à ces projets seront complétées, mises dans la forme du nouveau système et saisies à cette occasion.

Pas de « reprise » des propositions techniques en dehors du cas précédent.

En revanche, les informations des processus support devront faire l'objet d'une harmonisation, dans certains cas d'une définition, et devront être saisies.

En ce qui concerne le processus de pilotage, aucune « reprise » n'est à envisager. En revanche, pendant une période transitoire, on prévoira d'y intégrer des informations manuelles.

5.2 Déploiement

Le déploiement se fera en une seule fois dans les services concernés : production, service client, atelier.

5.3 Formation

Deux profils sont à former au produit : les responsables produit et les pilotes.

L'ensemble des collaborateurs de l'entreprise est à informer.

6 Analyse de risque et stratégie de développement

Les six facteurs de risque (Fig. 6.18) pris en compte sont : la taille du projet, la configuration organisationnelle, le changement, la nouveauté technique, le degré d'intégration et l'instabilité. L'évaluation du risque a été faite sur une échelle allant de 1 à 4 (1 peu risqué, 2 plutôt peu risqué, 3 plutôt risqué, 4 risqué).

	1	2	3	4
Taille			*	
Configuration organisation			*	
Changement				*
Nouveauté technique				*
Degré d'intégration		*		
Instabilité de l'équipe		*		

Figure 6.18 — Profil de risque.

Le projet est d'une taille moyenne, le fait qu'il soit très sensible et stratégique nous fait mettre un niveau de risque 3.

La configuration organisationnelle fait que le projet fait intervenir plusieurs acteurs importants ; de plus, la reconfiguration du système d'information modifie certaines de leurs prérogatives. Le niveau de ce risque est de 3.

Le coté très novateur dans la manière de travailler ainsi que le changement de culture (de l'artisanat vers l'industriel) nous incite à attribuer au changement un facteur de risque maximum.

En ce qui concerne la difficulté technique, l'utilisation de C++ en accompagnement de l'AGL Rational Rose constitue une nouveauté technique pour l'équipe informatique. Ce facteur de risque est important (4).

Le degré d'intégration, les échanges d'informations entre le projet et les autres domaines sont plutôt limités et le risque associé est faible (2).

Pour ce qui est de l'instabilité de l'équipe de projet, la stabilité des salariés de l'entreprise nous incite à considérer ce risque comme faible (2).

La stratégie de développement est la suivante.

Le projet est découpé en quatre sous-projets :

Sous-projet 1 : processus supports.

Sous-projet 2 : processus Avant vente.

Sous-projet 3 : processus Fabrication.

Sous-projet 4 : processus de pilotage.

L'ordonnancement de ces quatre sous-projets est le suivant (Fig. 6.19) :

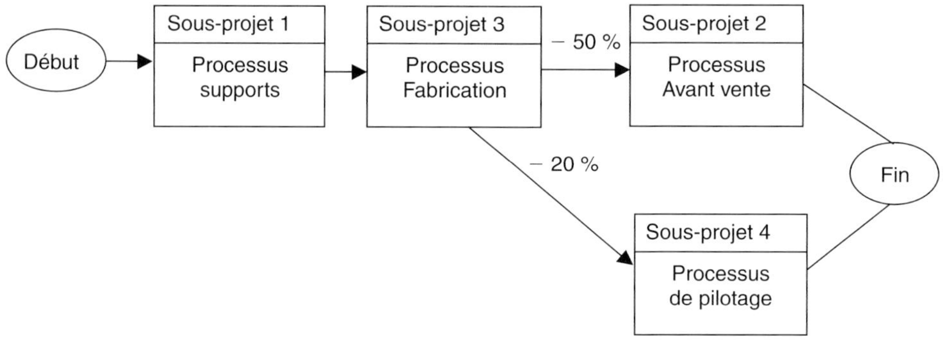

Figure 6.19 — Ordonnancement des sous-projets.

Si nous reprenons chaque facteur de risque, nous voyons que le risque dû à la taille est diminué de façon importante pour chaque sous-projet. Le risque lié à la configuration organisationnelle est limité au sous-projet 2 et le fait que ce sous-projet arrive en troisième position laisse espérer qu'une dynamique de projet limitera encore ce risque. Le risque dû à la nouveauté technique est traité en faisant du sous-projet 1 un sous-projet pilote pour les technologies utilisées. Ce sous-projet ne faisant pas apparaître par ailleurs d'autre difficultés est tout désigné pour une expérimentation grandeur nature, ce qui n'empêche pas de prévoir quelques missions d'assistance technique ponctuelles. Le risque induit par le changement sera minimisé par la participation des utilisateurs à la définition du contenu du sous-projet 1. Malgré cela un plan de communication sur le projet sera établi.

Annexe : étude de l'existant

On mettra ici le détail des phases 1, Repérage du domaine, 2, Découverte des informations, 3, Modélisation du workflow et 4, Diagnostic.

7

L'organisation de la documentation technique

7.1 PRÉSENTATION

La qualité de la documentation issue d'un projet est en partie liée à sa présentation et à son organisation. Ainsi, il est souhaitable de définir des règles d'organisation de la documentation à produire et ensuite de les appliquer en cours de production.

On peut identifier deux types de documentation et donc deux types de règles associées :

- des principes régissant l'organisation et la présentation des cahiers des charges ;
- des principes régissant l'organisation de la documentation technique.

Le premier type de documentation est présenté dans la section 4.9 et illustré dans le chapitre 6.

L'organisation de la documentation technique est l'objet du présent chapitre.

Après avoir présenté les règles d'organisation que nous avons choisies, nous les illustrerons par un projet réel conduit avec la société CGEA-Onyx, filiale de Vivendi Environnement[1].

Les règles d'organisation ne peuvent être définies en détail qu'en fonction des spécificités de l'outil de documentation retenu. Dans le cas présent la documentation a été faite successivement avec les ateliers **Rational Rose** (sections 7.2 et 7.3) et **Power AMC** (sections 7.4 et 7.5). Les règles que nous avons définies ne

1. Nous remercions l'ensemble de l'équipe Système d'information, avec qui nous avons collaboré, ainsi que Gilles Ferrand qui nous a accordé l'autorisation de publier des extraits du cahier des charges du projet TOTEM.

sont pas universelles. Il s'agit ici d'une proposition que chacun peut enrichir ou adapter en fonction de ses besoins et en fonction de l'outil qu'il a choisi. Enfin, si les présentes règles ont été orientées Rational Rose puis Power AMC, on peut les reconduire pour l'essentiel avec les autres ateliers. Ces règles sont essentiellement basées sur les concepts de paquetage et de diagramme.

7.2 LES RÈGLES D'ORGANISATION – VERSION RATIONAL ROSE

7.2.1 Premier niveau d'organisation

La documentation est organisée en quatre parties principales proposées par Rational Rose (Fig. 7.1).

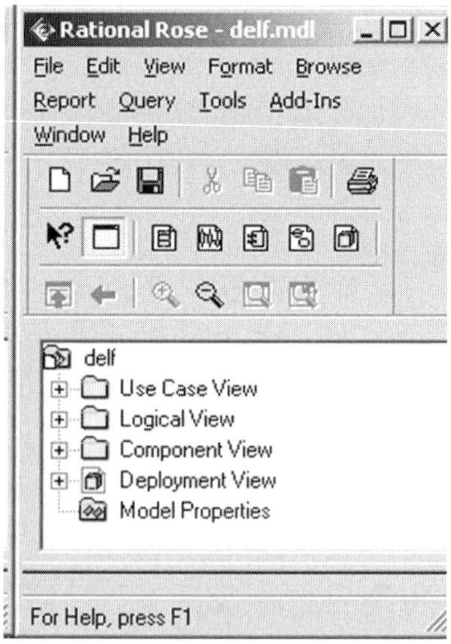

Figure 7.1 — Les quatre vues de la documentation avec Rational Rose.

Use Case View

Ce paquetage contient la description du système d'information souhaité. Cette description correspond à l'expression des besoins. Elle est le résultat de l'étape d'analyse.

Logical View et Component View

Les deux autres paquetages contiennent la description du système informatique ; cette description correspond à l'expression de la solution. Elle est le résultat des étapes de conception et d'implémentation.

La Logical View contient la description de l'organisation logique des données (les tables) et des traitements (les fonctions).

La Component View contient la description de l'architecture de la solution cible en termes de composants informatiques.

Deployment View

Ce paquetage contient la description de l'architecture matérielle.

Dans le cadre de cet ouvrage, seule la Use case View nous intéresse pour décrire le système d'information souhaité. Cette View accueille toute la documentation proposée dans la phase 6 de l'étape d'analyse (voir chapitre 4). Toutefois, nous présenterons et illustrerons les règles associées à la Logical View.

7.2.2 L'organisation de la Use Case View

Nous organisons la Use Case View en quatre paquetages permettant de décrire les acteurs, le contexte, les entités et les processus (Fig. 7.2).

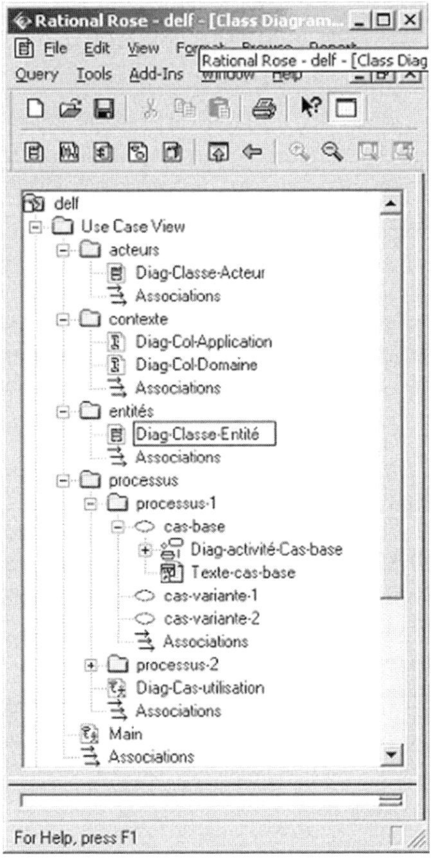

Figure 7.2 — Exemple d'organisation de la Use Case View avec Rational Rose.

Un paquetage ACTEURS

Le paquetage ACTEURS contient un diagramme de classes représentant chaque acteur par une classe de stéréotype « acteur ».

Un paquetage CONTEXTE

Le paquetage CONTEXTE contient un diagramme de collaboration représentant les échanges entre le projet et les domaines connexes. Le projet et chaque domaine connexe sont représentés par des objets.

Ce paquetage peut aussi contenir un diagramme de collaboration représentant les échanges entre le projet et les applications connexes. Chaque application est représentée par un objet.

Un paquetage ENTITÉS

Le paquetage ENTITÉS contient un ou plusieurs diagrammes de classes représentant les classes de stéréotype « entité » et leurs attributs.

Si le modèle est d'une « superficie » importante, on le représentera par plusieurs diagrammes. Le découpage d'un modèle en plusieurs diagrammes doit correspondre à une logique facilitant l'exploitation. On pourra par exemple choisir de faire des modèles par domaine, par processus ou des modèles par entité de gestion.

Un paquetage PROCESSUS

Chaque processus est décrit par un ou plusieurs cas d'utilisation (base et variantes). Ces cas peuvent être regroupés dans des diagrammes de cas d'utilisation. On pourra par exemple faire un diagramme pour regrouper l'ensemble des cas décrivant un processus.

Un cas d'utilisation sera généralement décrit par :

- un texte Word décrivant le cas et un scénario ;
- un diagramme d'activité.

7.2.3 L'organisation de la Logical View

Nous organisons la Logical View en deux paquetages permettant de décrire le schéma de la base de données et les fonctions de la future application (Fig. 7.3).

Un paquetage BASE-DONNÉE

Le paquetage base de données contient un diagramme de classes représentant l'ensemble des classes de stéréotype « table » et leurs attributs.

Un paquetage FONCTION

On a distingué pour la documentation des fonctions de type menu qui décrivent l'arborescence de l'application et des fonctions de type élémentaires qui décrivent les traitements.

- *Les fonctions de type menu.* Un diagramme de classes principal va représenter le menu principal de l'application en utilisant pour chaque item de ce menu une classe de stéréotype « interface ». Lorsqu'un item se décompose en sous-items (un menu en sous-menus), on associera à la classe un nouveau diagramme de classes.

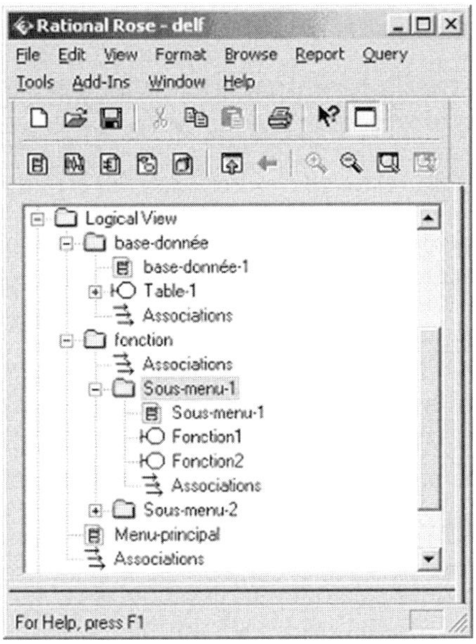

Figure 7.3 — Exemple d'organisation de la Logical View avec Rational Rose.

- *Les fonctions de type élémentaires.* Elles seront représentées de la même façon par des diagrammes de classes de stéréotype « interface ». À chaque classe sera associé un texte Word décrivant les traitements correspondants.

7.2.4 L'organisation de la Component View

La Component View peut se décomposer de la façon suivante (Fig. 7.4).

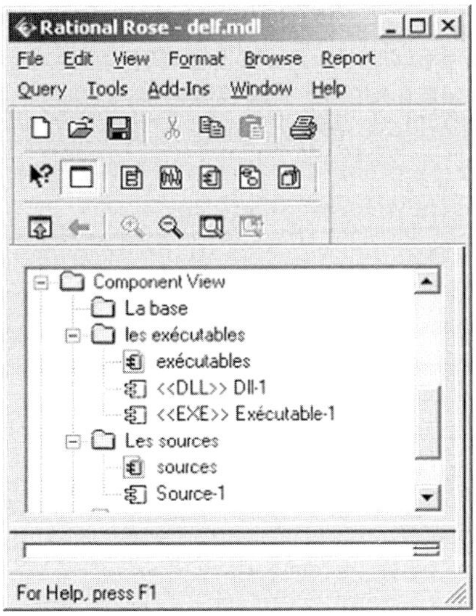

Figure 7.4 — Exemple d'organisation de la Component View avec Rational Rose.

Un paquetage EXÉCUTABLE

Le paquetage EXÉCUTABLE contient un diagramme de composants représentant les composants de stéréotype « exe », « dll »...

Un paquetage SOURCES

Le paquetage SOURCES contient un diagramme de composants représentant les composants de stéréotype « source » : « bas », « cls », « frm »...

Un paquetage AUTRES

Il contient un diagramme de composants, représentant les composants de stéréotype « autres ».

7.2.5 L'organisation de la Deployment View

La Deployment View est composée d'un diagramme de déploiement permettant de représenter l'ensemble de nœuds de l'architecture matérielle.

7.3 ILLUSTRATION : LE CAS TOTEM – VERSION RATIONAL ROSE

7.3.1 Le cas TOTEM

La présentation ci-dessous est extraite du cahier des charges du projet TOTEM :

> TOTEM est un outil de gestion d'exploitation de propreté urbaine. Il propose des fonctionnalités de gestion quotidienne, de suivi d'exploitation et de reporting.
>
> Le principe de cet outil est basé sur la définition de services qualifiant l'ensemble des activités et sous-activités des exploitations Onyx, la création et la saisie de feuilles de service, le traitement des informations recueillies permettant d'obtenir : des statistiques sur les moyens mis en œuvre (personnel, véhicules, produits) pour l'exécution des services (états d'activité, de facturation, de comptabilité...).
>
> La grande diversité des services au sein des exploitations Onyx a conduit à concevoir un produit offrant une très grande faculté de paramétrage, notamment pour permettre de créer les services.
>
> Cet outil est : multi-agence, multi-activité, multi-services et multi-utilisateur.
>
> TOTEM permet, sur un même site, de gérer une ou plusieurs agences, même d'activités diverses : si l'activité ordures ménagères (OM) reste l'activité de base, d'autres activités connexes sont gérées par une agence (atelier, services administratifs, déchetterie...).
>
> Cet outil est multi-utilisateur : des profils différents sont définis (opérateur de saisie, exploitant, superviseur...) et peut être utilisé en réseau sur une même agence.

L'activité principale à couvrir est l'organisation de la collecte des ordures ménagères (OM). Le concept de base de cette activité est le service. Un service est un ensemble de tournées effectuées par un équipage, c'est-à-dire un véhicule et des employés.

7.3.2 L'étape d'analyse : la Use Case View du cas TOTEM

Description des acteurs

Le diagramme de classes présenté (Fig. 7.5) permet de visualiser l'ensemble des acteurs qui seront impliqués dans l'organisation des différents processus. À chaque classe, une définition sémantique a été associée.

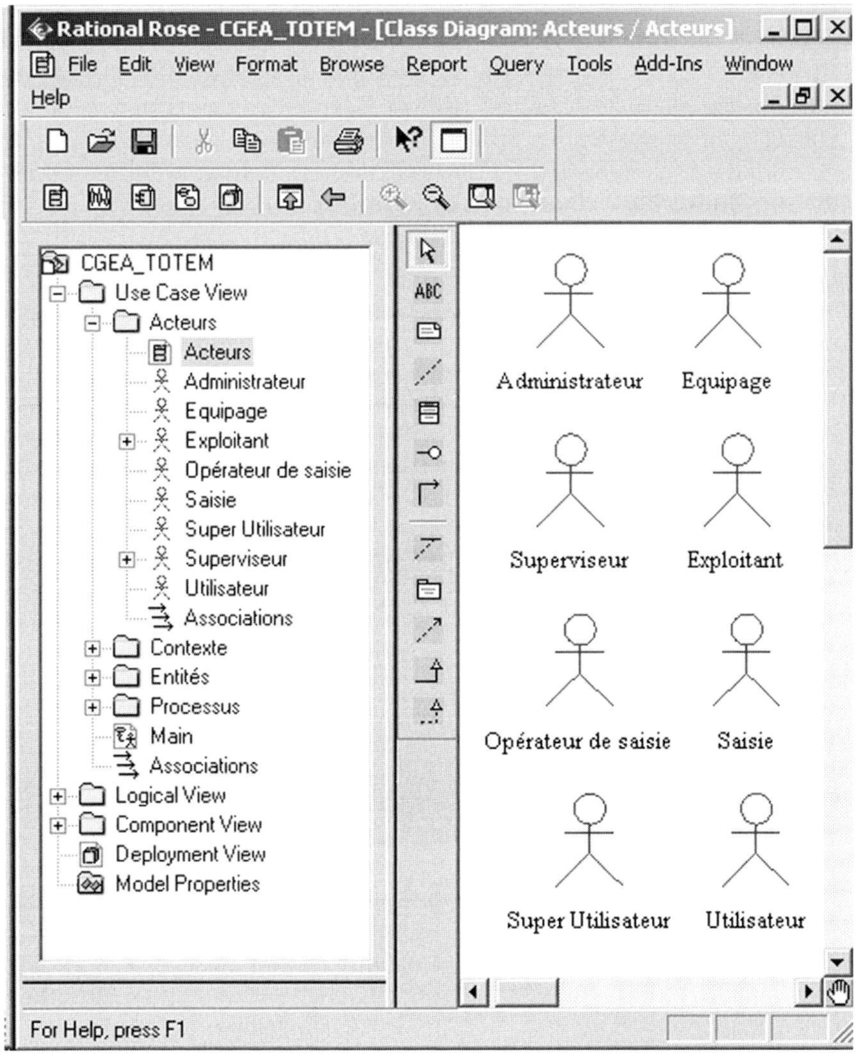

Figure 7.5 — Diagramme de classes des acteurs du projet TOTEM.

Description du contexte

Le diagramme de collaboration (Fig. 7.6) représente les échanges entre l'application TOTEM et les applications connexes.

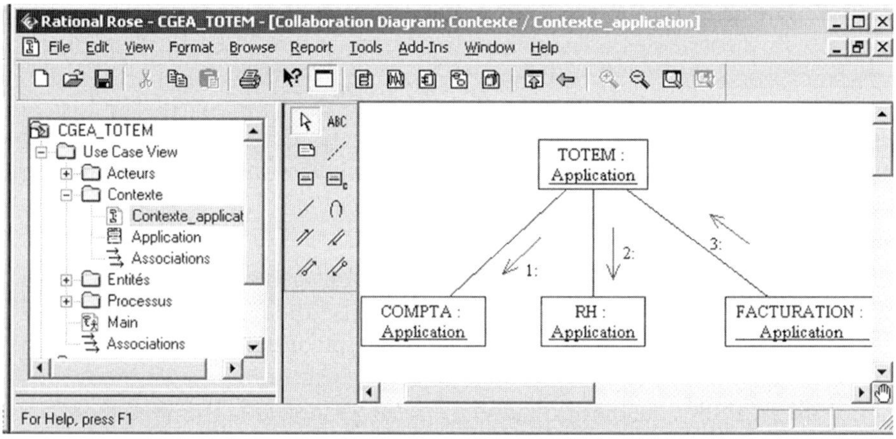

Figure 7.6 — Diagramme de collaboration avec les applications connexes au projet TOTEM.

Description des entités

Le nombre important d'entités à gérer nous a conduits à décomposer le modèle en seize diagrammes de classes. La logique retenue a été d'associer un diagramme aux différents domaines et sous-domaines identifiés. La figure 7.7 représente le diagramme du domaine de gestion des services. On trouvera par ailleurs des diagrammes du domaine gestion de personnel, du domaine gestion des véhicules, du domaine gestion des stocks, etc.

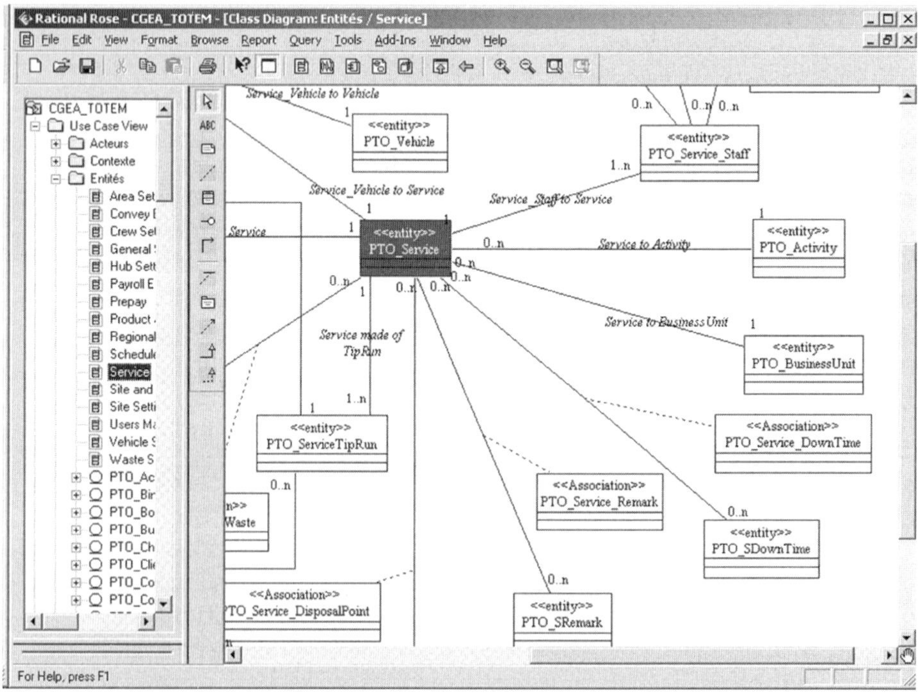

Figure 7.7 — Diagramme de classes des entités du domaine de gestion des services du projet TOTEM.

À chaque entité a été associée une définition sémantique illustrée (Fig. 7.8).

Figure 7.8 — Description d'une entité du projet TOTEM.

Description des processus

Un paquetage par domaine a été créé (Fig. 7.9). Chaque paquetage regroupe la description des processus du domaine correspondant.

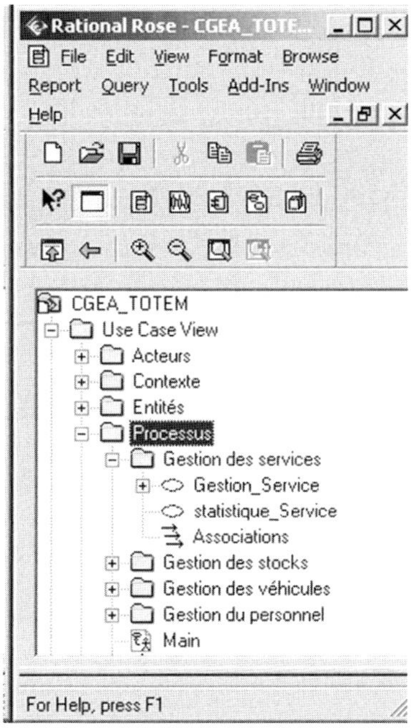

Figure 7.9 — Découpage en paquetage par domaine du projet TOTEM.

Chaque processus a été décrit par un diagramme d'activités (Fig. 7.10) et par des cas d'utilisation.

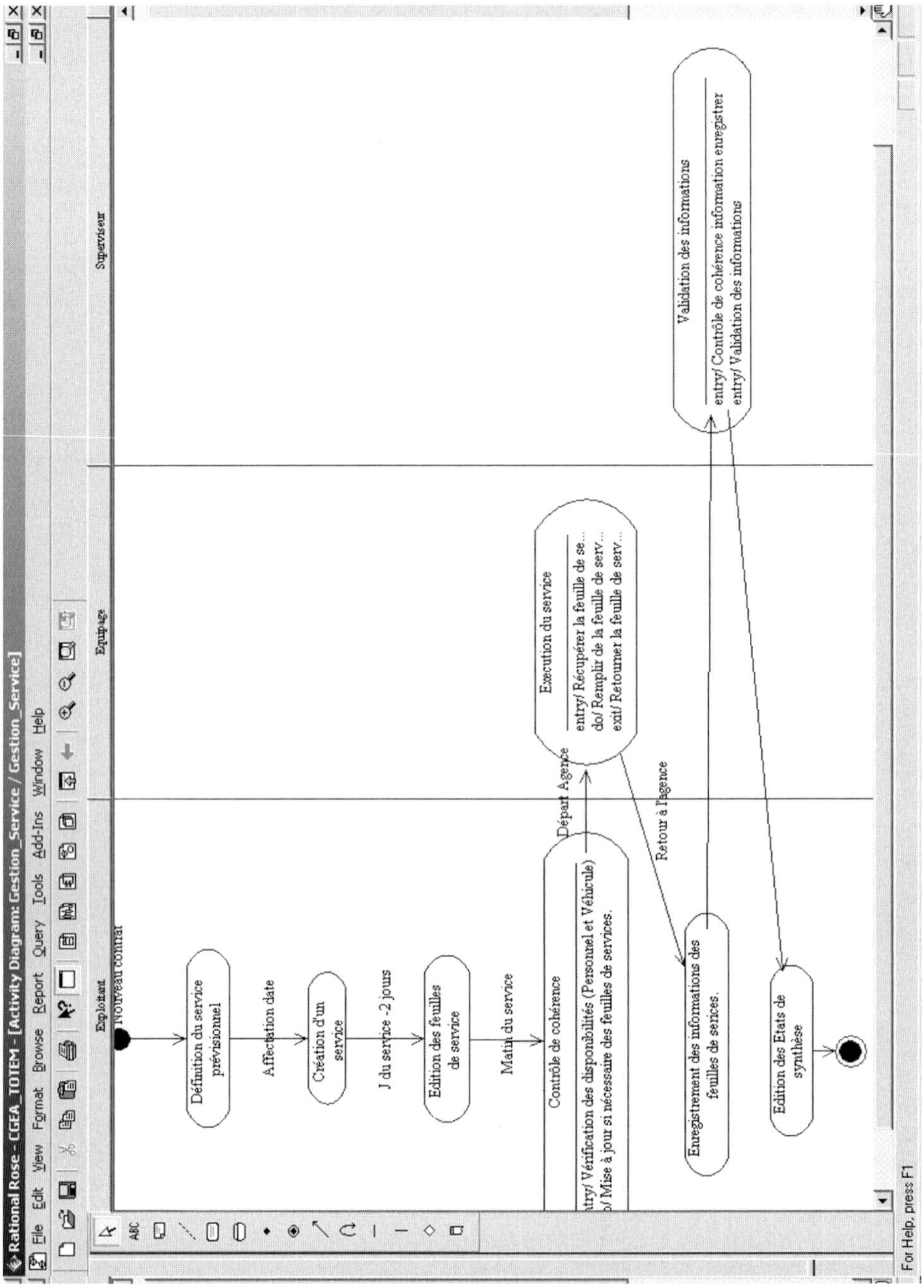

Figure 7.10 — Description d'un processus dans le projet TOTEM.

Les cas d'utilisation (base et variantes) ont été décrits dans un document Word attaché à la description du cas (Fig. 7.11).

Cas d'utilisation : Processus Gestion des services

Présentation

Ce processus traite de la définition et de l'organisation des tournées qui composent les services contractuellement proposés par CGEA à ses clients.

Les acteurs

Exploitant, superviseur, équipage.

Les actions

Événement	**Actions**	**Remarques**
À la signature du contrat	• Définition du service prévisionnel correspondant	Un service prévisionnel se définit essentiellement par un trajet, des ressources, une périodicité (voir la description de la classe).
Échéance journalière	• Édition des feuilles de service pour les services devant être exécutés dans les jours à venir	Souhait : 2 jours avant la date effective du service.
Tous les matins	• Édition du planning du matin • Édition de la feuille de présence correspondante	
Fin du service	• Prise en compte des informations décrivant les conditions d'exécution du service	
À échéance	• Validation des données décrivant les conditions d'exécution du service par le superviseur • Génération d'états de synthèse	
À échéance	• Exploitation des informations décrivant les différents services	

Variante 1

Lorsque des modifications sur la définition d'un service prévisionnel sont connues (individu malade, véhicule en révision...) elles sont prises en compte.

Les règles de gestion

- Avant d'être exploitées, les données doivent être validées par un superviseur.
- À l'édition des feuilles de services, des contrôles permettent de prévenir l'exploitant de conditions particulières à prendre en compte (congé annuel, indisponibilité d'un véhicule...)

Volumétrie et fréquence

- Nombre de services par jour et par agence : de 1 à 30
- Nombre moyen de contrats par agence : 15
- Nombre de personnel par agence : de 3 à 350
- Nombre de véhicules par agence : de 6 à 60

Figure 7.11 — Le cas d'utilisation Gestion des services du projet TOTEM.

7.3.3 L'étape de conception : la Logical View du cas TOTEM

Description de la base de données

Le modèle de la base de données peut être dérivé du diagramme de classes des entités, rangé dans la Use Case View (Fig. 7.7). Pour cela, il convient d'utiliser un module Rational spécifique. Il compose un modèle brut qu'il faut optimiser.

Description des fonctions

Les fonctions sont regroupées en deux parties (paquetages) pour distinguer les fonctions traitant de la problématique de connexion des fonctions d'exploitation. Dans le paquetage « Totem-Exploitation », un diagramme de classes (Menu_Principal) de stéréotype « interface » permet de visualiser la première arborescence de l'application (Fig. 7.12).

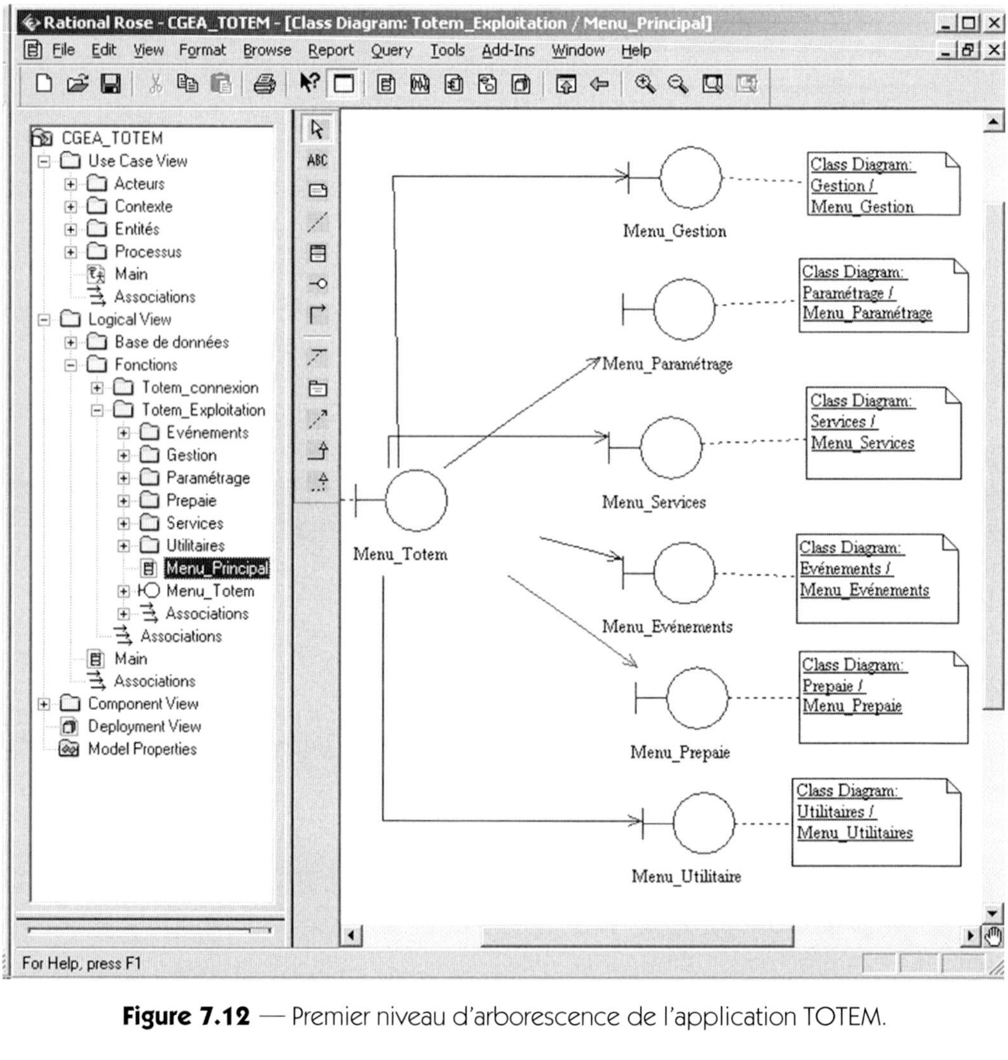

Figure 7.12 — Premier niveau d'arborescence de l'application TOTEM.

À chaque classe de ce diagramme est associé un paquetage pour décrire la suite de l'arborescence. Ainsi, à la classe « Menu_Service » est associé le paquetage « Service » (Fig. 7.13).

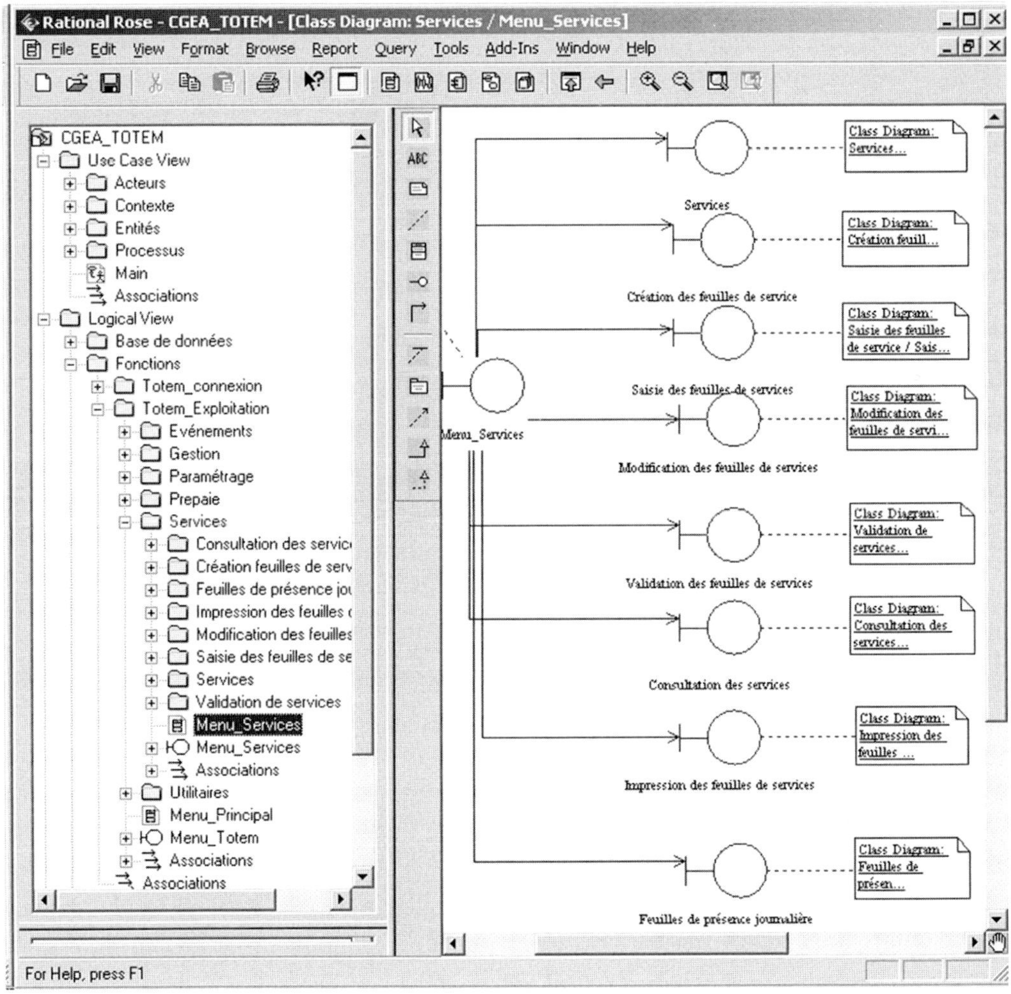

Figure 7.13 — Deuxième niveau d'arborescence de l'application TOTEM.

La classe « Feuille de présence journalière » décrit une fonction de type élémentaire. La description du cas a été stockée dans un fichier Word associé au cas (Fig. 7.14).

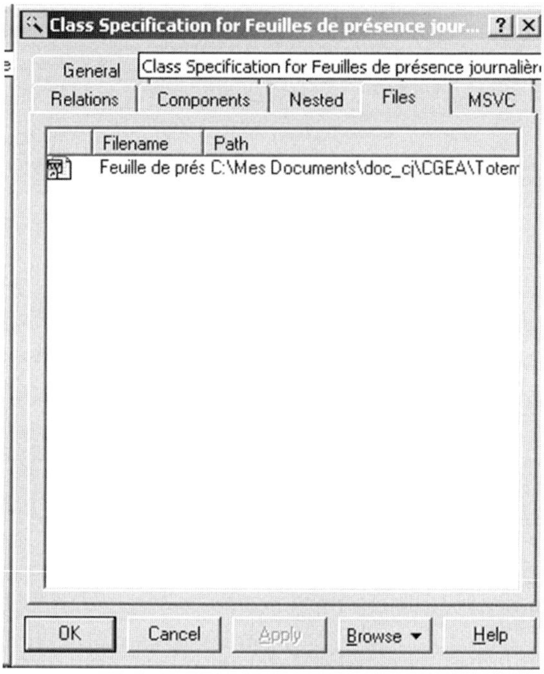

Figure 7.14 — Association d'un fichier Word à un cas d'utilisation dans le projet TOTEM.

Son contenu est le suivant :

Fonction	**Feuille de présence journalière**

Présentation

Cette fonction permet d'obtenir l'affectation du personnel (présence + indisponibilité) à une date donnée. Elle est accessible depuis le menu service (item : feuille de présence journalière).

Les items

Code[1]	Libellé	Table – vue	Nature[2]	S/A/M/Q[3]	O/F[4]	Format	Propriétés[5]
		Block Choix des paramètres					
SERV_Date	Date	PTO_Service	Txt	S	O	Date	
Block Unité de gestion							
	Case à cocher		Chk				
BUUT_Description	Unité de gestion	PTO_BusinessUnit	Txt	S	F	A(50)	Trié par libellé croissant et valeur « Autre » (NR) en fin de liste
	<Tout>		Cmd				
	<Vide>		Cmd				
		Block Contrat de travail					
	Case à cocher		Chk				
CTTY_Description	Contrat de travail	PTO_ContractType	Txt	S	F	A(50)	Trié par libellé croissant et valeur « Autre » (NR) en fin de liste
	<Tout>		Cmd				
	<Vide>		Cmd				
		Block Fonction théorique					
	Case à cocher		Chk				
EMPL_Description	Fonction théorique	PTO_Employ	Txt	S	F	A(50)	Trié par libellé croissant et valeur « Autre » (NR) en fin de liste
	<Tout>		Cmd				
	<Vide>		Cmd				
		Block Feuille de présence journalière					
SERV_BUUT_Code	Unité de Gestion	PTO_Service	Txt	A	S.O.	A(10)	
	Statut		Txt	A	S.O.	A(1)	Voir RG 4
STAF_Number	Matricule	PTO_Staff	Txt	A	S.O.		
STAF_Name	Nom	PTO_Staff	Txt	A	S.O.		
STAF_FirstName	Prénom	PTO_Staff	Txt	A	S.O.		
SERV_Description ou PRET_Description	Informations	PTO_Service ou PTO_PayRollEventType avec PRET_EVCA_Code = INDISPO	Txt	A	S.O.	???	Voir RG 5
PRET_Description	Compléments	PTO_PayRollEventType avec PRET_EVCA_Code <> INDISPO	Txt	A	S.O.	A(10)	Voir RG 6
	<Visualiser>		Cmd				
	<Imprimer>		Cmd				
	<Fermer>		Cmd				

1. Code rubrique ou variable.
2. Text = élément texte, Chk = case à cocher, Opt = groupe de boutons, Pop = liste à dérouler, Cmd = bouton commande.
3. S = saisie, A = affichage, Q = critère de recherche, M = masqué.
4. O = obligatoire, F = facultative.
5. Cette colonne permet de lister les règles de gestion et les valeurs par défaut qui s'appliquent au champ ou de donner la disponibilité (actif/inactif) d'un bouton.

Les événements

Événement traité	Descriptif
Action sur l'icône <Tout> (block UG)	Sélectionne toutes les unités de gestion listées
Action sur l'icône <Vide> (block UG)	Désélectionne toutes les unités de gestion listées
Action sur l'icône <Tout> (block Contrat)	Sélectionne tous les contrats de travail listés
Action sur l'icône <Vide> (block Contrat)	Désélectionne tous les contrats de travail listés
Action sur l'icône <Tout> (block Fonction)	Sélectionne toutes les fonctions listées
Action sur l'icône <Vide> (block Fonction)	Désélectionne toutes les fonctions listées
Action sur l'icône <Visualiser>	Alimentation du block « Feuille de présence journalière » avec les restrictions saisies dans la partie gauche de l'écran
Action sur l'icône <Imprimer le rapport>	Lancement de l'édition de la feuille de présence journalière
Action sur l'icône <Fermer>	Fermeture de l'écran et retour sur la fenêtre précédente
Fermeture de la fenêtre	Fermeture du navigateur

Règles de gestion

Règle	Description
1	Le personnel affiché sur cette feuille de présence journalière dépend des valeurs saisies en paramètres. Date d'entrée <= date saisie ou Null Date de fin contrat >= date saisie ou Null Matricule <> NR
2	Il faut saisir au minimum une valeur pour chacun des 4 paramètres.
3	Il est possible de saisir plusieurs valeurs pour les paramètres Unité de gestion/Contrat de travail/Fonction. Il est possible de sélectionner l'ensemble des valeurs pour n'importe lequel des paramètres avec le bouton <Tout>. À l'inverse, il est possible d'annuler toute la sélection pour n'importe lequel des paramètres avec le bouton <Vide>.
4	La colonne Statut possède 3 valeurs : • 0 pour les personnes sans affectation à la date demandée ; • X pour les personnes affectées le même jour à un service et une indisponibilité ; • rien pour les personnes OK.
5	La colonne Information contient soit le nom du service (SERV_Description) quand la personne est affectée, soit le titre de l'indisponibilité (SPRE_Description) pour la catégorie d'événement égale à « INDISPO ».
6	La colonne Complément contient, quand la personne n'est pas affectée, le titre de l'indisponibilité (SPRE_Description) pour la catégorie d'événement différent de « INDISPO » (= « COMPLE »).
7	Il n'est possible d'imprimer la feuille de présence affichée qu'à partir du moment où la visualisation s'est effectuée avec succès.
8	Si aucun personnel ne répond aux critères sélectionnés, un message d'erreur est affiché et la feuille de présence est réinitialisée à vide : « Aucun personnel ne répond aux critères sélectionnés. »

Le dessin de l'interface qui accompagne la description est reproduit à la figure 7.15.

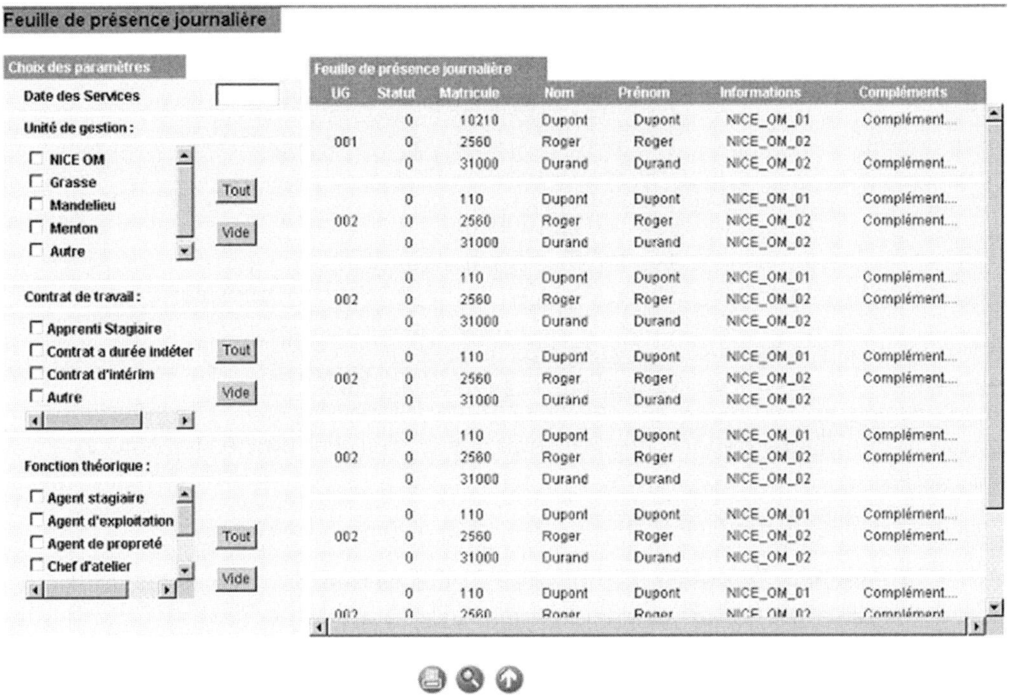

Figure 7.15 — Description d'un écran dans le projet TOTEM.

7.4 LES RÈGLES D'ORGANISATION – VERSION POWER AMC

Power AMC nous a permis de reconduire de façon presque identique les règles d'organisation que nous avons établies pour Rational Rose.

7.4.1 *Premier niveau d'organisation*

La documentation est organisée en trois parties principales, appelées *dossiers* (Fig. 7.16).

Analyse

Ce dossier contient la description du système d'information souhaité. Cette description correspond à l'expression des besoins. Elle est le résultat de l'étape d'analyse.

Figure 7.16 — Organisation de la documentation avec Power AMC.

Conception et réalisation

Les deux autres dossiers contiennent la description du système informatique ; cette description correspond à l'expression de la solution. Elle est le résultat des étapes de conception et d'implémentation.

Le dossier Conception contient la description de l'organisation logique des données (les tables) et des traitements (les fonctions).

Le dossier Réalisation contient la description de l'architecture de la solution cible en termes de composants informatiques.

Dans le cadre de cet ouvrage, seul le dossier Analyse nous intéresse pour décrire le système d'information souhaité. Ce dossier accueille toute la documentation proposer dans la phase 6 de l'étape d'analyse (voir chapitre 4). Toutefois, nous présenterons et illustrerons les règles associées au dossier Conception.

7.4.2 L'organisation du dossier Analyse

Nous organisons le dossier Analyse en quatre paquetages permettant de décrire les acteurs, le contexte, les entités et les processus (Fig. 7.17).

Un paquetage ACTEURS

Le paquetage ACTEURS contient un diagramme de classes représentant chaque acteur par une classe de stéréotype « acteur ».

Un paquetage CONTEXTE

Le paquetage CONTEXTE contient un diagramme de classes (il n'y a pas dans la version actuelle de Power AMC de diagramme de collaboration) représentant les échanges entre le projet et les domaines connexes. Le projet et chaque domaine connexe sont représentés par des objets, et les échanges entre eux par des dépendances. Les objets et les dépendances peuvent éventuellement être stéréotypés.

Ce paquetage peut aussi contenir un diagramme d'objets représentant les échanges entre le projet et les applications connexes. Chaque application est représentée par un objet.

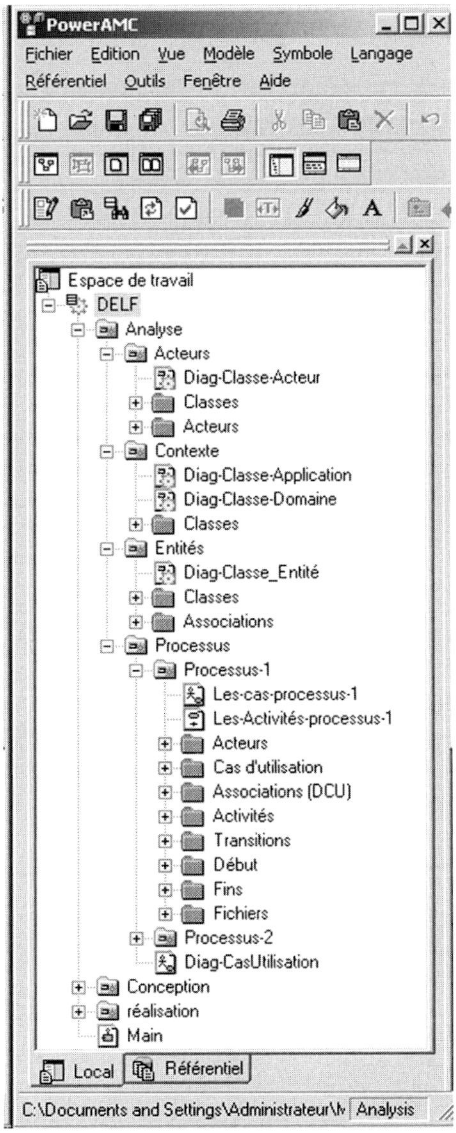

Figure 7.17 — Exemple d'organisation de la documentation du dossier Analyse avec Power AMC.

Un paquetage ENTITÉS

Le paquetage ENTITÉS contient un ou plusieurs diagrammes de classes représentant les classes de stéréotype « entité » et leurs attributs.

Si le modèle est d'une « superficie » importante, on le représentera par plusieurs diagrammes. Le découpage d'un modèle en plusieurs diagrammes doit correspondre à une logique facilitant l'exploitation. On pourra par exemple choisir de faire des modèles par domaine, par processus ou des modèles par entité de gestion.

Un paquetage PROCESSUS

Chaque processus est décrit par un ou plusieurs cas d'utilisation (base et variantes). Ces cas peuvent être regroupés dans des diagrammes de cas d'utilisation. On pourra, par exemple, faire un diagramme pour regrouper l'ensemble des cas décrivant un processus.

Un cas d'utilisation sera généralement décrit par :

- un texte Word décrivant le cas et un scénario ;
- un diagramme d'activité.

7.4.3 L'organisation du dossier Conception

Nous organisons le dossier Conception en deux paquetages permettant de décrire le schéma de la base de données et les fonctions de la future application (Fig. 7.18).

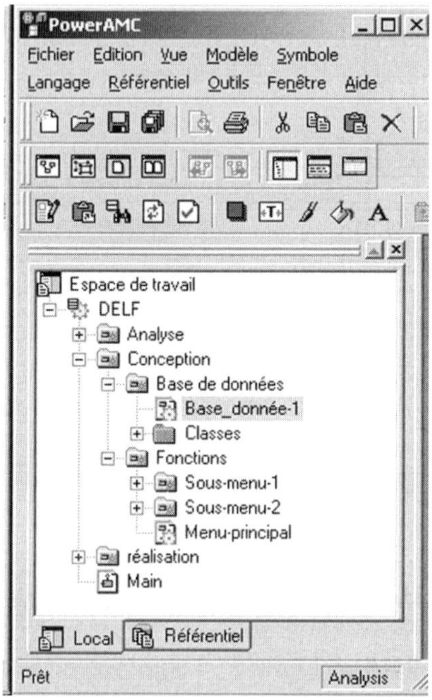

Figure 7.18 — Exemple d'organisation de la documentation du dossier Conception avec Power AMC.

Un paquetage BASE-DONNÉE

Le paquetage base de données contient un diagramme des tables générées par Power AMC.

Un paquetage FONCTION

On a distingué pour la documentation des fonctions de type menu qui décrivent l'arborescence de l'application et des fonctions de type élémentaires qui décrivent les traitements.

- *Les fonctions de type menu.* Un diagramme de classes principal va représenter le menu principal de l'application en utilisant pour chaque item de ce menu une classe de stéréotype « interface ». Lorsqu'un item se décompose en sous-items (un menu en sous-menus) on associera à la classe un nouveau diagramme de classes.
- *Les fonctions de type élémentaires.* Les fonctions élémentaires seront représentées de la même façon par des diagrammes de classes de stéréotype « interface ». À chaque classe sera associé un texte Word décrivant les traitements correspondants.

7.4.4 L'organisation du dossier Réalisation

Le dossier réalisation peut se décomposer de la façon suivante.

Un paquetage EXÉCUTABLE

Le paquetage EXÉCUTABLE contient un diagramme de composants, représentant les composants de stéréotype « exe », « dll »...

Un paquetage SOURCES

Le paquetage SOURCES contient un diagramme de composants, représentant les composants de stéréotype « source » : « bas », « cls », « frm »...

Un paquetage AUTRES

Il contient un diagramme de composants, représentant les composants de stéréotype « autres ».

7.5 ILLUSTRATION : LE CAS TOTEM – VERSION POWER AMC

7.5.1 Le cas TOTEM

La présentation de ce cas a été faite ci-dessus, au paragraphe 7.3.

7.5.2 L'étape d'analyse : le dossier analyse du cas TOTEM

Description des acteurs

Le diagramme de classes présenté (Fig. 7.19) permet de visualiser l'ensemble des acteurs qui seront impliqués dans l'organisation des différents processus. À chaque classe, une définition sémantique a été associée.

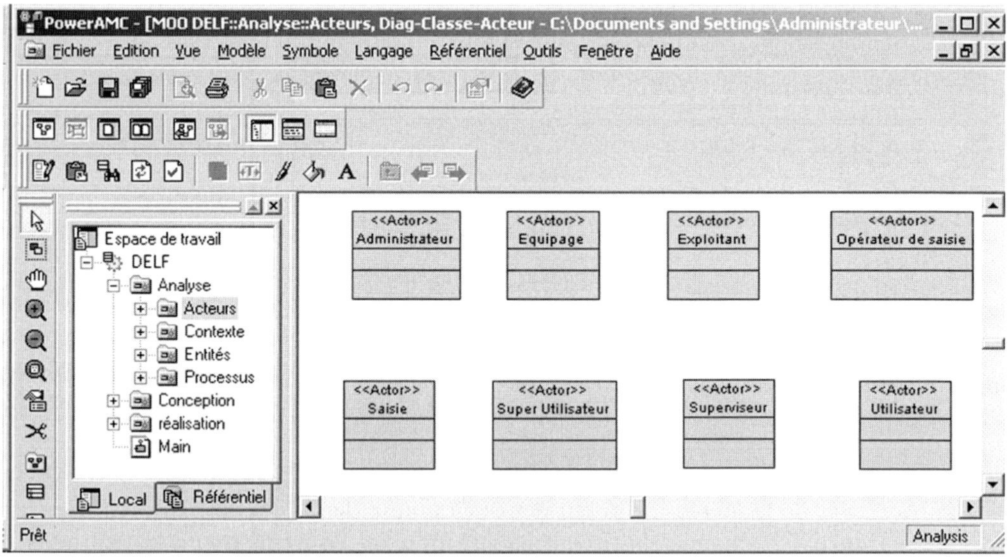

Figure 7.19 — Diagramme de classes des acteurs du projet TOTEM avec Power AMC.

Description du contexte

Le diagramme de collaboration (Fig. 7.20) représente les échanges entre l'application TOTEM et les applications connexes.

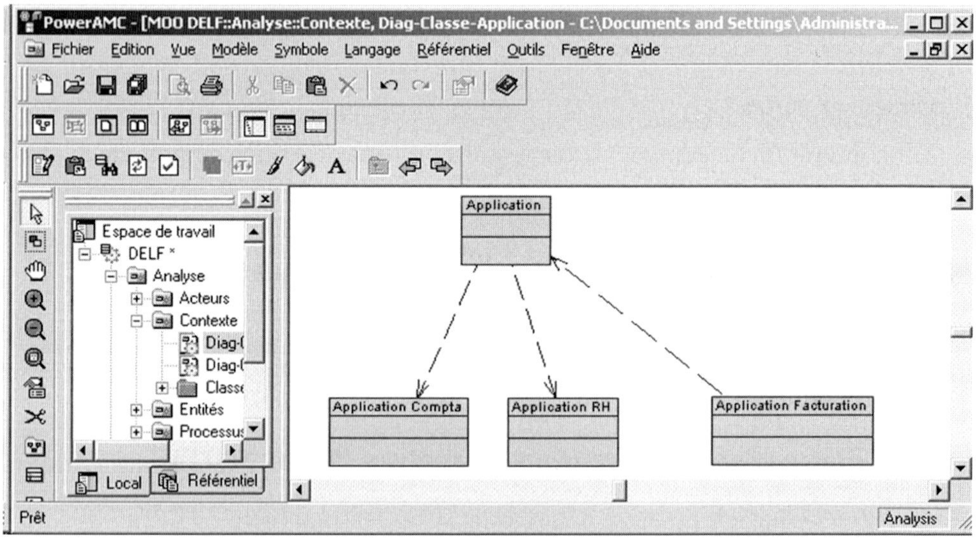

Figure 7.20 — Diagramme de collaboration du projet TOTEM avec Power AMC.

Description des entités

Le nombre important d'entités à gérer nous a conduits à décomposer le modèle en seize diagrammes de classes. La logique retenue a été de faire un diagramme par domaine ou sous-domaine identifié. La figure 7.21 représente le diagramme du domaine de gestion des services. On trouvera par ailleurs des diagrammes du domaine gestion de personnel, du domaine gestion des véhicules, du domaine gestion des stocks, etc.

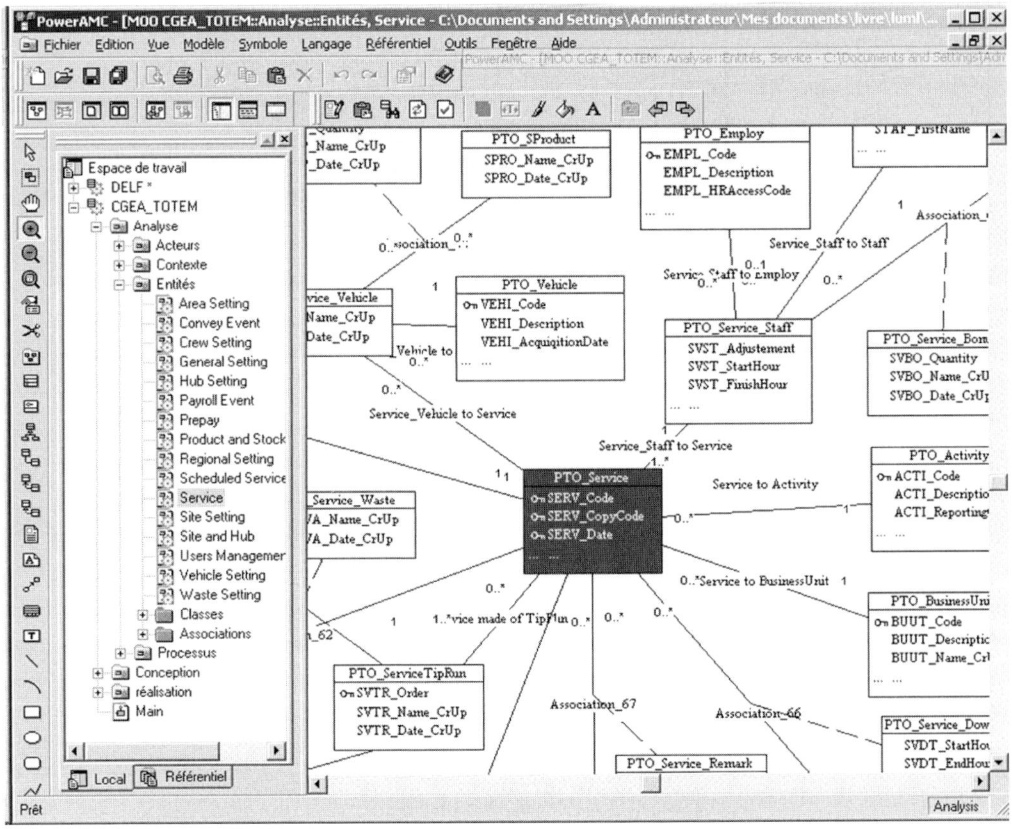

Figure 7.21 — Diagramme de classes des entités du domaine de gestion des services du projet TOTEM avec Power AMC.

À chaque entité a été associée une définition sémantique illustrée (Fig. 7.22).

Description des processus

Un paquetage par domaine a été créé (Fig. 7.23). Chaque paquetage regroupe la description des processus du domaine correspondant.

Chaque processus a été décrit par un diagramme d'activités (Fig. 7.24) et par des cas d'utilisation.

Les cas d'utilisation (base et variantes) ont été décrits dans un document Word attaché à la description du cas (Fig. 7.25).

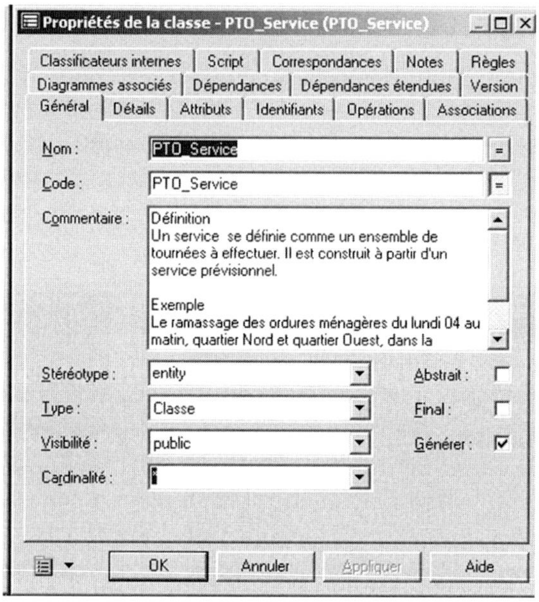

Figure 7.22 — Description d'une entité du projet TOTEM avec Power AMC.

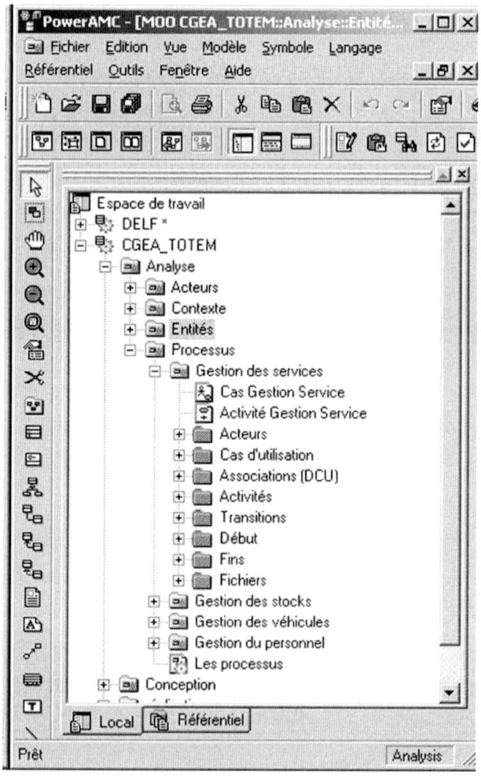

Figure 7.23 — Premier niveau de description des processus du projet TOTEM avec Power AMC.

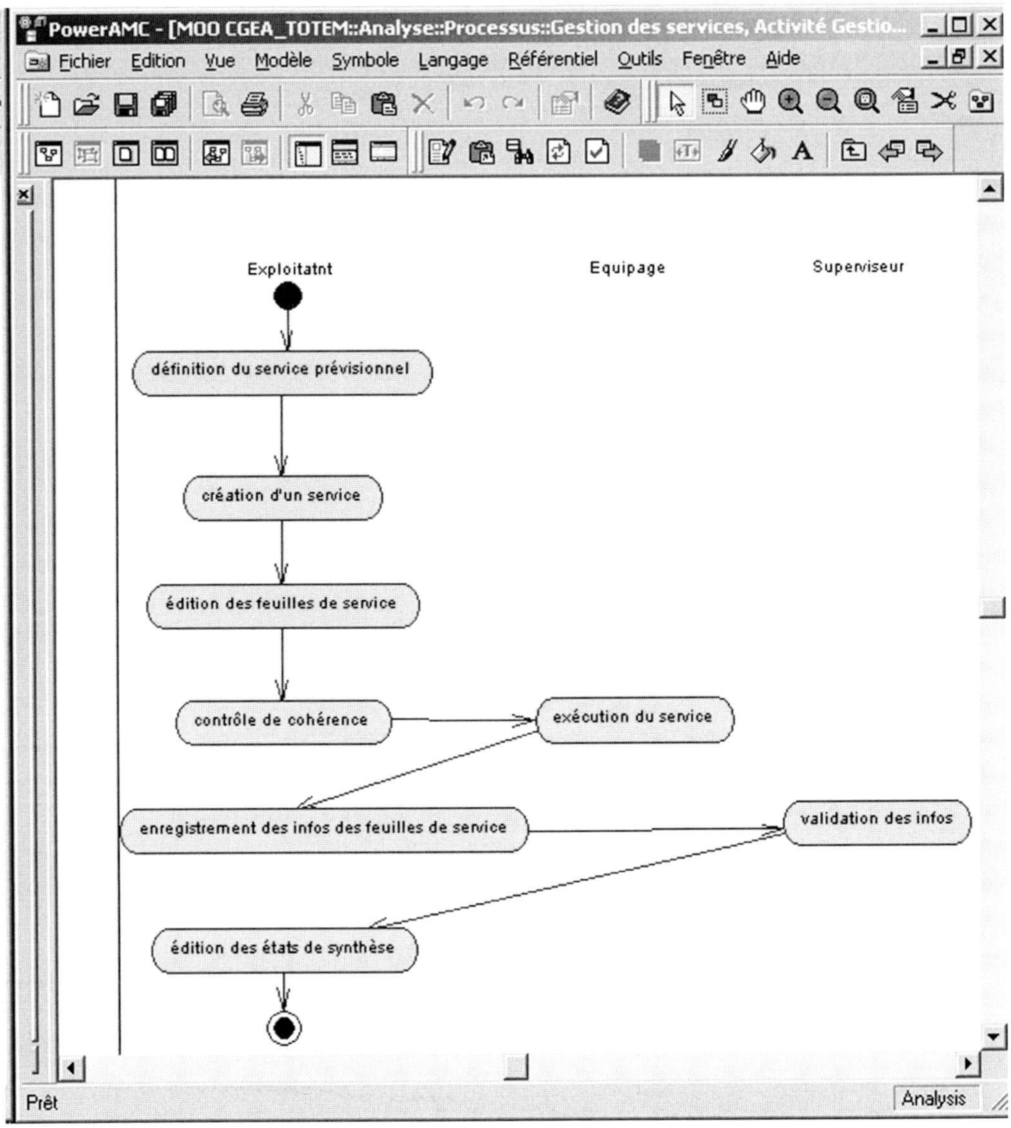

Figure 7.24 — Description d'un processus du projet TOTEM avec Power AMC.

Cas d'utilisation : Processus Gestion des services

Présentation

Ce processus traite de la définition et de l'organisation des tournées composant les services contractuellement proposés par CGEA à ses clients.

Les acteurs

Exploitant, superviseur, équipage.

Les actions

Événement	Actions	Remarques
À la signature du contrat	• Définition du service prévisionnel correspondant	Un service prévisionnel se définit essentiellement par un trajet, des ressources, une périodicité (voir la description de la classe).
Échéance journalière	• Édition des feuilles de service pour les services devant être exécutés dans les jours à venir.	Souhait : 2 jours avant la date effective du service.
Tous les matins	• Édition du planning du matin • Édition de la feuille de présence correspondante	
Fin du service	• Prise en compte des informations décrivant les conditions d'exécution du service	
À échéance	• Validation des données décrivant les conditions d'exécution du service par le superviseur • Génération d'états de synthèse	
À échéance	• Exploitation des informations décrivant les différents services	

Variante 1

Lorsque des modifications sur la définition d'un service prévisionnel sont connues (individu malade, véhicule en révision...), elles sont prises en compte.

Les règles de gestion

- Avant d'être exploitées, les données doivent être validées par un superviseur.
- À l'édition des feuilles de services, des contrôles permettent de prévenir l'exploitant de conditions particulières à prendre en compte (congé annuel, indisponibilité d'un véhicule...)

Volumétrie et fréquence

- Nombre de services par jour et par agence : de 1 à 30
- Nombre moyen de contrats par agence : 15
- Nombre de personnel par agence : de 3 à 350
- Nombre de véhicules par agence : de 6 à 60

Figure 7.25 — Description du cas d'utilisation Gestion des Services du projet TOTEM.

7.5.3 L'étape de conception : la Logical View du cas TOTEM

Description de la base de donnée

Le modèle de la base de données peut être dérivé du diagramme de classes des entités, rangé dans le dossier Analyse (Fig. 7.20). Pour cela, il convient d'utiliser une fonction spécifique de Power AMC. Il compose un modèle brut qu'il faut optimiser.

Description des fonctions

Dans le paquetage « Totem-Exploitation », un diagramme de classes (Menu_Principal) de stéréotype « interface » permet de visualiser la première arborescence de l'application (Fig. 7.26).

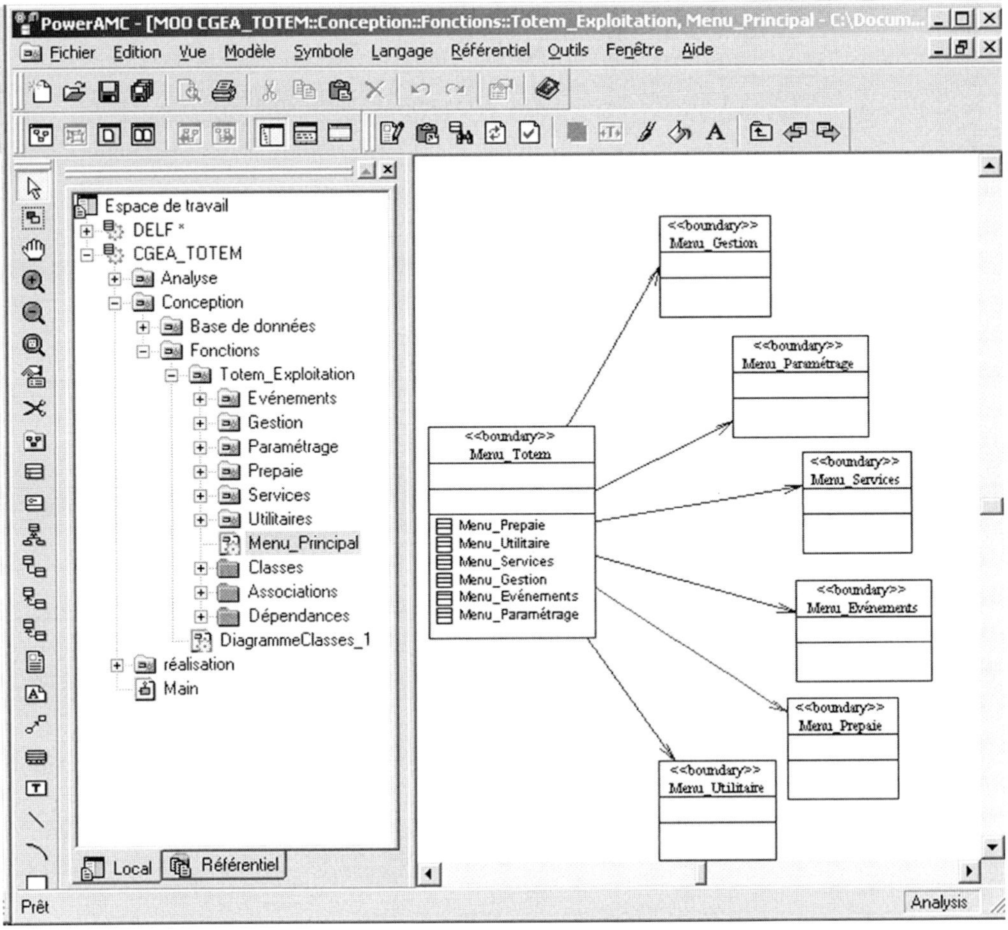

Figure 7.26 — Premier niveau d'arborescence de l'application TOTEM avec Power AMC.

À chaque classe de ce diagramme est associé un paquetage pour décrire la suite de l'arborescence. Ainsi, à la classe « Menu_Service » est associé le paquetage « Service » (Fig. 7.27).

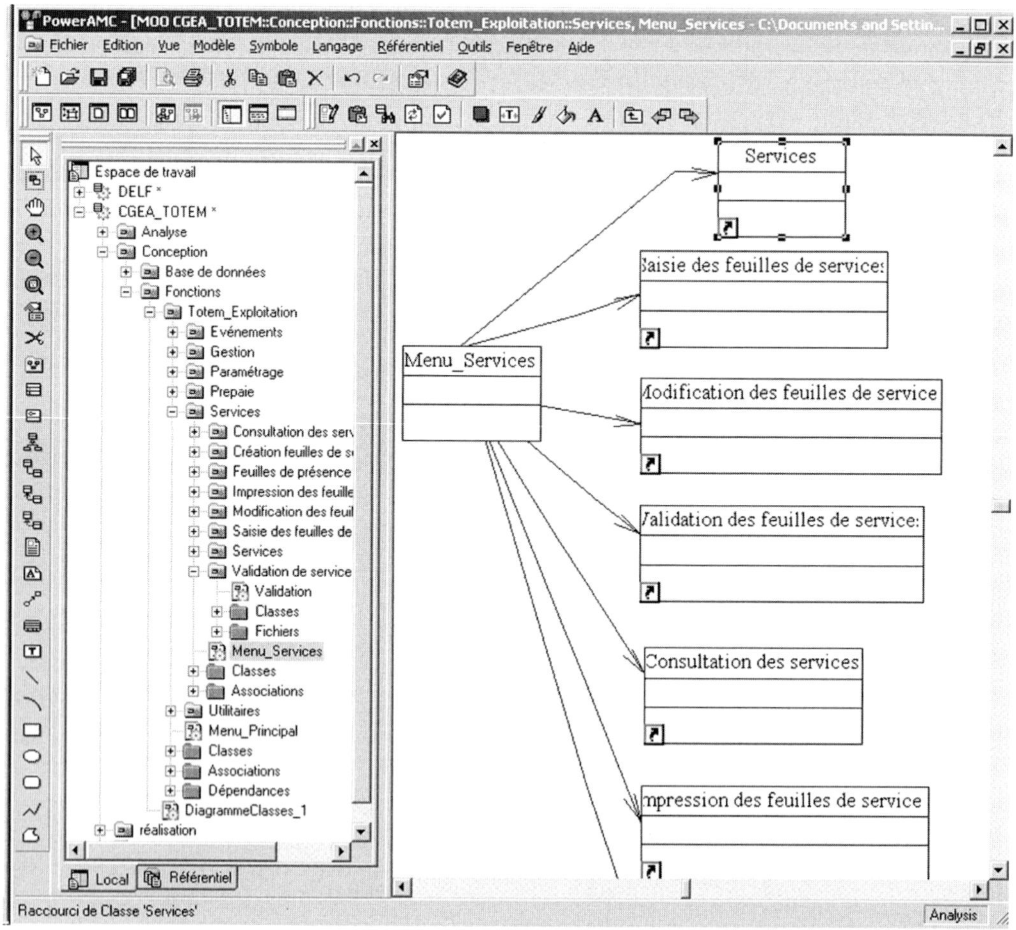

Figure 7.27 — Deuxième niveau d'arborescence de l'application TOTEM avec Power AMC.

La classe « Feuille de présence journalière » décrit une fonction de type élémentaire. Un fichier Word (Fig. 7.28) lui a été associé.

Son contenu est le même que ci-dessus avec Rational Rose (Fig. 7.14).

Ceci termine l'illustration de l'organisation de la documentation technique. On peut observer que les principes d'organisation que nous avons proposés peuvent être implémentés aussi bien avec Rational Rose qu'avec Power AMC.

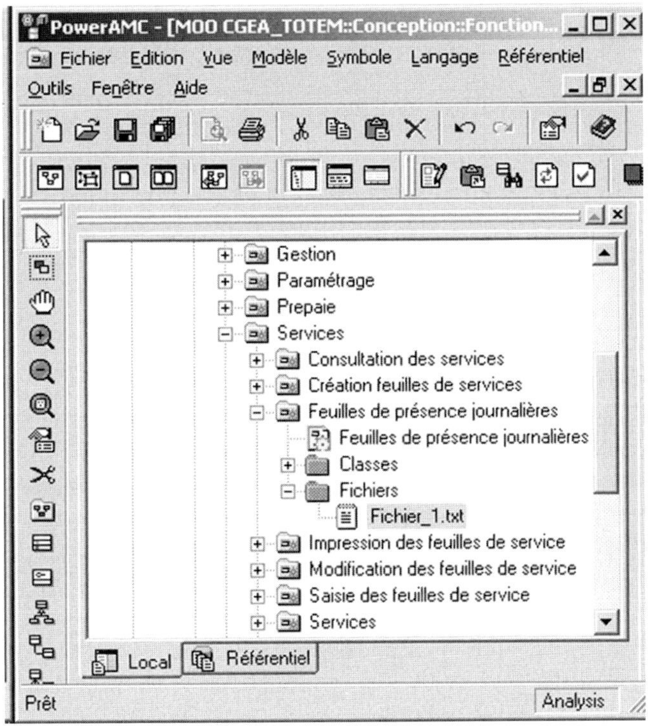

Figure 7.28 — Attachement d'un fichier Word pour décrire une fonction avec Power AMC.

ANNEXES

A. Les outils de modélisation UML

B. Guide pratique

L'annexe A fournit une liste des principaux AGL supportant les diagrammes UML.

L'annexe B est un guide pratique. Il récapitule, sous forme de fiches, les sept phases d'une analyse, puis les caractéristiques des sept phases. Ce guide peut constituer un support méthodologique de référence.

A

Les outils de modélisation UML

L'industrialisation des processus informatiques rend aujourd'hui l'utilisation d'un atelier de génie logiciel nécessaire à une gestion efficace de nos projets. Dans la présentation de la démarche d'analyse (chapitre 4), d'une étude de cas (chapitre 6) et des principes de documentation (chapitre 7), nous avons utilisé quatre outils pour nous assurer de la faisabilité de nos propositions.

L'offre d'ateliers supportant la méthode UML est déjà importante. Nous en avons dressé ci-dessous une liste non exhaustive. Il y a fort à parier que le caractère consensuel sur les techniques de modélisation obtenu par UML (voir section 1.3) favorisera l'évolution, l'enrichissement et la pérennité de cette offre.

Le tableau ci-dessous indique pour quelques ateliers UML les diagrammes supportés.

Pour monter ce tableau nous avons envoyé un questionnaire à l'ensemble des éditeurs que nous avons identifiés sur le site du CXP avec le mot clé « UML ».

Produit	Aris 6 Collaborative suite 6.0	Artisan Real Time Studio RTS 4.1	Describe (ancien GDPro) 5.5	Envision for case 6.0	Graphtalk Designer 3.2	Object Builder 2.0
Éditeur	Ids Scheer France	Microprocess Ingenierie	Software Process	CASE France	Computer Sciences Corporation	Information Technology Software
Cas d'utilisation	Oui	Oui	Oui	Oui	Oui	
Activité	Oui		Oui	Oui	Oui	
Séquence		Oui	Oui	Oui	Oui	
Classe	Oui	Oui	Oui	Oui	Oui	Oui
Objet		Oui	Oui	Oui		
États-transitions	Oui	Oui	Oui	Oui	Oui	
Collaboration	Oui	Oui	Oui	Oui		
Composant	Oui	Oui	Oui	Oui		Oui
Déploiement			Oui	Oui		

Produit	**Objecteering 5.1.1**	**Opentool 3.2**	**Power AMC 9.0 (beta)**	**Scriptor 2.6**	**Rational Rose Modeler CFG 10.05**	**STP/UML 8.2**	**System Architect V8.5**
Éditeur	Softeam	TNI	Sybase	Sodifrance	Rational Software	Aonix	Datasign, a Unilog Company
Cas d'utilisation	Oui	Oui	Oui	Oui	Oui	Oui	Oui
Activité	Oui		Oui	Oui	Oui	Oui	Oui
Séquence	Oui	Oui	Oui	Oui	Oui	Oui	Oui
Classe	Oui	Oui	Oui	Oui	Oui	Oui	Oui
Objet	Oui	Oui		Oui	Oui	Oui	Oui
États-transitions	Oui	Oui		Oui	Oui	Oui	Oui
Collaboration	Oui	Oui		Oui	Oui	Oui	Oui
Composant	Oui	Oui	Oui	Oui	Oui	Oui	Oui
Déploiement	Oui	Oui		Oui	Oui	Oui	Oui

B

Guide pratique

B.1 PRÉSENTATION DU GUIDE PRATIQUE

Ce chapitre a comme objectif de donner un guide pratique et synthétique pour l'utilisation d'UML dans la démarche d'analyse d'un système d'information.

Il se présente en deux parties :

- une gamme opératoire qui décrit pour l'étape d'analyse les phases et tâches à effectuer ainsi que les diagrammes à utiliser ;
- des fiches présentant les diagrammes utilisés.

B.2 GAMME OPÉRATOIRE DE L'ÉTAPE D'ANALYSE

Cette gamme opératoire énumère, pour l'étape d'analyse, les phases et les tâches à effectuer ainsi que les diagrammes à utiliser. Elle doit impérativement être adaptée, enrichie et validée avant d'être exploitée en entreprise. En d'autres termes, elle constitue une « matrice » pour définir l'organisation de la production de cahiers des charges fonctionnels avec UML.

La gamme opératoire comprend pour chaque phase une fiche indiquant :

- l'objectif de la phase ;
- les tâches à effectuer ;
- les entrées ;
- les sorties ;
- les diagrammes UML à utiliser.

Les sept phases décrites sont :

- Phase 1 : Repérage du domaine.
- Phase 2 : Découverte des informations.
- Phase 3 : Modélisation du workflow.
- Phase 4 : Diagnostic.
- Phase 5 : Reconfiguration du système d'information.
- Phase 6 : Modélisation du futur système d'information.
- Phase 7 : Rédaction du cahier des charges.

La gamme opératoire se limite ici à l'aspect purement « analyse » du cahier des charges. Il faudra y ajouter notamment les exigences qualité, les contraintes techniques et de délai ainsi que les aspects sécuritaires et les solutions de secours en cas de panne.

Étape : ANALYSE

Phase 1 : Repérage du domaine

Responsable : chef de projet maîtrise d'ouvrage

Ressources : analystes

Objet

Cette phase a pour objet de déterminer la finalité du projet, son périmètre, ainsi que les acteurs concernés.

Entrées	**Tâches**	**Sorties**
Demande de la part du directeur de la maîtrise d'ouvrage du projet. Nomination de l'équipe de projet (chef de projet, analyste).	• Formalisation des objectifs. • Identification des limites du projet. • Détermination des acteurs concernés et des acteurs à rencontrer. • Détermination de la documentation existante sur le domaine. • Mesure de la pertinence du projet[1].	Description du domaine. Dossier de décision sur la suite du projet.

Diagrammes

Diagramme de collaboration

Remarques :

[1] **S'il n'y a pas eu d'étude d'opportunité sur le projet, la réflexion sur la décision d'investissement est nécessaire à ce niveau. il s'agit :**

- d'évaluer le coût d'investissement sur le projet (Delphi et coûts standard) ;
- d'évaluer les apports du produit en termes financier, d'image, etc. ;
- d'évaluer les risques à ne pas mener le projet ;
- de faire un bilan de ces éléments et de décider.

<table>
<tr><td>Étape : ANALYSE
Phase 2 : Découverte des informations</td><td colspan="2">Responsable : chef de projet maîtrise d'ouvrage
Ressources : analystes</td></tr>
<tr><td colspan="3">Objet
Cette phase a deux objectifs :
• prendre connaissance et comprendre les différents aspects du système d'information ;
• repérer les grands concepts d'information gérés dans le domaine.</td></tr>
<tr><td>Entrées
Détermination des acteurs concernés.
Documentation sur le domaine.</td><td>Tâches
• Entretiens ou réunions avec les acteurs répertoriés lors de la phase 1.
• Analyse de la documentation concernant le domaine.
• Étude des IHM des applications existantes.
• Étude des fichiers ou bases de données existantes.</td><td>Sorties
Diagramme des classes existantes (entités).</td></tr>
<tr><td colspan="3">Diagrammes
Diagramme de classes</td></tr>
<tr><td colspan="3">Remarques :</td></tr>
</table>

<table>
<tr><td colspan="2">Étape : ANALYSE
Phase 3 : Modélisation du workflow</td><td>Responsable : chef de projet maîtrise d'ouvrage
Ressources : analystes</td></tr>
<tr><td colspan="3">Objet
Au cours de cette phase, les rôles des différents acteurs seront identifiés ainsi que leur manière de collaborer afin d'atteindre la finalité du domaine.</td></tr>
<tr><td>Entrées
Détermination des acteurs concernés.
Documentation sur le domaine.</td><td>Tâches
• Identifier les processus.
• Recueillir la description de l'activité des utilisateurs.
• Modéliser.</td><td>Sorties
Workflow modélisé.</td></tr>
<tr><td colspan="3">Diagrammes
Cas d'utilisation
Diagramme de séquence</td></tr>
<tr><td colspan="3">Remarques :
Cette phase est menée en parallèle avec la phase 2.</td></tr>
</table>

Étape : ANALYSE **Phase 4 : Diagnostic**		**Responsable** : chef de projet maîtrise d'ouvrage **Ressources** : analystes
Objet Porter une appréciation sur la gestion des informations et sur les processus.		
Entrées	**Tâches**	**Sorties**
Diagramme de classes de l'existant. Workflow modélisé.	• Faire la synthèse des résultats des phases 1 et 2. • Effectuer un diagnostic. • Formaliser le diagnostic. • Obtenir l'accord sur le diagnostic.	Diagnostic sur la situation existante.
Diagrammes		
Remarques : Les aspects à prendre en compte pour mettre en évidence la raison d'être du système sont : la perception de la mission par les différents acteurs, l'importance stratégique du domaine, le succès du domaine, les critères de performance, les connaissances mises en œuvre.		

Étape : ANALYSE **Phase 5 : Reconfiguration du système d'information**		**Responsable** : chef de projet maîtrise d'ouvrage **Ressources** : analystes
Objet Fixer les nouveaux principes portant sur la gestion des informations et sur la configuration des processus.		
Entrées	**Tâches**	**Sorties**
Diagnostic de la situation existante.	• Proposer les orientations pour : – améliorer les informations ; – régénérer les processus ; – ouvrir le système ; – renforcer le pilotage. • Faire valider par les utilisateurs. • Obtenir l'accord des décideurs.	Orientations pour le futur système.
Diagrammes		
Remarques :		

<table>
<tr><td colspan="2">Étape : ANALYSE
Phase 6 : Modélisation du futur système d'information</td><td>**Responsable** : chef de projet maîtrise d'ouvrage
Ressources : analystes</td></tr>
<tr><td colspan="3">**Objet**
L'objectif de cette phase est de modéliser les différents aspects du futur système d'information en s'appuyant sur les règles arrêtées lors de la phase précédente.</td></tr>
<tr><td>**Entrées**
Orientation du futur système.</td><td>**Tâches**
• Élaborer :
– le diagramme de classes (entités et éventuellement acteurs) ;
– le diagramme de cas d'utilisation ;
– les diagrammes d'états-transitions ;
– les diagrammes de séquence ;
– les diagrammes d'activités.
• Pour chaque processus :
– modéliser et argumenter les variantes.
• Faire des maquettes (ou prototypes) pour les activités interactives.
• Dessiner les formats des éditions.
• Faire valider et accepter la modélisation.</td><td>**Sorties**
Diagrammes.
Maquettes (ou prototypes).
Dessins d'états.
Procès-verbal de validation.</td></tr>
<tr><td colspan="3">**Diagrammes**
Diagramme de classes
Diagramme de collaboration
Diagramme de cas d'utilisation
Diagramme d'états-transitions
Diagramme d'activités
Diagramme de séquence</td></tr>
<tr><td colspan="3">**Remarques :**
Les différents modèles sont élaborés en parallèle avec consolidation continue.</td></tr>
</table>

<table>
<tr><td colspan="2">Étape : ANALYSE
Phase 7 : Rédaction du cahier des charges</td><td>Responsable : chef de projet maîtrise d'ouvrage
Ressources : analystes</td></tr>
<tr><td colspan="3">Objet
Cette phase a pour objet de mettre en forme le cahier des charges du futur système d'information qui permettra au maître d'œuvre de développer le système.</td></tr>
<tr><td>Entrées
Diagrammes.
Maquettes (ou prototypes).
Dessins d'états.</td><td>Tâches
• Description générale du futur système d'information :
– objectifs ;
– cartographie ;
– organisation ;
– principes de reconfiguration.
• Description détaillée du futur système d'information :
– diagrammes ;
– maquettes – prototypes ;
– dessins d'états.
• Exigences, qualité :
– facteurs, critères, métrique.
• Contraintes :
– délai ;
– matériel logiciel ;
– déploiement.
• Solutions de secours.
• Sécurité.
• Aspects administratifs et juridiques.</td><td>Sorties
Cahier des charges.</td></tr>
<tr><td colspan="3">Diagrammes</td></tr>
<tr><td colspan="3">Remarques :
Cette phase peut être anticipée et menée en parallèle avec la phase 6 de modélisation du futur système d'information.</td></tr>
</table>

B.3 FICHES DIAGRAMMES

Les diagrammes présentés dans ces fiches sont :

- le diagramme de classes ;
- le diagramme d'objets ;
- le diagramme d'états-transitions ;
- le diagramme d'activités ;
- le diagramme de collaboration ;
- le diagramme de séquence ;
- le diagramme de cas d'utilisation.

Chaque fiche indiquera :

- les phases (de la gamme opératoire du § B.2 où le diagramme est utilisé) ;
- l'objectif du diagramme ;
- le formalisme ;
- les principaux concepts liés au diagramme.

DIAGRAMME DE CLASSES	**Phases** 2 – Découverte des informations 6 – Modélisation du futur système d'information 7 – Rédaction du cahier des charges

Objectif

Permet de représenter l'ensemble des informations formalisées, ayant fait l'objet d'une définition sur le fond et sur la forme, qui sont gérées dans le domaine.

Formalisme

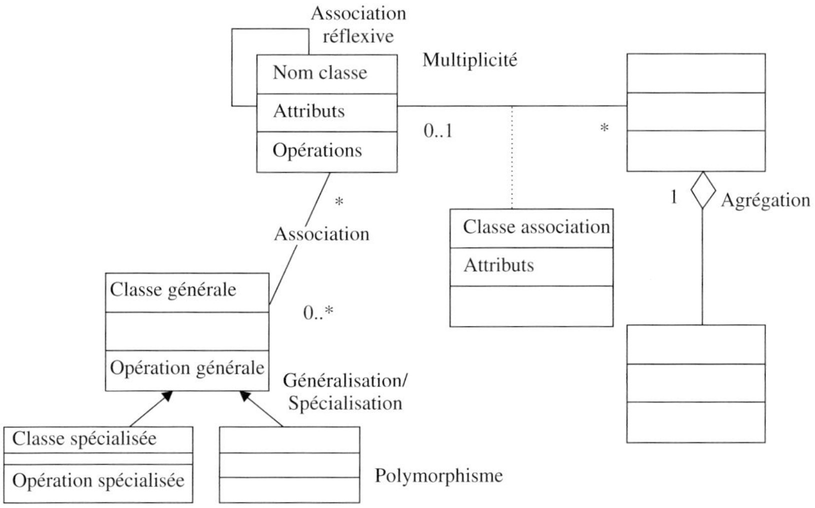

Principaux concepts

Nom	Définition	Remarques
Nom classe	Identifiant de la classe	
Attribut	Information élémentaire composant une classe. Un attribut peut permettre d'identifier la classe.	
Opération	Fonctionnalité assurée par la classe.	
Association	Relation entre classes.	
Association réflexive	Association mettant en relation une classe avec elle-même.	
Classe association	Association porteuse d'attribut.	
Multiplicité	Nombre d'instances impliquées dans l'association.	
Agrégation	Type d'association mettant en évidence une classe agrégée et une classe agrégat. Chaque objet de la classe agrégée est associé à un ou plusieurs objets de la classe agrégat.	
Généralisation spécialisation	Permet d'identifier parmi les objets d'une classe (générique) des sous-ensembles d'objets (des classes spécialisées) ayant des caractéristiques spécifiques.	
Polymorphisme	Possibilité pour un même message de déclencher des traitements différents, suivant les objets spécialisés auxquels il est adressé.	

DIAGRAMME D'OBJETS	**Phases** 2 – Découverte des informations 6 – Modélisation du futur système d'information 7 – Rédaction du cahier des charges

Objectif

Le diagramme d'objets permet de mettre en évidence les liens entre les instances de classes. Le diagramme est essentiellement utilisé pour illustrer des parties complexes du diagramme de classes.

Formalisme

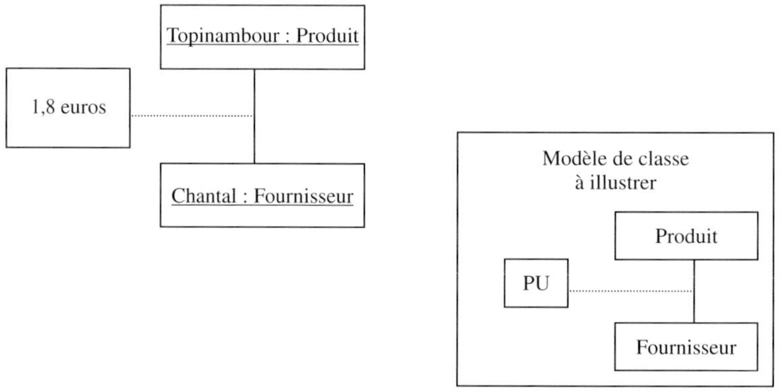

Principaux concepts

Nom	Définition	Remarques
Nom objet	Identifiant de l'objet.	Le nom d'un objet est souligné.
Nom attribut	Nom de l'information élémentaire descriptif de la classe.	
Opération	Fonctionnalité de l'objet.	
Instance d'association	Met en relation un objet avec un autre objet ; on l'appelle « lien ».	

DIAGRAMME D'ACTIVITÉS	**Phases** 6 – Modélisation du futur système d'information 7 – Rédaction du cahier des charges

Objectif

Variante du diagramme d'états-transitions où les états sont des activités.

Formalisme

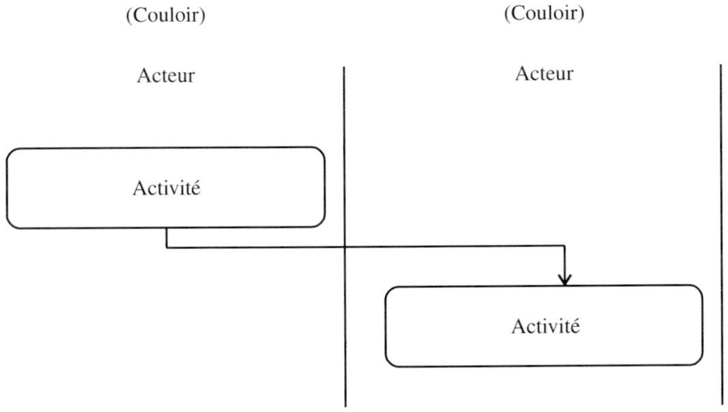

Principaux concepts : voir diagramme d'états-transitions

Nom	Définition	Remarques
Nom classe	Identifiant de la classe.	
Couloir d'activité	Colonne représentant chaque acteur jouant un rôle dans le diagramme en cours.	
Activité	Opération qui dure.	

DIAGRAMME DE COLLABORATION	Phases 1 – Repérage du domaine 6 – Modélisation du futur système d'information 7 – Rédaction du cahier des charges

Objectif

Mettre en évidence les interactions entre les différents objets du système étudié.

Formalisme

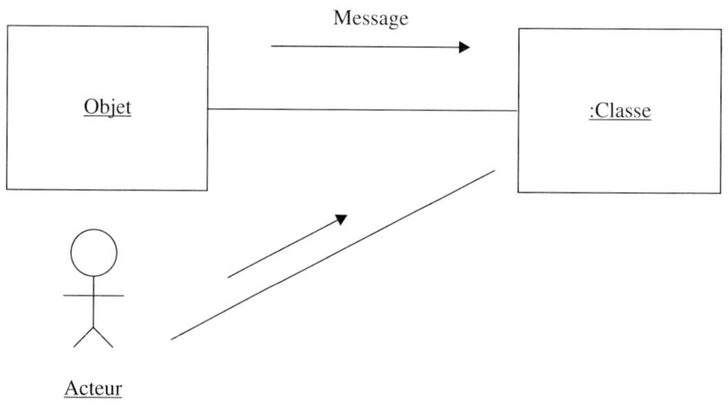

Principaux concepts

Nom	Définition	Remarques
Nom objet	Valeur de l'identifiant de l'instance Ou : Nom de la classe	Le nom d'un objet est souligné.
Message	Moyen de communication entre objets.	Peut être réflexif si l'objet émetteur et l'objet récepteur appartiennent à la même classe.

DIAGRAMME D'ÉTATS-TRANSITIONS	**Phases** 6 – Modélisation du futur système d'information 7 – Rédaction du cahier des charges

Objectif

Met en évidence l'enchaînement des différents états d'un objet d'une classe et fait apparaître les contraintes d'ordonnancement entre ces états.

Formalisme

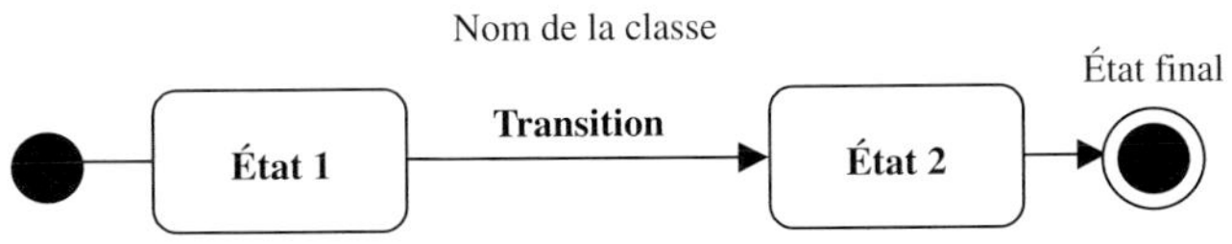

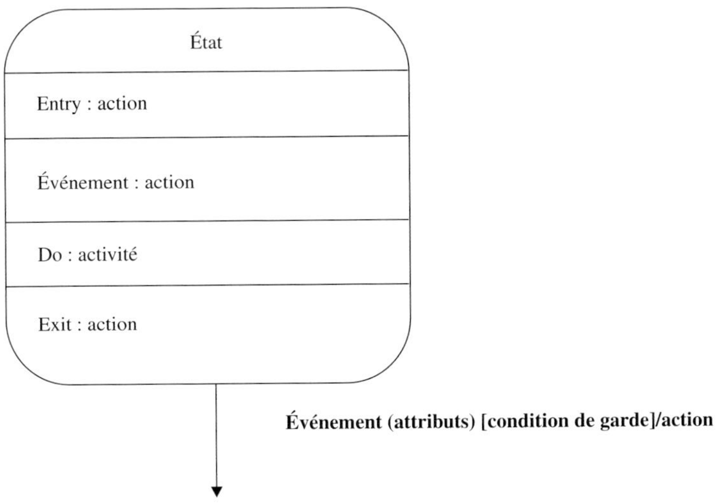

Principaux concepts

Nom	Définition	Remarques
Nom classe	Identifiant de la classe	
État initial	Un objet a obligatoirement un état initial et un seul.	
État final	Un objet peut avoir plusieurs états finaux.	
État	Situation durable dans laquelle peuvent se trouver les objets d'une classe et auquel on associe des règles de gestion et des activités particulières.	Les objets de certaines classes n'ont qu'un seul état pendant toute la durée de leur existence.
Transition	Événement faisant passer un objet d'un état source à un état cible.	Une transition peut porter des attributs, une condition de garde et déclencher une action.

DIAGRAMME DE SÉQUENCE	**Phases** 3 – Modélisation du workflow 6 – Modélisation du futur système d'information 7 – Rédaction du cahier des charges

Objectif

Variante du diagramme de collaboration permettant de mieux visualiser la séquence des messages entre objets par une lecture de bas en haut.

Formalisme

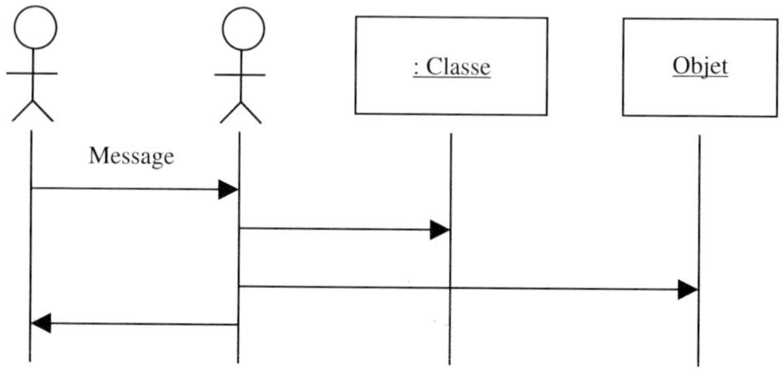

Principaux concepts : voir diagramme de collaboration

Nom	Définition	Remarques
Nom objet	Valeur de l'identifiant de l'objet Ou : nom de la classe	
Message	Moyen de communication entre objets.	

DIAGRAMME DE CAS D'UTILISATION	Phases 3 – Modélisation du workflow

Objectif

Permet la représentation des cas d'utilisation identifiés et de l'acteur associé à chacun.

Formalisme

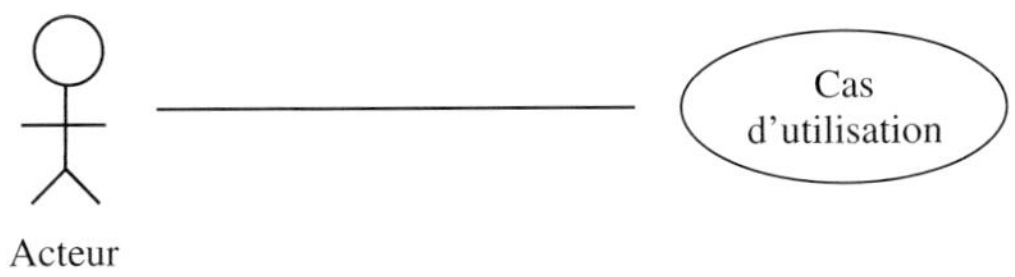

Cas d'utilisation
Description
Acteurs
• Début • En cours • En fin
Règles
Documents

Principaux concepts

Nom	Définition	Remarques
Nom cas	Identifiant du cas d'utilisation	
Description	Texte général décrivant le cas.	
Acteurs	Le ou les acteurs déclenchant le cas.	
Début	Actions élémentaires débutant le cas.	
En cours	Actions élémentaires composant le corps du cas.	
En fin	Actions élémentaires clôturant le cas.	
Règles	Règles de gestion et d'organisation mises en œuvre.	
Documents	Reçus, produits, utilisés.	

Glossaire

Acteur : les classes acteurs permettent de représenter les rôles attribués dans les activités organisées qui font partie du système d'information étudié. C'est un stéréotype de classe.

Action : opération élémentaire et instantanée, utilisée pour décrire le comportement d'une classe.

Activité : opération ayant une certaine durée, utilisée pour décrire le comportement d'une classe.

Analyse : activité qui consiste à spécifier ce que devra faire le système. Elle précède l'activité de conception.

Arité : l'arité d'une association est le nombre de classes qui participent à l'association.

Association : dépendance entre deux ou plusieurs classes permettant, dans une classe donnée, de faire référence à une autre classe. Les associations, qui sont représentées sur un diagramme de classes, sont non orientées. Une association a une signification pour les gestionnaires.

Assurance qualité : ensemble des dispositions préétablies et systématiquement appliquées pour donner au client l'assurance que le fournisseur livrera un produit de qualité.

Atelier de génie logiciel (AGL) : outil logiciel visant à augmenter la rigueur et la qualité dans le développement d'applications informatiques. En anglais, on l'appelle CASE (*Computer Aided Software Engineering*). L'outil est souvent associé à une méthode d'analyse et/ou à une méthode de conception.

Attribut : type d'information élémentaire faisant partie de la structure d'une classe (en particulier d'une entité).

BPR : Business Process Reengineering, reconfiguration des processus [Hammer, 1993].

Cahier des charges : document qui fixe les obligations réciproques du client et de son fournisseur et qui contient les caractéristiques que doit présenter un produit en cours d'étude ou de réalisation.

Cas d'utilisation : description du système étudié privilégiant le point de vue de l'utilisateur. Un cas d'utilisation est une façon spécifique d'utiliser le système.

Il est composé d'une séquence d'actions déclenchée par un acteur externe et qui produit un résultat identifiable. Dans la modélisation d'un système d'information, on considère que les processus sont des cas d'utilisation.

Classe : ensemble d'objets sur lesquels on peut reconnaître des similitudes dans le champ de l'étude. Ces similitudes portent sur la façon d'identifier les objets, les types d'états qu'ils peuvent prendre et le rôle qu'ils jouent.

Conception : construction, après définition des besoins, de l'architecture de la future application et description de ses composants, qui seront ensuite programmés ou générés par un atelier de génie logiciel. Analogue à « conception de la solution informatique ».

Domaine : le système d'information d'une entreprise est découpé en sous-systèmes d'information, que l'on appelle domaines. Un domaine représente un métier, c'est-à-dire une mission, un savoir-faire, des compétences.

Encapsulation : technique consistant à réunir dans le même objet des informations et des actions de transformation de ces informations.

Entité : ensemble d'objets informationnels sur lesquels on peut reconnaître la même structure et qui sont gérés de la même façon. Une entité est composée d'une liste finie de types d'information élémentaires, appelées propriétés, et donne lieu à des réalisations concrètes que l'on appelle instances de l'entité. Une entité correspond à un concept global d'information qui a un sens dans le domaine considéré. C'est un stéréotype de classe.

Entité de gestion : entité pour laquelle on a choisi de gérer une transformation. Elle passe donc par des états de gestion successifs.

Entité de référence : entité qui est le support d'informations stables, sur lesquelles on s'appuie pour effectuer les activités opérationnelles.

Entité de reporting : entité qui porte des informations, souvent calculées ou agrégées, et qui apporte une aide pour le pilotage des activités à court ou moyen terme.

ERP : progiciel intégré, composé d'un ensemble de modules applicatifs qui visent à couvrir l'ensemble des fonctions de l'entreprise

État : situation durable dans laquelle peuvent se trouver les objets d'une classe et à laquelle on associe des règles de gestion et des activités particulières. Les objets de certaines classes n'ont qu'un seul état pendant toute la durée de leur existence. Pour d'autres classes, au contraire, on détermine différents états qui correspondent à autant de situations de gestion.

Étude d'opportunité : étude dont l'objectif est de formaliser la pertinence du projet. On fait une estimation des charges, afin de mettre en balance l'intérêt du projet et son coût probable.

Événement : c'est quelque chose qui a une signification pour le domaine et pouvant se produire suffisamment fréquemment pour que l'on définisse *a priori* le comportement à adopter. L'événement peut être : interne (il provient de l'intérieur du domaine), externe (il provient de l'extérieur du domaine) ou temporel (expiration d'un délai ou avènement d'une date).

Flot de contrôle : représentation du déroulement d'un ensemble d'activités.

Flot d'objet : représentation de la part prise par chaque objet dans l'exécution d'un travail.

Généralisation/spécialisation : technique permettant d'identifier parmi les objets d'une classe (générique) des sous-ensembles d'objets (des classes spécialisées) ayant des définitions spécifiques. La spécialisation d'une classe permet soit de mettre en facteur commun certaines descriptions, soit de préciser de nouvelles contraintes sur le modèle de classes.

Génie logiciel : ensemble des méthodes et des techniques destinées à augmenter la rigueur et la qualité dans le développement d'applications informatiques. En anglais, on l'appelle *Software Engineering*, ingénierie du logiciel.

Héritage : une classe peut être constituée de sous-classes, chacune de ces dernières héritant des caractéristiques et du comportement de la classe à laquelle elle est rattachée, et pouvant en plus posséder des informations et des actions qui lui sont propres. Le concept d'héritage est mis en œuvre dans la technique de généralisation/spécialisation.

Identifiant : attribut d'une classe, dont les valeurs permettent de repérer de façon unique chaque objet, instance de la classe.

Information : symbole qui véhicule pour les acteurs de l'entreprise une connaissance utile à l'accomplissement de leur travail.

Instance : un objet qui appartient à une classe s'appelle une instance de la classe. Instancier une classe est donc faire apparaître un ou plusieurs objets, portant des caractéristiques qui leur sont propres, mais qui sont conformes au modèle donné par la classe.

Lien : instance d'association dans un diagramme d'objets.

Maître d'œuvre : fournisseur qui réalise l'ouvrage. Il doit concevoir et réaliser l'ouvrage, conseiller techniquement la maîtrise d'ouvrage, l'assister lors de la mise en œuvre du produit et l'informer de l'avancement des travaux.

Maître d'ouvrage : client pour lequel l'ouvrage est réalisé. Son rôle consiste à définir et exprimer le besoin, à valider l'adéquation des solutions détaillées, à effectuer la recette fonctionnelle du produit livré, à conduire le changement et à mettre en œuvre le produit sur les différents sites, à suivre le déroulement des travaux et à payer les travaux commandés et réalisés.

Message : information envoyée à un objet et provoquant en réponse le déclenchement d'actions associées à cet objet. Un objet peut être vu comme une boîte noire, sur laquelle on peut agir par envoi de messages. Inversement, il réagit à la réception de messages.

Méta-modèle : modèle représentant les concepts et les règles d'un langage de modélisation.

Modèle : représentation simplifiée d'un système, mettant l'accent sur un ou plusieurs aspects essentiels.

Multiplicité : information portée à chacune des extrémités d'une association, qui indique le nombre d'instances. C'est la traduction d'un choix de gestion. De façon plus précise, on fait apparaître deux nombres (positifs ou nuls), parfois égaux, représentant le minimum obligatoire et le maximum autorisé.

Objet : élément matériel ou immatériel dans la réalité étudiée qui satisfait aux principes de distinction (il peut être distingué des autres objets), de permanence (il a une certaine stabilité et son évolution ne remet pas en cause son identité) et d'activité (il joue un rôle dans le domaine étudié). Un objet possède donc une identité, un état et un comportement.

Opération : fonctionnalité assurée par une classe. La description d'une opération peut préciser les paramètres d'entrée et de sortie et les actions élémentaires à exécuter.

Paquetage : technique qui permet de mettre en œuvre un partitionnement des modèles tout en préservant la cohérence de l'ensemble. Un paquetage est un ensemble d'éléments de modélisation : des classes, des associations, des objets, des composants, des paquetages et des modèles.

Polymorphisme : propriété de ce qui est polymorphe, c'est-à-dire qui peut se présenter sous diverses formes. Dans les langages objet, le polymorphisme s'applique aux opérations qui décrivent les classes. Chaque classe spécialisée hérite de la description de l'opération de la classe générique. Le mécanisme de polymorphisme permet de compléter dans chaque classe spécialisée la description de cette opération. Il s'agit de la même opération, elle est déclenchée par un seul message, mais prend des formes différentes dans chaque classe spécialisée. Cela signifie qu'elle s'exécute de façon spécifique à chaque spécialisation.

Processus : organisation d'un ensemble finalisé d'activités effectuées par des acteurs et mettant en jeu des entités. Un processus est déclenché par un événement. Un processus est une classe, car c'est une définition abstraite : les instances de cette classe correspondent à la réalisation concrète des activités planifiées lors du fonctionnement réel.

Processus de pilotage : processus également déclenché par un événement interne ou temporel. Son but est d'organiser les activités de pilotage à l'intérieur d'un domaine.

Processus métier : processus qui a pour but d'accomplir une mission du domaine. Des acteurs externes au domaine ont une visibilité sur ce type de processus. Il est déclenché par un événement externe ou un événement temporel.

Processus support : processus qui n'est pas au cœur du métier. L'accomplissement de son but n'est pas la mission du domaine, mais le résultat produit est nécessaire aux processus métier. Il peut être déclenché par les trois types d'événements.

RAD : méthode de conduite de projet permettant de développer rapidement des applications de qualité, en privilégiant la participation des utilisateurs.

Reconfiguration des processus (BPR) : remise en cause fondamentale des processus de tout ou partie de l'entreprise, pour améliorer les performances de l'organisation et le service rendu au client.

Reconfiguration du système d'information : définition de nouveaux principes qui serviront de référence pour les choix de modélisation du futur système d'information. La reconfiguration d'un système d'information vise quatre grands objectifs : améliorer les informations (structure, partage et qualité), régénérer les processus (réduction de la fragmentation et augmentation de l'efficience), ouvrir le système (vers l'extérieur) et renforcer le pilotage (fourniture d'informations pour le contrôle du système).

Règle de non-redondance : une information élémentaire d'un domaine ne doit figurer qu'à un seul endroit du diagramme de classes de ce domaine.

Scénario : un processus est une classe, dont les réalisations concrètes (réelles ou simulées) sont les instances. On appelle scénario une instance de processus. S'il y a plusieurs variantes du processus, un scénario est toujours une instance d'une variante précise.

Stéréotype : concept qui permet de définir des types d'éléments ayant des propriétés particulières. Le recours à une classification supplémentaire de différents éléments du modèle autorise l'extension du métamodèle lorsqu'une classification est fréquemment employée. Si un élément de modèle est associé à un stéréotype, il hérite de la description du stéréotype. Le stéréotype peut se traduire par un graphisme particulier.

Système d'information : partie du réel de l'entreprise, constituée d'informations organisées, d'événements ayant un effet sur ces informations et d'acteurs qui agissent sur ces informations ou à partir de ces informations, selon des processus visant une finalité de gestion et utilisant les technologies de l'information.

Système informatique : ensemble organisé d'objets techniques — matériels, logiciels et applicatifs — dont la mise en œuvre réalise l'infrastructure d'un système d'information.

Transition : relation orientée entre deux états d'une classe, à laquelle est attaché un événement et qui indique qu'un objet dans le premier état passera dans le second si certaines conditions sont remplies.

UML : ensemble de modèles permettant de représenter un système informatique et son utilisation prévue dans l'entreprise.

Variante : version d'un processus correspondant à des variations de l'événement à l'origine du processus.

Workflow : ensemble d'activités organisées de l'entreprise mettant en œuvre des communications, des collaborations et des coordinations. Le terme est parfois employé dans le sens limité de « circulation électronique de documents ».

Abréviations

AGL	Atelier de génie logiciel
BPR	*Business Process Reengineering* (reconfiguration des processus)
ERP	*Enterprise Resource Planning* (progiciel de gestion intégré)
IHM	Interface homme-machine
JAD	*Joint Application Design* (conception participative d'application)
JRP	*Joint Requirements Planning* (planification participative des besoins)
OMG	Object Management Group
OSSAD	*Office Support Systems Analysis and Design* (analyse et conception de systèmes bureautiques)
RAD	*Rapid Application Development* (développement rapide d'application)
SGBD	Système de gestion de base de données
SSII	Société de services en ingénierie informatique
UML	*Unified Modeling Language* (langage de modélisation unifié)

Bibliographie

BOOCH G., *Analyse et conception orientées objets*, Addison-Wesley, 1991.

BOOCH G., RUMBAUGH J. et JACOBSON I., *The Unified Modeling Language User Guide*, Addison-Wesley, 1999.

BOUZEGHOUB M., GARDARIN G. et VALDURIEZ P., *Objets*, Eyrolles, 1995.

COAD P. et YOURDON E., *Analyse orientée objet*, Masson, 1991.

COURBON J.-C. et TAJAN S., *Groupware et intranet*, Dunod, 2e éd., 1999.

DAHL O. J. et NYGAARD K., « SIMULA – An Algol Based Simulation Language », *in Communication of the ACM*, vol. 9, n° 9, pp. 671-678, 1966.

EUROMÉTHODE, *Manuel d'utilisation, version 1*, Commission centrale des marchés, Paris, 1996.

HAMMER M. et CHAMPY J., *Le Reengineering*, Dunod, 1993.

HUGUES J., LEBLANC B. et MORLEY C., *RAD, une méthode pour développer plus vite*, InterEditions, 1997.

ISI, Ingénierie des systèmes d'information, numéro spécial « L'ingénierie des besoins », vol. 4, n° 6, 1994.

JACOBSON I., CHRISTERSON M., JONSSON P. et ÖVERGAARD G., *Le Génie logiciel orienté objet*, Addison-Wesley, 1993.

JACOBSON I., BOOCH G. et RUMBAUGH J., *The Unified Software Development Process*, Addison-Wesley, 1999.

KETTANI N., MIGNET D., PARE P. et ROSENTHAL-SABROUX C., *De Merise à UML*, Eyrolles, 1998.

LOPEZ N., MIGUEIS J. et PICHON E., *Intégrer UML dans vos projets*, Eyrolles, 1998.

MARTIN J., *Information Engineering*, Englewood Cliffs, Prentice Hall, 1989.

MARTIN J., *Rapid Application Development*, MacMillan Publishing Company, 1991.

MASINI G., NAPOLI A., COLNET D., LEONARD D. et TOMBRE K., *Les Langages à objets*, InterEditions, 1991.

MÉLÈSE J., *La Gestion par les systèmes*, Dunod, 1968, rééd. 1970 et 1976.

MÉLÈSE J., *L'Analyse modulaire des systèmes de gestion*, Dunod, 1972, rééd. 1979.

MORLEY C., *Gestion d'un projet système d'information*, Dunod, 3e éd., 2001.

MULLER P.-A., *Modélisation objet avec UML*, Eyrolles, 1997.

REIX R., *Systèmes d'information et management des organisations*, Vuibert, 1995.

RUMBAUGH J. *et al.*, *OMT : modélisation et conception orientée objet*, Masson, 1996.

RUMBAUGH J., JACOBSON I. et BOOCH G., *The Unified Modeling Language Reference Manual*, Addison-Wesley, 1999.

TOMAS J.-L., *ERP et progiciels intégrés*, Dunod, 2e éd., 1999.

Webographie

OMG : www.omg.org/uml

Rational : www.rational.com/uml

Visio : www.microsoft.com/france/visio

Objecteering : www.softeam.fr/objecteering

Delf : www.delf.fr

Eurométhode : www.fast.de/euromethod

Index

46567 - (I) - (1,5) - CSB 90° - PUB - MER

Achevé d'imprimer sur les presses de la
SNEL S.A.
rue Saint-Vincent 12 – B-4020 Liège
tél. 32(0)4 344 65 60 - fax 32(0)4 343 77 50
avril 2002 – 24910

Dépôt légal : mai 2002